이순신처럼
생각하고
리드하라

명장들에게 배우는 리더십 전략

이순신처럼
생각하고
리드하라

유성은 지음

평단

어느 시대와 사회를 막론하고, 위기를 극복하고 발전할 수 있었던 힘은 훌륭한 리더십에 있었습니다. 그래서 정치와 경제를 비롯한 사회의 모든 면이 혼란스럽고 어려운 요즘과 같은 때일수록 많은 분들이 리더십에 대해 얘기하고 관심을 갖는 것이라고 생각합니다.

이 책의 저자이신 유성은 교수님은 오래전부터 자기혁신과 효과적인 시간관리에 대해 연구를 해오셨고, 많은 저서와 매스컴을 통해 우리에게도 잘 알려진 분입니다. 오늘날 우리에게 필요한 리더십은 우리의 실정에 맞는 '한국적 리더십'이며 시대와 상황에 맞게 변화하지 않는 리더십은 더 이상 유지될 수 없다는 유 교수님의 지적은 빠르게 변하는 세계화·정보화의 시대에 우리가 깊이 새겨야 할 점이라고 생각합니다.

우리 사회의 많은 리더들과 그러한 리더가 되고자 하는 분 모두에게 꼭 한 번쯤 읽어보시기를 권하고 싶은 책입니다.

2001년 5월 30일
한나라당 국회의원
박근혜

국가의 위기는 잊을 만하면 찾아온다. 국가에 크고 작은 사건이 일어날 때마다 문제가 되는 것이 리더십이다. 평소에 대비하지 않다가 위기가 닥쳐서야 갈팡질팡하는 모습은 옛날이나 지금이나 별반 다르지 않다. 역사를 잊어버리고 역사에서 교훈을 찾지 못했기 때문이다. 최소한 소 잃고 외양간이라도 고치려는 노력을 해야 했는데, 위기를 위기로 인식하지 못하고 근거 없는 낙관주의에 빠져 있다가 파멸을 부른 우리 조상의 발자취를 더듬어 볼 때 몹시 안타깝다.

현재 한국은 위대한 리더십의 출현을 갈망하고 있다. 대내외적으로 해결해야 할 문제가 쌓여 있기 때문이다. 어떤 리더십이 발휘되느냐에 따라 국가와 민족이 전진하기도 하고 정체되기도 하고 퇴보하기도 할 것이다.

역사는 국가의 흥망성쇠가 지도자의 리더십에 달려 있음을 명백히 보여준다. 미국이 역사가 짧은데도 세계 최강국이 된 이유는 워싱턴, 링컨, 루스벨트 등 훌륭한 리더가 많이 나왔기 때문이다. 오랫동안 침체되었던 중국이 급부상하여 미국과도 경쟁하는 강국이 된 것은 덩샤오핑이라는 위대한 리더가 사회 전반에 걸쳐 개혁을 시도했기 때문이다.

필자는 이 책에서 리더십의 중요성을 일관되게 강조하였다. 특히 위기에 직면한 한국 사회의 리더들이 이 시대 상황에서 어떻게 리더십을 발휘해야 하는지를 위인들의 삶을 보여주면서 설명하였다. 그리고 궁극적으로는 위기극복의 모델을 이순신의 리더십에서 찾았다.

이 책에서는 훌륭한 리더가 되기 위해서 익혀야 할 지식과 덕목, 기술도 폭넓게 설명하였다. 보편적으로 사람은 모두 리더다. 가정에서 리더는 부모, 형, 누나다. 사회에서 리더는 선생, 연장자, 교수 등이다. 회사나 국가에도 리더가 각각 있다. 그리고 시대와 상황에 따라 각각 다른 리더십이 필요하다.

공자는 일찍이 '군군신신부부자자君君臣臣父父子子'라는 말을 했다. 어떤 처지에 있든 그 처지에 합당한 사람이 되어야 한다는 말이다. 임금이 임금다우려면 임금다운 리더십을 발휘해야 하고, 신하가 신하다우려면 신하다운 리더십을 발휘해야 한다. 아버지 노릇, 아들 노릇을 잘하려고 해도 합당한 리더십이 필요하다.

리더십은 누구나 관심을 갖고 배워야 할 과제다. 높은 지위에 올라갔지만 그에 적합한 리더십이 부족하여 그 공동체의 앞날을 위태롭게 하고 패가망신한 경우도 비일비재하다. 중요한 자리에 있지만 리더십이 부족하면 발전하고 번영할 기회를 살리지 못하고 퇴보만 가져온다. 이것은 자신을 위해서나 조직을 위해서나 불행한 일이다. 그럴 바에야 차라리 그 직위를 맡지 않는 것이 훨씬 낫다. 리더라면 자기 위치에 맞는 리더십을 반드시 갖추어야 한다. 또 과거에 리더십을 성공적으로 발휘했다 해도 결코 만족해서는 안 된다. 시대와 상황이 달라지면 그에 따라 다른 리더십이 필요하게 되기 때문이다. 그래서 리더는 늘 리더십을 새롭게 배우고 익혀야 한다.

이 책에서는 리더와 리더십에 대해 다음과 같이 정리했다.

첫째 단원에서는 리더십의 중요성을 다루었다. 그리고 역사적으로 성공한 리더들을 초대해 소개했다. 그들과 대화하고 교감하는 과정에서 그들에게서 지혜와 용기를 배우기 바란다.

둘째 단원에서는 이순신의 리더십을 다루었다. 책, 인터넷, 신문 등에서 자료를 많이 수집했다. 다른 저자들과 좀 다른 각도로 이순신을 바라보았고, 그의 정신, 리더십, 시간관리의 핵심을 알기 쉽게 설명했다. 이순신과 밀접하게 관계를 맺었던 선조, 류성룡, 원균의 리더십도 다루었다. 그렇게 함으로써 이순신에 대해 더 잘 알기 위해서다. 이순신의 생애를 보며 진정으로 애국하는 길이 무엇인지 깨닫게 하려고 했다. 우리 민족의 영원한 영웅 이순신의 정신과 역량을 본받으면 장차 일본도 중국도 극복할 수 있으며, 어떤 국내외적 난관도 능히 헤쳐 나갈 수 있다고 확신한다.

셋째 단원에서는 훌륭한 리더가 되는 길을 설명했다. 리더는 만들어지지만 갑자기 그렇게 되는 것은 아니다. 오랫동안 꾸준히 훈련하고 연습해야 한다. 그래서 리더가 익혀야 할 덕목과 역량과 기술에 대해 다루었다. 리더십 훈련을 받지 않고 리더 직책을 맡는 것처럼 무모한 일은 없다고 생각한다.

아무쪼록 이 책이 현재 이 사회에서 지도적 위치에 있는 리더, 장차 이 나라를 이끌어갈 잠재적 리더인 젊은이들 그리고 훌륭한 팔로어 역할을 감당해야 할 국민에게 요긴한 리더십 훈련 교재가 되기 바란다. 모든 독자에게 도전과 지혜를 주는 책이 되기를 간절히 소원한다.

이 책을 읽을 때 마음속에 다음 두 가지 질문을 늘 품기 바란다. "진정한 리더는 어떤 사람인가?" "나는 어떤 리더가 되어야 하나?"

이 책이 세상에 나오기까지 수고를 아끼지 않은 평단출판사 최석두 대표님과 직원 여러분에게 심심한 감사를 드린다. 늘 필자를 격려하고 도움을 주는 아내와 딸들, 사위들, 외손들에게도 고마운 마음을 전한다.

양지마을 쌍용예가 아파트 서재에서

유성은

차례

추천사 _4

머리말 _6

Part 1
리더십이란 무엇인가

01 리더십은 무엇이고 지금 왜 리더십이 중요한가 _16
리더십은 왜 중요한가

02 리더십의 유형, 리더가 갖춰야 할 기본 자질 _22
리더십의 여덟 가지 유형 · 리더가 갖춰야 할 기본 자질

03 성공한 리더십이란 무엇인가 _37
칭기즈칸의 리더십 · 엘리자베스 1세의 리더십 · 섀클턴의 위기탈출 리더십 ·
리콴유의 리더십 · 히딩크의 리더십 · 성서 인물에서 보는 리더십

04 위기극복의 리더십 _110
위기극복의 리더십을 발휘한 사례

05 팔로어와 팔로십 _121

팔로십은 왜 어려울까 · 리더를 존중하는 풍토 만들기 ·

훌륭한 팔로어는 어떤 자질을 갖추었나 · 리더와 팔로어의 관계가 좋으려면 ·

리더와 팔로어의 상관관계

리더십 명언 _133

Part 2

이순신의 위기극복 리더십

01 이순신은 누구인가 _136

우리나라 대표 위인 이순신의 삶 · 우리에게 이순신은 어떤 의미인가

02 사람을 위대하게 만드는 이순신의 정신 _145

나라를 사랑하는 정신 · 백성을 사랑하는 정신 · 투철한 정의 정신 ·

극기정신으로 승리를 이루다 · 역사를 기록하다

03 이순신 리더십의 특징 _158

원칙 중심의 리더십 · 신뢰받는 리더십 · 비전을 추구하는 리더십 · 낙관주의 리더십 ·

보상과 처벌이 적절히 결합된 리더십 · 디테일을 중시하는 리더십 ·

창조경영 리더십 · 브랜드 리더십 · 대기만성형 리더십 · 솔선수범하는 리더십 · 철학

이 밑바탕이 된 리더십 · 위기극복 리더십

04 명량해전과 이순신의 리더십 _178

조선 수군을 재건하다 · 왜군 함선이 진격해오고 있다 · 울돌목에서 접전을 벌이다 ·
이순신이 승리를 거둔 요인 · 당파전술과 함포전술 · 명량해전이 끝나고 나서

05 이순신의 시간사용법 _193

훌륭한 목표를 세워 일관되게 추구하다 · 중요도에 따라 우선순위를 정하다 ·
매사를 치밀하게 계획하다 · 아주 부지런히 움직이다 · 긴장을 잘 푸는 지혜가 있다 ·
매사에 완벽을 추구하다 · 모든 일을 잘 기록하다 · 원칙을 귀중히 여기고 잘 지키다 ·
포기해야 할 것을 알고, 자기계발에 힘쓰다

06 선조의 실패한 리더십 _204

위기를 의식하지 못했다 · 위기극복 리더십을 발휘하지 못했다 ·
소통하지 못하는 왕이었다 · 좋은 기회를 모두 놓쳤다 · 왕권을 무엇보다 우선하였다 ·
우유부단하고 변덕스러웠다 · 인물을 제대로 쓰지 못했다 · 논공행상을 잘못했다 ·
존재 자체가 재앙인 리더였다

07 류성룡의 명재상 리더십 _216

이순신과 관계를 맺다 · 류성룡의 탁월한 재상 리더십 ·
임진왜란을 슬기롭게 극복한 리더십 · 조용히 조화로 돌아가다

08 원균의 패전 리더십 _228

원균은 누구인가 · 원균은 원래 용감한 장수였다 · 원균의 리더십

09 우리는 어디로 가야 하나 _237

오늘도 국가의 흥망성쇠는 계속되고 있다

이순신이 남긴 말 _243

Part 3
리더의 자아실현 방법

01 리더의 자아혁신 _246

리더의 자아성찰 · 벤저민 프랭클린의 자아혁신 · 리더의 성품 개발 ·
리더는 어떻게 난관을 극복하나 · 신뢰를 훈련하다 · 나의 신뢰도는? 한국의 신뢰도는?

02 리더의 역량을 개발하라 _291

리더의 선택과 결정의 기술 · 리더의 바람직한 학습습관 ·
리더십에 관한 책을 읽고 리더십 훈련을 받으라 · 여성 리더십의 기술 ·
리더의 의사소통 기술 · 리더의 글쓰기 기술 · 리더의 인맥관리 기술 ·
리더의 효과적 시간관리

자아실현 명언 _333

참고문헌 _335

Part **1**

리더십이란
무엇인가

01

리더십은 무엇이고
지금 왜 리더십이 중요한가

리더십이라고 하면 가장 먼저 떠오르는 것이 운동경기 감독이다. 2002년 월드컵 당시 우리나라 축구가 4강 신화를 쓰는 데 중요한 역할을 한 히딩크Guus Hiddink 감독처럼 말이다. 리더십은 스포츠 세계에서만 중요한 것이 아니다. 어떤 조직이건 성공의 원동력은 리더십일 만큼 리더십은 매우 중요하다.

리더십의 정의는 매우 많다. 현대인은 '리더십'이라는 말의 홍수 속에서 살고 있다고 해도 지나친 말이 아니다. 플라톤Platon(기원전 427?~기원전 347?)이 《이상국가》를 저술한 이래 헤아릴 수 없을 만큼 많은 학자가 리더십을 연구했다. 그런데 학자마다 리더십의 정의를 다르게 말한다. 그들이 주장하는 리더십의 정의에는 각각 공통점과 다른 점이 있다.

리더십은 리더와 팔로어의 호혜적 관계라서 늘 긴장과 다툼을 내포하고 있다. 테리Terry는 리더십을 '사람들로 하여금 집단의 목표를 기꺼이 달성하도록 영향을 미치는 행동'으로 정의하였고, 로빈스Robbins는 '목표 달성을 지향하도록 집단에 영향을 미치는 능력'으로 정의했다. 즉, 리더십은 '주어진 상황에서 목적과 목표를 이루려고 개인이나 집단의 활동에 영향을 미치는 과정'이라고 할 수 있다.

리더십의 개념은 다양하지만 공통점을 요약하면 크게 두 가지로 나눌 수 있다. 첫째, 리더십은 다른 사람에게 영향력을 행사한다. 둘째, 리더십은 어떤 목표를 달성하기 위해 존재한다. 리더십이 발휘되는 과정을 보면, 리더와 팔로어, 상황요소가 각각 긴밀하게 연결되어 영향을 미치는 일종의 함수관계 같다. 리더십은 신비한 능력이자 사람들을 움직이게 하는 힘이다. 따라서 리더십의 질과 수준이 그 공동체의 수준과 미래를 결정한다고 할 수 있다.

리더십은 형태가 다양해서 정치, 경제, 사회, 군사, 종교, 교육, 예술 등 영향을 미치지 않는 곳이 없다. 회사의 말단직원에서 회장까지, 유치원 교사에서 대학 총장까지, 군대의 분대장에서 국방장관까지 리더십은 사람이 활동하는 모든 분야와 관계가 있다. 두 사람 이상이 모이면 그중 리더가 한 사람 있게 마련이다. 따라서 조직, 단체, 모임의 리더라면 리더십은 반드시 있어야 한다.

리더십은 왜 중요한가

　두 사람이 함께 길을 간다면 그중 하나는 리더이고 또 하나는 팔로어다. 리더십에는 어디에서나 대부분 같은 원리가 적용된다. 가정에서 리더십을 생각해보자. 어머니의 리더십이 자녀 양육과 교육에 큰 영향을 준다. 우리나라 아이들은 끊임없이 잔소리를 들으면서 살아간다. 어머니와 그 자녀가 다투지 않는 집안은 거의 없을 것이다. 자녀는 대개 어머니가 깨워야 일어나고 신경질 나면 밥을 안 먹겠다고 어머니에게 배짱을 부린다. 어머니는 자녀에게 공부하라고 자녀 귀가 닳도록 말한다.

　우리 가정에서 무엇이 문제인가? 문제의 핵심은 어머니의 리더십이 부족한 것이다. 현명한 어머니는 자녀를 잘 이끌어 스스로 하게 만들지만 그렇지 못한 어머니는 자녀에게 행동을 강요하거나 제멋대로 행동하는 데도 내버려둔다.

　남편의 리더십은 아내에게 영향을 미치고, 이것이 결국 가족 전체에 영향을 미친다. 가정을 편안하게 잘 다스리는 남편은 리더십이 뛰어나다. 중요한 것은 가정의 훌륭한 리더십은 그 자체로 끝나지 않고 생활 전반에 영향을 미친다는 사실이다. 위기 상황에 놓일수록 가정에서 리더십은 매우 중요해진다. 가정에 위기가 닥쳤을 때 가족이 단결해 위기를 극복하는 경우가 있는가 하면, 반대로 가정이 해체되는 경우가 있다. 가장의 리더십이 가정

이순신처럼 생각하고 리드하라

을 평화롭게 유지하는 데 큰 영향을 미치기 때문이다.

직장에서 리더십을 생각해보자. 리더가 리더십을 효과적으로 발휘하면 회사가 건전하게 발전하고 위기 상황이 닥쳐도 빠르고 지혜롭게 해결할 수 있다.

비전은 리더가 다루어야 할 가장 중요한 덕목이다. 각 공동체에는 고유한 비전이 있다. 리더가 비전을 분명히 하고 팔로어에게 효과적으로 전달한다면 공동체는 그 비전을 달성하려고 노력하게 된다. 비전과 목표가 분명할 때 사람들은 한마음이 되며, 희망과 용기를 가지고 비전을 달성하려고 헌신한다. 리더 마음속에 비전이 분명하지 않으면 팔로어 마음속에 안개가 짙게 낀다.

미국이 세계 대국이 된 것은 루스벨트Franklin Delano Roosevelt(1882~1945) 대통령의 탁월한 리더십 덕분이다. 때로 위기 상황이 위대한 리더를 만들어낸다. 처칠Winston Churchill(1874~1965) 수상이 없었다면 영국의 전후 복구와 재건은 거의 불가능했을 것이다. 케네디John Fitzgerald Kennedy(1917~1963) 대통령이 아니었다면 냉전시대 소련의 질주를 막지 못했을 것이다. 각 세대에 능력 있는 정치 리더가 출현하면 그 국가는 위기에서 벗어나 안정을 찾고 발전할 수 있다.

리더십이 무너지면 어떤 불행한 사태가 오는지는 역사가 증명한다. 리더십이 얼마나 중요한지는 평소에는 잘 알아채지 못한다. 하지만 위기가 닥쳤을 때 비로소 그것이 확실하게 드러난다. 리더가 리더다운 마음을 갖지 못하면 위기에 대처할 수 없다. 탁월한 리더는 위기가 오면 여러 상황을 잘 파악해 결단하고 대처한다.

역사적으로 보면 이기심 때문에 무능하게 된 리더가 많다. 리더가 함께 일하는 사람들의 희망과 꿈을 고려하기보다 자기 목적을 먼저 이루려고 하는 일이 종종 있다. 리더도 개인적으로 성공하고 성취감을 누리고 싶을 것이다. 이것이 잘못되었다는 것은 아니다. 하지만 리더의 주된 동기가 이기적 목적이라면 팔로어에게 따르고 싶다는 동기를 주지 못한다. 팀 전체의 유익에 리더가 별 관심이 없다면, 사람들은 일부러 또는 의식하지 못하는 사이에 그 리더를 멀리하게 된다. 그러면 같이 망하게 된다.

위기가 닥쳤는데 리더에게 평균 이하나 적당한 정도의 리더십만 있다면 위기를 극복할 수 없다. 위기에는 탁월한 리더십이 필요하다. 참된 리더십에는 리더의 역량만이 아니라 인격도 포함된다. 인격은 우리가 누구이고 무엇을 하는 사람인지 말해준다. 리더의 마음가짐과 행동은 리더십에 영향을 미치고 리더십의 본보기가 된다.

초기에는 훌륭하게 리더십을 발휘하다가 점점 리더십이 약해지는 리더를 볼 수 있다. 왜 이런 일이 생길까? 리더가 어느 정도 안정을 찾으면 무사안일과 쾌락에 빠지기 때문이다. 리더십을 오

래 유지하려면 먼저 도덕적·
윤리적으로 정도正道를 따라야
한다. 그러면 리더십이 오래갈
수 있다.

　리더는 팔로어보다 인격이 훌
륭해야 한다. 리더는 팔로어에게 영
향을 미치고, 중요한 결정을 더 많이
하기 때문이다. 조직체 또한 그 리더를
닮아가는 경향이 있다. 리더 자리에 서면 인
격이 조금만 부족해도 그것이 크게 보일 수 있다. 사람들에게는
역할 모델이 필요하다. 보통 역할 모델을 보며 어떻게 행동해야
하는지 배운다. 따라서 사람들이 본받아야 할 모범을 제시해주지
못하는 리더는 리더 노릇을 스스로 포기하는 것과 같다.

　인격은 리더십의 매우 중요한 부분이므로 훌륭한 리더는 대개
인격도 성숙해 있다. 훌륭한 인격을 갖추지 못하면 스스로 리더
자리를 쉽게 포기할 수 있다. 인격은 겸손이나 뉘우침과 관계가
있다. 리더는 자기가 할 일을 소중히 여기면서도 두려움을 가지
고 능히 견뎌야 한다.

02

리더십의 유형,
리더가 갖춰야 할 기본 자질

리더십을 연구하는 방법 가운데 하나가 리더십의 유형을 살펴보는 것이다. 리더십의 유형에는 여러 가지가 있다. 가장 단순하게 분류하면 독재형, 민주형, 방임형이 있다. 이 세 가지에 가부장형, 당파주의자형, 전문가형을 추가하기도 한다. 리Blaine Lee는 리더십의 유형을 강압적 리더십, 실리적 리더십, 원칙적 리더십으로 나누고, 원칙적 리더십이 가장 존경받는 리더십이라고 주장했다.

브라운Andrew Brown은 리더의 유형을 영웅, 배우, 명성가, 권력 중개인, 대사, 자발적 희생자 등 여섯 가지로 분류하고, 탁월한 리더는 이 모든 유형에 정통하다고 주장했다. 그는 지도자가 빠지기 쉬운 함정 가운데 하나가 한 가지 역할에만 사로잡히는 것이라고 했다.

이들 외에 다양한 유형으로 마법사, 인류학자, 도덕가, 봉사자의 리더십을 말하면서, 이런 지도자가 되려면 성숙, 지혜, 성실, 용기가 있어야 한다고 지적했다. 이러한 자료를 바탕으로 리더십 유형을 정리해 설명하고자 한다.

 ## 리더십의 여덟 가지 유형

전략가형 리더십

전략가형 리더십은 조직의 미래에 관심이 많다. 무조건 열심히 일하는 것이 아니라 전략적으로 일한다. 조직의 모든 자원을 한 방향으로 모으고 무엇이 가장 효과적이고 효율적인지 연구하고 분석한다. 이러한 리더는 비전 창조자라고 할 수 있다. 목표를 정하고 이를 어떻게 이룰지 계획을 세운다. 리더 가운데 자신이 전략형 리더라고 생각하는 사람은 20퍼센트에 불과한 것으로 나타났다.

전략가형 리더는 자료를 수집하고 분석하고 개발하는 체계적 스타일을 좋아한다. 의사결정을 전략적으로 하려고 시간을 많이 들인다. 사람들이 어떻게 생각하고 행동하는지 이해하려고 노력한다. 조직의 능력을 파악하고 조직이 어떻게 하면 전략을 잘 수행할지에 관심을 둔다. 그리고 조직이 무엇을 할 수 있을지, 최소 투자로 최대 효과를 거두는 방법은 무엇인지, 조직의 장단점은 무엇인지, 앞으로 몇 년 뒤 어떻게 될지 등에 관심을 가지고 시나리오를 시험한다. 전략가형 리더십은 많은 정보와 계획, 테스트를 바탕으로 예상되는 위험을 치밀하게 계산하는 유형이라고 할 수 있다.

전략가형 리더십은 기업 환경의 변화, 즉 고객의 구매 습관과 동기를 꾸준히 조사하는 데 관심을 둔다. 이로써 회사의 제반 자원이 올바르게 쓰이도록 노력한다. 조직은 효과적인 전략가형 리더십이 없으면 관리할 수 없다.

코비Stephen Covey는 전략을 짠다는 것은 마음속에서 먼저 창조하고 그다음에 실제로 행동하는 것이라고 설명했다. 성공적으로 경영하려면 먼저 달성하려는 것이 무엇인지 분명히 규명해야 한다는 것이다. 세계 최고 부자인 빌 게이츠Bill Gates는 이러한 전략가형 리더십을 발휘해서 성공했다. 그는 회사 리더로서 자기 역할을 이렇게 설명했다. "내 임무는 사람들을 움직이게 하고 그들이 잘 협력할 수 있도록 전략을 짜고 행동을 제시하는 것이다. 현재 수많은 개발 작업을 진행하고 있는데, 이들 중에서 중요한 것을 선별하고 사용자들에게 그것의 중요성을 설명해야 한다. 이것이 매우 중요하다."

전문가형 리더십

전문가형 리더십은 지식과 기술을 중요하게 여긴다. 이 유형의 리더는 경쟁력을 갖추려면 전문성이 필요하다고 믿는다. 경쟁력 있는 전문가를 선발하고 격려하여 조직에 전문성을 확산하려고 노력한다. 잘 고안되고 개발된 핵심역량이 경쟁우위를 확보하고 유지하는 가장 확실한 방법이다. 조직 전체가 전문 분야에 초점을 맞출 수 있도록 집중한다. 그리고 전문성을 강화하는 프로그램이나 시스템을 개발하는 일에도 탁월한 능력을 발휘한다.

전문가형 리더는 항상 최선의 지식을 얻으려고 노력하고 논리적 주장과 합리적 증거를 제시할 수 있어야 한다. 또 믿음을 주는 자세와 의사소통을 효과적으로 하는 기술이 있어야 한다. 자기주장을 자신 있게 해야 하며, 모순되는 말이나 망설이는 행동을 하지 말아야 한다.

그러나 이 같은 전문가형 리더십은 계속해서 유지하기가 쉽지 않다. 전문지식과 정보가 너무 빠르고 광범위하게 확산되고 전환되다보니 계속해서 전문성을 유지하기가 어렵기 때문이다. 특히 예측할 수 없을 만큼 빠르게 변하는 시장 상황에서 전문성을 유지하기는 결코 쉽지 않다. 통신기술이 발달하는 속도는 전문성을 더욱 유지하기 어렵게 만든다. 그러나 그렇기에 앞으로 전문가형 리더십은 더욱 주목을 받을 것이다. 이 유형의 리더십은 다른 어떤 유형보다도 탁월해야 한다.

관리자형 리더십

관리자형 리더십은 통제형 리더십을 행사한다. 어떤 조직이든 그 조직을 유지·발전하기 위한 통제가 있다. 일관되고 예측할 수 있게 행동하고 경험하기 위한 통제체계를 갖추고 있다. 이 체계는 조직의 생산성과 인력, 문화를 관리하려고 만들어졌다. 관리자형 리더는 이러한 통제체계를 설계하고 유지할 뿐 아니라 이를 이용해서 직원들의 성과를 측정하기 위해 시간을 대부분 투자한다. 전략가형 리더가 미래 계획을 세우는 일에 시간을 투자하고, 전문가형 리더가 지식과 기술을 위한 프로그램을 운영하는 데 에너지를 쏟는다면, 관리자형 리더는 현상유지 과정이 잘 진행되도록 점검하고 감독하는 일에 가장 큰 노력을 담는다.

관리자형 리더는 대체로 최고 경영자보다는 중간 간부급이다. 일반적으로 관리Management는 지도력Leadership과 구별해 취급한다. 관리는 주로 어떤 일을 어떻게 가장 잘 성취할지에 관심을 두는 것이다. 반면에 리더십은 성취하려는 일이 도대체 무엇인지에 관심이 더 많다. 드러커Peter Drucker와 베니스Warren Bennis는 "관리하는 것은 어떤 일을 바르게 하는 것이지만, 리더십은 바른 일을 하는 것이다"라고 말했다

관리자형 리더의 핵심 관심은 조직이다. 관리자형 리더는 조직을 위해 감독과 조직과정을 중요하게 여긴다. 그러나 사람들을 지나치게 통제하면 오히려 역효과가 난다는 사실도 알아야 한다.

부하직원에게 과업과 목표를 정해주고 그것을 달성하기 위한 실질적인 자율성과 창조성을 보장해주어야 한다. 부하직원이 좀 더 넓은 시야와 높은 포부를 가지고 조직의 목적을 이루도록 일을 맡기고 격려해야 한다. 그런 면에서 진정한 리더는 사람을 관리하는 것이 아니라 일을 관리한다.

개혁자형 리더십

개혁자형 리더십은 조직의 궁극적 목적을 이루려고 자신은 물론 조직을 끊임없이 혁신한다. 파커스Charles Farkas가 조사·연구한 바에 따르면, 세계적 기업의 경영주 가운데 관리자형 리더가 30퍼센트인 반면 개혁자형 리더는 15퍼센트에 불과하다고 한다. 그만큼 개혁과 혁신은 어려운 일이다. 그러나 개혁자형 리더는 비록 혼란과 문제가 있고, 전략적 실수가 나타나고, 일시적으로 손해가 있더라도 계속 개혁하는 것이 가장 중요하다고 믿는다.

개혁자형 리더는 자신을 변혁의 대리인change-agent이라고 생각한다. 현재 상태에 만족하지 않고 계속해서 의문을 갖고 끊임없이 재설계하며 위험에 도전하는 환경을 만든다. 변하지 않으면 망한다는 위기의식을 가지고 변화야말로 일관되게 결과를 얻을 수 있는 가장 좋은 방법이라고 생각한다. 하루 시간의 75퍼센트 이상을 변화를 촉진하기 위해 조직원에게 동기를 부여하는 만남과 모임에 사용한다. 개혁자형 리더의 주요한 활동은 직접 현장에서 각계각층의 사람과 만나는 것이다. 그들의 성격은 매우 공격적이고 독립적이어서 직위에 의존하기보다는 직위를 발전 기회로 인식하는 성향이 강하다.

개혁자형 리더는 본질적 변화를 추구한다. 조직이 궁극적으로 추구하는 목적을 이루기 위해 변화하기를 원한다. 즉, 변화는 목적을 이루는 과정이라고 생각한다. 늘 목적의식에 사로잡혀 조직이 그 목적에 이끌려가도록 끊임없이 자신과 조직의 활동을 살피는 것이 개혁자형 리더의 사명이다. 특히 지금처럼 사회가 빠르게 변하고, 조직은 물론 개인의 가치관이 급변하는 시대에 궁극적인 존재 이유와 목적을 잃지 않도록 계속해서 개혁하기는 결코 쉬운 일이 아니다.

개혁자형 리더가 혁신하기 위해 변화를 추구할 때 조심해야 할 것이 두 가지 있다. 첫째, 모든 개혁은 리더 자신의 실천을 동반해야 한다는 것이다. 변화는 어떤 선포나 프로그램으로 되지 않는다. 리더 자신이 먼저 변하고 업무를 적극적으로 수행해야 한다. 즉 리더의 개인적 변화가 조직 전체의 변화 과정에 반드시 포함되어야 한다. 둘째, 모든 개혁은 그 조직의 문화를 고려해서 해야 한다는 것이다. 변화 과정에는 기존 문화의 파괴가 따르게 된다. 이로써 많은 개인이 피해를 볼 수 있다. 낡은 문화를 대표하는 사람들이 조직에서 축출된다는 위기의식이 팽배한다. 그러므로 개혁자형 리더는 변화를 절감하는 조직이 심리적으로 안정되도록 해야 한다. 개혁자형 리더는 늘 목적의식이 뚜렷해야 하며 다른 사람보다는 자기갱신과 자기개혁에 힘써야 한다.

성취가형 리더십

성취가형 리더십은 늘 모든 일을 솔선수범하기를 즐긴다. 어떤 일이나 과업을 성취함으로써 삶의 보람을 느낀다. 도전적 목표를 설정하고 성과 증진을 추구하며, 업무를 뛰어나게 수행할 것을 강조하고 높은 표준을 갖도록 자신감을 심어준다. 영웅이라고 여겨지는 이들은 대개 이 유형에 속한다. 영웅은 다른 사람에게 모범이 되고 나도 성공할 수 있다는 자신감을 심어준다.

성취형은 참여형 또는 봉사형이라고 할 수 있다. 봉사자로서 리더는 가치중심적이고 업무 지향적이다. 다른 직원을 섬기고 베풀며, 함께 배우고 함께 일한다. 기꺼이 봉사하고자 하는 자세가 되어 있는 봉사형 리더는 인생의 방향과 목적을 알고 싶어하고, 그것을 성취하고 기여하고자 하는 사람에게 본보기가 될 수 있다.

이러한 성취가형 리더의 가장 큰 단점은 어떤 일이든 자기가 직접 성취해야 직성이 풀린다는 것이다. 그렇게 되면 결국 리더 위치에서 노동자 위치로 떨어질 위험이 있다. 그러므로 성취가형 리더는 위임형 리더십을 배워야 한다. 성취하되 다른 사람을 활용하는 것이 곧 위임이다. 위임에는 일만이 아니라 권한까지 포함해야 한다. 누군가에게 위임한다는 것은 그 사람에게 무엇인가

할 수 있는 권위나 특권을 주는 것이다. 내 권력을 다른 사람에게 위임할 때 가장 강력한 리더가 될 수 있다.

구비자형 리더십

구비자형 리더십은 사람을 키우고 준비하게 하는 것을 리더십의 본질로 이해한다. 이들의 최대 관심사는 사람이다. 비록 과업을 완수해야 조직의 목적을 이룬다 하더라도 결국 그 목적을 이루는 존재는 사람이므로 사람에게 최대 가치를 부여해야 한다고 주장한다. 구비자형 리더십은 인적자원형 리더십이라고도 할 수 있다. 이는 실력 있는 사람을 채용하고 관리하는 것만이 생산성을 높이는 지름길이라고 한다.

미국 사우스웨스트 항공사 켈러허Herb Kelleher 사장을 그 예로 들 수 있다. 그는 작은 지방 공항의 관리인 선발에도 직접 관여하는 이유를 이렇게 설명했다. "사람을 채용하는 것이 모든 일의 출발점이다. 그것은 강의 상류와 같다. 상류가 오염되면 결국 강 전체가 오염된다. 기업의 조직도 마찬가지다." 그는 또한 "우리는 태도가 훌륭한 사람을 채용해야 한다. 그들이 수행해야 할 기능은 가르치면 된다"고도 말했다. 구비자형 리더는 인재 채용뿐만 아니라 그 이후 훈련과 관리에도 관심이 많다.

리더의 최대 사명 가운데 하나는 다른 리더를 육성하는 일이다. 미국의 루스벨트 대통령은 "리더십이란 혼자서 열 명이 할 일을 하는 것이 아니라 열 명에게 열 명의 일을 하게 하는 것이다"
라는 유명한 말을 했다. 사람을 키우고 준비하게 하는 리더십을
발휘하려면 부하로 하여금 공동체 경험에서 배우게 하고 적절히
위임하여 능력을 키워야 한다.

서번트 리더십

서번트 리더십servant leadership은 다른 사람을 위한 봉사에 초
점을 두고, 종업원과 고객의 커뮤니티를 우선으로 그들의 욕구
를 만족시키기 위해 헌신하는 리더십을 뜻한다. 서번트 리더십은
1977년 미국 경영연구가 그린리프Robert Greenleaf가 처음 제시했
다. 부하들이 잘 따르는 존경받는 리더가 되려면 부하의 인격을
존중하고 헌신적으로 봉사해 그들로 하여금 스스로 자기 능력을
발휘하도록 이끌어주어야 한다.

스피어스Larry Spears는 서번트 리더십의 특성으로 ①경청하
는 자세 ②공감대 형성 노력 ③부하들의 고통 치유에 대한
관심 ④분명한 인식을 기초로 대안 제시 ⑤맹종이 아닌 설
득에 따른 동반 ⑥폭넓은 사고를 바탕으로 비전 제시 ⑦예
리한 통찰력으로 미래를 예측하도록 도움 ⑧청지기 같은 태
도로 봉사 ⑨부하들 능력을 개발하려고 노력 ⑩조직구성원
사이의 공동체 형성에 조력 등 열 가지를 들었다.

최고 경영자형 리더십

최고 경영자형 리더십은 앞서 말한 여덟 가지 리더십 유형, 즉 전략가형, 전문가형, 관리자형, 개혁자형, 성취가형, 구비자형, 서번트형의 좋은 요소를 종합한 리더십이다. 전략가형의 계획을, 전문가형의 프로그램을, 관리자형의 과정을, 개혁자형의 목적을, 성취가형의 생산을, 구비자형의 사람을, 서번트형의 봉사를 다 추구할 수 있는 진정한 의미의 힘을 가진 리더다. 마치 모든 연주자를 위대하게 만들 줄 아는 오케스트라의 지휘자 같다.

'경영의 신'이라는 일본 기업가 마쓰시타松下幸之助는 이런 말을 했다. "종업원이 열 명일 때는 경영주가 앞장서야 한다. 종업원은 업주가 야단치든 위협하든 따라온다. 그러나 1,000명으로 늘어나면 일선에 나서지 마라. 중간쯤 되는 자리에 조심스럽게 서 있어야 한다. 조직이 1만 명까지 늘어나면 뒤에 조용히 앉아서 그저 감시만 하면 된다."

하버드대학교의 학자들이 성공한 최고 경영자의 특징을 30년 동안 연구했다. 그들이 연구 결과 얻은 최고 경영자의 공통점은 바로 이타주의였다. 이타주의는 '내가 받기 전에 남에게 주는 태도'를 말한다.

21세기 리더십은 리더십의 여러 유형을 함께 갖춘 다중적 리더십, 최고 경영자형 리더십이 될 것이다. 어떤 상황에서도 효과적으로 대응하는 전천후 리더십이다.

이순신처럼 생각하고 리드하라

리더가 갖춰야 할 기본 자질

첫째, 비전이 있어야 한다. 리더는 팔로어들에게 비전을 제시하는 사람이다. 즉, 올바로 나아갈 방향을 제시하는 사람이다. 예수는 일찍이 "소경이 소경을 인도하면 둘 다 구렁텅이에 빠지게 된다"라고 말했다. 이는 리더가 방향을 올바로 제시해야 한다는 뜻이다. 리더는 반드시 미래 지향적이어야 하며, 조직이 나아갈 미래에 대해 방향감각을 분명히 가지고 있어야 한다.

리더가 비전이 없으면 팔로어도 비전을 갖지 못한다. 비전이 있어야 희망이 있다. 비전은 사람들 속에 있는 가능성을 끌어내고 자신감을 갖게 해준다. 비전은 또한 다른 사람이 보지 못하는 것을 보게 해준다. 더 나아가 개인과 단체의 미래를 형성하는 데 중요한 구실을 한다. 리더가 앞으로 나아갈 방향을 선택하려면 먼저 가능성에 대한 가상 이미지와 바람직한 미래상을 만들어야 한다. 비전은 꿈과 같이 모호할 수도 있고 목표와 같이 분명할 수도 있다. 비전에는 조직을 위해 실행 가능하고 신뢰할 수 있으며 매력 있는 미래상이 표현되어야 한다.

둘째, 긍정적 태도를 지녀야 한다. 부정적 태도를 지닌 리더, 냉소적 태도를 보이는 리더는 올바른 리더라고 할 수 없다. 리더는 도전을 하나의 기회로 보고 어려운 상황에서 최선의 방법을 찾아내려고 해야 한다. 긍정적 리더는 실수를 배울 수 있는 기회로 바꾼다. 긍정적 리더는 직원이 실수해도 꾸짖기보다 그 실수를 이용하게 해준다. 긍정적 리더는 과거가 아니라 미래를 바라보며, 문제만이 아니라 가능성을 본다. 지배당하지 않고 지배하며, 현실에 안주하지 않고 끊임없이 도전할 목표를 만들어낸다.

셋째, 의사소통 능력이 뛰어나야 한다. 인간이 복잡한 존재인 것같이 의사소통도 다양하고 복잡하기 그지없다. 의사소통 능력은 계속 노력해야 연마할 수 있는 기술이다. 상대방을 이해하는 기술, 경청하는 기술, 언변에 능한 기술, 잘 쓰는 기술 등 다양한 기술을 익혀야 한다. 어느 하나 만만한 것이 없다. 리더는 소수는 물론 다수와도 소통해야 한다. 따라서 연설에 능해야 한다.

넷째, 여유가 있어야 한다. 여유는 상당히 포괄적인 개념이다. 시간과 마음은 물론 돈도 여유가 있어야 한다. 여유가 없으면 매사에 쫓기게 되고, 결과적으로 실수하기 쉽다. 겉으로 보기에도 좋지 않다. 리더는 어떤 상황에서도 여유를 가질 수 있도록 훈련하고, 유머 감각을 길러야 한다. 자기 실수나 실패도 웃음으로 넘길 줄 알아야 한다. 한 연구에 따르면, 유머를 잘 구사하는 리더의 집단은 그렇지 않은 집단보다 생산성이 배 이상 높다고 한다.

다섯째, 매사에 철저해야 한다. 철저하다는 말은 '완수할 때까지 행하는' 것이고 '세부사항까지 주의를 기울이는 것'이다. 일을 적당히 하거나 얼렁뚱땅 하는 사람은 리더가 될 수 없다. 훌륭한 리더는 매우 치밀하게 행동한다. 그들은 말과 행동이 분명하며 의심받을 여지가 없다. 그들은 모든 과정에 최선을 다하고 계획을 세우며 목표를 향해 매진한다. 일을 잘 마무리하며 '미완성'이라는 부끄러운 딱지가 붙어 있지 않다. 리더는 숫자 개념도 확실해서 업무와 관련된 핵심 수치와 비율을 잘 알고 있다. 또 회사의 예산안이나 장기계획을 살필 줄 알고 수치 뒤에 숨어 있는 동기를 파악할 줄 안다.

여섯째, 신뢰가 바탕이 되어야 한다. 리더는 팔로어의 신뢰를 받아야 한다. 어떤 학자는 리더십에서 가장 중요한 요소가 신뢰라고 주장했다. 신뢰할 수 없는 리더를 따르려는 사람은 없기 때문이다. 신뢰는 리더의 말과 행동이 일치한다는 데 대한 확신이다. 신뢰는 계속해서 쌓아야 한다. 그럴 때 리더십이 잘 발휘될 수 있다.

일곱째, 위기대처 능력이 뛰어나야 한다. 위기는 갑자기 닥쳐온다. 평소 위기대처 능력을 갈고닦지 않으면 위기가 닥쳤을 때 우왕좌왕하다가 기회를 놓친다. 리더는 결코 이른바 골든타임golden time을 놓치면 안 된다. 리더십을 판단하는 시금석은 리더가 어떻게 골든타임을 다스리느냐는 것이다. 평소 위기에 대처하는 훈련을 철저히 해야 한다. 위기가 닥쳤을 때 리더의 선택과 판단이 모든 것을 결정한다.

여덟째, 자기를 잘 다스려야 한다. 성공한 비즈니스 리더는 일주일에 평균 65시간 이상 일한다고 한다. 이렇게 리더는 지나치게 일하다가 몸과 정신이 망가지기 쉽다. 자기 몸을 돌보지 않고 일하다가 세상을 일찍 떠나는 리더가 많다. 한 가지 일에 몰두하다보니 건강도 잃고 가정생활도 실패하고 사회생활도 소홀히 하게 된다. 매사에 균형과 조화를 갖추는 것이 바람직하다. 중도를 지키는 것이 가장 지혜롭게 사는 길이다.

아홉째, 늘 배우고 익혀야 한다. 처음에는 탁월하다고 인정받은 리더도 시간이 갈수록 별로 두각을 나타내지 못하는 경우가 많다. 갖고 있는 지식과 경험을 쓰기만 하고 새로운 지식을 쌓는 데 소홀했기 때문이다. 초기 실력은 5년을 가지 못한다. 박사학위가 있는 사람도 회사에 들어가 5년 정도 일하다보면 오히려 평직원보다 성과를 못 내는 경우가 많다. 따라서 리더도 계속 공부하고 능력을 개발해야 한다.

열째, 자신만의 레퍼토리가 있어야 한다. 자기 장점을 가장 크게 키워서 좋은 브랜드를 만들어야 한다. 개성이 없는 리더는 영향력이 클 수 없다. 늘 자기 가치를 높여서 좋은 브랜드를 만들어야 한다.

03
성공한 리더십이란
무엇인가

리더십을 정의할 때 가치기준은 무엇일까? 영향력, 지위, 허
용, 성과, 인재 양성, 성품 등 다양한 가치가 서로 보완하기도 하
고 충돌하기도 한다. 이런 모든 것이 '리더십'을 형성한다. 새로운
유형의 리더십이 계속해서 나타났다가 사라지는 시대에 균형을
갖춘 통합적 리더십이 필요하다. 2014년 최연소 노벨평화상 수
상자인 파키스탄의 유사프자이Malala Yousafzai와 최장수 독일 총리
인 메르켈Merkel(본명 Angela Dorothea Kasner)은 그런 점에서 새 시대
에 맞는 리더라고 할 수 있다.

파키스탄의 인권운동가 유사프자이는 드라마와 같은 삶을 살
았다. 유사프자이는 탈레반이 장악한 파키스탄 북부 스와트밸
리에서 태어났다. 탈레반은 여자아이들이 학교에 다닐 수 없게

했지만 유사프자이는 자기 아버지가 세운 학교에 몰래 다녔다. 2009년 유사프자이는 이름을 숨기고 영국 BBC 블로그에 탈레반의 잔혹 행위를 폭로했다. 자기와 마찬가지로 모든 파키스탄 소녀가 학교에 다닐 수 있게 해달라고 국제사회에 호소했다. 이 글들이 세계 각국으로 퍼져나가면서 유사프자이는 세계적 인권운동가가 되었다.

유사프자이는 열여섯 살 생일날인 2013년 7월 12일 미국 뉴욕 유엔총회장에서 어린이 무상교육에 지원을 요청하는 연설을 해서 박수를 받았다. 유사프자이는 살해 협박에도 지지 않고 전 세계를 돌며 여성과 아동의 인권보호를 호소하고 있다.

메르켈 총리가 2000년 보수적인 기독교민주당의 첫 여성 당수가 됐을 때만 해도 메르켈 총리 시대가 오래 지속될 줄은 아무도 예상하지 못했다. 메르켈의 리더십이 뛰어난 덕분이었다. 그렇다면 메르켈 리더십의 특징은 무엇일까? 메르켈의 지도력에 대해 독일 언론들은 '무티(엄마) 리더십'이라는 별명을 붙여주었다. 무티 리더십은 엄마처럼 원칙을 고수하면서 따뜻함을 잃지 않는 배려와 포용을 기본으로 신중함과 안정감이 더해진 실용주의다. 메르켈의 리더십은 양극단의 주장을 철저히 배제하면서 화합을 이끌어내고 합의에 기초한다.

메르켈 총리는 유로화를 사용하는 17개국의 재정 위기를 돌파하기 위해 그리스, 스페인 등 부채 위기 국가들을 압박하는 동시에 독일 납세자들에게는 큰 부담을 지우지 않으면서 독일의 이익을 위해 노력해왔다. 메르켈은 또한 좌파 정책을 과감히 수용하는 실용적인 모습도 보였다. 메르켈은 과학자 출신답게 "버는 돈보다 쓰는 돈이 많아선 안 된다"는 철학을 고수하면서 시간이 걸리더라도 뚜벅뚜벅 걸어가는 신뢰감을 보여주었다. 메르켈은 최악의 경제 위기 속에서도 독일 경제를 부흥시키며 이념보다는 '빵'을 더 원하는 국민의 마음을 얻었다.

 ## 칭기즈칸의 리더십

역사적으로 볼 때 칭기즈칸Chingiz Khan(1167?~1227)은 나폴레옹, 히틀러, 알렉산더대왕이 정복했던 땅을 모두 합친 것보다 더 넓은 777만 제곱킬로미터를 정복했다. 그 후대인 쿠빌라이칸Khubilai Khan(1215~1294) 때는 중국 대륙까지 점령해 그 규모가 배 이상 늘어났다. 인구 100만 명에서 200만 명 정도로 1억 명에서 2억 명이 살고 있는 지역을 10~20년간 모두 정복하고 150년 동안 제국을 이끌어나갔다면 대단한 리더십이 아닐 수 없다.

몽골이 가장 넓은 영토를 점령하면서 그토록 오랫동안 제국을 유지할 수 있었던 비결은 무력과 힘을 앞세운 강압적 정복이 아닌 다른 이유가 있었기 때문이다. 이는 역사적으로 볼 때 문명의 압도적 우위를 유지하지 않고는 설명할 수 없는 일이다. 〈워싱턴 포스트〉지는 1995년 12월 1일자에서 칭기즈칸에 대해 다음과 같이 평했다.

지나간 1,000년 역사에서 가장 거대한 사변은 한 단일민족이 전 세계에서 자기 기질을 완벽하게 발휘한 것이다. 그와 그 후손은 유라시아대륙에 광대한 자유무역지대를 만들어냈고 동서양 문명을 막강하게 연결했다. 이는 중세의 가트GATT, General Agreement on Tariffs and Trade체제라고 할 수 있다. 그는 인터넷이 생겨나기 7세기 전에 이미 전 세계에 조합(콤비네이션)을 구축했다. 그는 사람과 기술을 이동시켜 세계를 좁게 만들었다. 따라서 지난 1,000년 동안 가장 중요한 인물로 이 사람을 꼽는다.

칭기즈칸의 등장

칭기즈칸의 아버지는 예수게이也速該라는 청년실업가였다. 이 아버지가 자기 조상들이 세운 나라를 팔아먹은 타타르부족의 족장 머리를 베어오던 날, 그의 아들 칭기즈칸이 태어났다. 칭기즈칸의 이름은 적장 이름을 따서 테무친鐵木眞이라고 지었다. 태어날 때 이 아이는 오른손에 복사뼈만 한 핏덩이를 쥐고 있었으며, 눈에서는 불이 튀고 볼에서는 빛이 났다.

칭기즈칸의 어머니 허엘룬은 다른 부족 출신이었다. 그녀는 다른 사람에게 시집가기로 되어 있었는데 칭기즈칸 아버지가 초야의 신부를 납치해 동거하면서 칭기즈칸을 낳은 것이다. 허엘룬은 일자무식이었는데 유명한 교훈을 많이 남길 정도로 존경받는 여인이 되었다. 원래 유목민은 글을 잘 몰랐고, 문자도 잘 발달되어 있지 않았다. 늘 이동하며 살다보니 책을 가지고 다닐 수 없었기 때문이다. 자연히 칭기즈칸도 다른 유목민과 마찬가지로 글을 배우지 못했다.

칭기즈칸의 아버지는 칭기즈칸이 열두 살쯤 되자 아들을 장가보내기 위해 어느 마을에 데릴사위로 데려다주고 집으로 돌아오는 길에 타타르부족이 준 독주를 마시고 죽었다. 그 소식을 들은 칭기즈칸은 다시 고향으로 돌아왔지만 부족이 이미 흩어졌으므로 어머니와 사촌동생 두 명과 함께 살게 된다. 칭기즈칸이 특별하다는 사실이 알려져 다른 부족들은 틈만 나면 그를 죽이려고 했다. 그래서 그는 여기저기 떠돌아다니며 고생해야 했다.

칭기즈칸은 어렵게 안정을 찾았다. 하지만 어머니 허엘룬을 아버지에게 빼앗겼던 부족에게 아내를 빼앗겼다. 칭기즈칸은 옹칸과 자모카라는 족장을 찾아가 그들이 아버지의 도움을 받은 일도 있으니 아내를 찾을 수 있게 도와달라고 청했다. 이에 함께 군사를 일으켜 2년 만에 아내를 찾았다. 그러나 아내는 이미 적의 아이까지 임신한 상태였다. 칭기즈칸은 그런 아내를 받아들였고, 그 모습에 감동한 부하들은 그를 위해 끝까지 충성을 다했다. 이후 칭기즈칸은 옹칸과 자모카를 몰아내고 칸 자리에 올랐다.

칭기즈칸의 비전과 전략

칭기즈칸은 칸이 되었을 때 왜 조상이 그렇게 고생했고, 왜 아버지가 독살되었고, 왜 옹칸과 자모카를 몰아내야 했고, 왜 자기 부족이 늘 싸워야 하는지 고민했다. 그는 고원이라는 한정된 공간에서 서로 아귀다툼을 벌이는 한 전쟁은 사라지지 않고 가난에서도 벗어날 수 없다고 생각했다. 그래서 눈을 고원 밖으로 돌려야 살길을 찾을 수 있다고 주창하게 되었다. 즉, 거대한 비전을 펼치고자 한 것이다. 그는 다음과 같은 전략을 세우고 비전을 실현해갔다.

첫째, 개인의 약탈을 금지하고 전쟁에서 공을 많이 세운 순서로 전리품을 나누어 갖게 했다. 그러자 군사들에게 동기유발이 되어 긍정적인 효과를 불러왔다.

둘째, 군사제도를 개편해 씨족단위로 편제되었던 군사조직을 천호제로 바꾸었다. 군사를 10명 – 100명 – 1,000명 – 10,000명과 같은 단위로 묶고 각 단위에서 리더를 스스로 뽑게 하였다. 이런 식으로 조직하자 사회조직이 혁명적으로 바뀌어 잘하는 사람이 리더가 되었고, 때로 노예가 장군이 되기도 했다.

셋째, 케신텐이라는 교육제도를 만들었다. 나라의 미래는 소년들에게 달려 있다는 생각에 어린 엘리트들을 모아 식생활, 언어, 법 등 각 분야에서 전문교육을 받게 하며 경쟁력을 키워나갔다.

칭기즈칸 리더십의 특징

칭기즈칸이 적은 군사로 그렇게 넓은 대제국을 지배할 수 있었던 비결은 그의 리더십에 초점을 맞춰야 이해할 수 있다.

첫째, 동기부여가 될 큰 목표를 품었다. 어린 테무친은 일찍이 공동목표가 있으면 부족이 잘 뭉친다는 사실을 발견했다. 그 같은 공동목표는 소박하거나 곧 이룰 수 있는 작은 것에서는 별반 효과가 없고 원대해야 비로소 사람들이 큰 힘을 낸다는 사실도 깨달았다. 즉, 원대한 비전이 있어야 한다는 것이다. 칭기즈칸은 한 가지 공동목표가 달성되기 무섭게 새로운 공동목표를 만들어 부족을 이끌었다. 그 공동목표는 나라를 만드는 것에서 주변 국가의 위협을 없애는 것, 중원을 경영하는 것에서 천하를 통일하는 것으로 나아갔다. 그리고 그 천하는 중국 땅을 넘어서 사람이 살고 있는 모든 땅으로 계속 넓어졌다.

둘째, 핵심인물을 잘 관리했다. 칭기즈칸에게는 뜻을 함께한 핵심인물이 아홉 명 있었다. 그들은 칭기즈칸에게 절대로 충성을 다했다. 칭기즈칸은 그들과 자주 만나 보고를 받았고 그들에게 전권을 위임하였다.

셋째, 속도를 중시하는 전략을 구사했다. 모스크바에서 블라디보스토크까지 가는 데 마차로 2년이 걸리던 것을 생각하면 중원을 점령하는 2년여 세월 거의 말을 달리는 속도로 달려나간 것이나 다름없다. 칭기즈칸은 먼저 의사결정을 빠르게 했다. 원정군은 작전계획을 세우느라 시간을 낭비할 수 없었다. 칭기즈칸 군사가 본토인 몽골고원에서 수천 킬로미터 떨어진 중앙아시아, 페르시아, 유럽을 공략할 수 있었던 것도 당시로서는 상상조차 할 수 없을 만큼 빠른 진군 속도를 자랑한 기마군단 덕분이었다.

넷째, 법을 엄격하게 집행했다. 칭기즈칸은 대자사크Yeke Jasag라는 법을 명문화했다. 이는 낡은 과거를 청산하고 세상 밖으로 나아가기 위한 수많은 문제를 해결하는 법으로, 항목을 될 수 있는 한 최소로 해놓고 지키기는 최대로 하는 것이었다. 즉, 법의 가짓수는 적지만 법을 어길 경우 엄하게 벌하는 것이었다. 이 법 중에는 "간통하는 자는 사형에 처한다.", "물과 재에 오줌을 누는 자는 사형에 처한다" 등과 같은 것도 있었다. 그랬기에 법 조항이 36개밖에 되지 않았어도 폴란드에서 고려에 이르는 대제국을 지배할 수 있었다. 그는 모든 국민이 법을 지켜야 할 뿐 아니라 자기 책임을 100퍼센트 완수해야 한다고 믿었다.

다섯째, 구식 제도와 방법을 철저히 개혁하였다. 칭기즈칸은 군사 장비를 가볍게 하고, 말을 잘 훈련하고, 도구를 간소하게 해서 이동속도를 높였다. 칭기즈칸은 기술을 존중해서 전쟁이 일어나면 두 부류, 즉 여자와 기술자는 죽이지 않았다. 신기술을 가지고 있는 자만이 세계를 지배한다는 사실을 경험으로 알았기 때문이다. 그는 실제로 기술자들을 모아 연구하게 해서 성을 공격할 수 있는 무기를 많이 만들었다.

이순신처럼 생각하고 리드하라

여섯째, 다른 민족의 문화와 종교에 매우 관대했다. 칭기즈칸은 차별 없는 문화정책을 실천하고 이교도와 이민족을 차별하지 않았다. 칭기즈칸은 샤머니즘을 믿었으나 그의 며느리는 기독교를 믿었다. 세계의 수많은 사람이 원나라로 와서 더불어 살았다. '법과 종교가 다르다고 탄압하지 마라. 민족이 다르다고 편 가르지 마라'라고 법에 규정했다. 바로 이런 정책을 폈기에 150여 년 동안 다른 민족과 나라를 잘 이끌 수 있었다. 일제강점기에 일본은 강제로 신사를 참배하게 하고 한국인의 종교를 탄압했다. 이는 일본 리더의 생각이 고리타분했다는 것을 증명한다.

일곱째, 능력 위주로 사람을 뽑고 개방적으로 사고했다. 칭기즈칸은 누가 더 현재와 미래에 공헌할 수 있는지를 중심으로 사람을 뽑았다. '제베'라는 적장이 활을 아주 잘 쏘았다. 이 사람이 칭기즈칸에게 잡혔을 때 "저를 살려주시면 전 지구 곳곳에서 당신 뜻을 펼치겠습니다"라고 하자 칭기즈칸은 그를 중용했다. 심지어 후계자를 뽑을 때도 장자 이외에 리더가 될 수 있는 후보군을 만들어 그들을 대상으로 서너 달에 걸쳐 검증했다. 이런 제도 덕분에 칭기즈칸의 셋째 아들 쿠빌라이가 칸의 자리에 오를 수 있었다.

여덟째, 상무정신을 끊임없이 고취했다. 칭기즈칸은 무사안일과 향락을 경계했다. 그의 유언 가운데 하나가 "흙벽돌집에서 살지 마라"였다. 흙벽돌집에서 산다는 것은 정착생활을 의미하는데, 이는 곧 말을 포기하는 것이라고 보았다. 그러면 허벅지에 살이 붙고 기름 맛을 알게 되어 고통스러운 원정을 가지 않으려 하고 음주가무에 빠져들까 봐 경계한 말이다. 살림이 풍족해지면 더 많은 재물에 욕심을 내고, 가벼운 군장이 온갖 보화로 무거워지며, 재물을 많이 차지하려고 서로 싸울 것이기에 더욱 그러했다.

우리 사회에는 이기주의가 팽배해 있다. 나만 알고 남을 배척하며, 나만 살려 하고 지연과 학연, 혈연에 매여 기득권만 따진다. 칭기즈칸의 사상과 리더십을 본받는다면 우리 민족이 갖고 있는 가능성을 100퍼센트 활용해서 강대국의 꿈을 실현할 수 있을 것이다.

 엘리자베스 1세의 리더십

몇 해 전 〈뉴욕타임스〉지는 지난 1,000년간 최고 리더로 '엘리자베스 1세'를 선정했다. 그녀가 남존여비 사상이 강했던 16세기에 여성으로서 리더 자리에 오른 것이 그 이유였다. 이 여성 리더는 국민에게 봉사하며 국가의 부흥을 이끌어 국민의 사랑과 존경을 받았다. "영국인 누구도 엘리자베스 1세에게는 돌을 던지지 않는다"는 말이 있을 정도다.

엘리자베스 1세는 영국 절대주의의 전성기를 이끈 왕으로, 잉글랜드를 정치와 상업, 예술 분야에서 유럽 최고 지위로 끌어올렸다. 25세에 즉위한 여왕은 영국 국왕이 영국국교회 수장이라고 선언하는 수장령을 부활해 영국국교회를 다시 확립하고 가톨릭을 억압함으로써 종교적 통일을 꾀했다. 프랑스, 스페인과 복잡한 외교 게임을 벌이던 여왕은 최강국 스페인의 압력에서 벗어나기 위해 펠리페 2세의 무적함대를 무찌르면서 대제국으로 발전할 기초를 다졌다. 이후 인도에 동인도회사를 세워 아시아 진출의 바탕을 마련하고 북아메리카에도 식민지 정부를 세웠다. 엘리자베스는 통치기간 내내 종교적 긴장과 정치적 음모에 시달렸지만 타고난 정치적 감각을 바탕으로 국민의 충성심을 북돋워 외적과 맞서고 나라를 통합하는 데 힘썼다.

해가 지지 않는 나라

엘리자베스 1세는 아주 뛰어난 왕이었지만 성장 과정에서는 지극히 불행했다. 1533년 9월 7일 잉글랜드 런던 근처 그리니치 Greenwich에서 튜더 왕조의 헨리 8세와 그의 두 번째 왕비 앤 불린 사이에서 태어난 엘리자베스는 어머니가 간통과 반역죄로 참수된 뒤 궁정의 복잡한 권력 다툼 속에서 왕위계승권이 박탈되었다.

이복언니 메리 1세가 펼친 가톨릭 복귀 정책이 와이어트반란 (1554년 2월 런던에서 와이어트 경이 반란을 일으켜 메리 여왕을 몰아내고 엘리자베스를 여왕 자리에 앉히려고 한 사건)으로 이어졌을 때, 엘리자베스도 반란에 가담했다는 혐의로 런던탑에 유폐되는(1554) 등 소녀 시절을 힘들게 보냈다. 엘리자베스가 살아남을 수 있었던 것은 놀랄 만한 침착성 덕분이었다. 엘리자베스는 목숨이 위태로운 상황에서도 감정이 전혀 동요되지 않는 냉철함을 보였다.

1558년 11월 17일에 메리 여왕이 죽자 엘리자베스는 온 국민의 환영을 받으며 왕위에 올랐다. 왕의 런던 입성과 화려한 대관식은 대중적 지지기반을 다지는 데 더없이 좋은 행사였다. 여왕은 즉위하자마자 정부를 구성하고 포고문을 공포했다. 그리고 먼저 국내 문제를 하나하나 해결해나갔다. 대외문제도 지혜롭게 해결함으로써 나라를 큰 전쟁을 치르지 않고 평화롭게 다스릴 수 있었다.

엘리자베스 1세가 즉위할 때만 해도 잉글랜드는 약소국가였다. 잉글랜드는 전통적으로 강대국인 스페인과 동맹을 맺어 강대국 프랑스와 대적하는 국가였다. 하지만 헨리 8세 때 교황과 신뢰가 깨지면서 스페인과 맺은 동맹이 위태롭게 되었다. 무적함대를 동원해 신세계에 식민지를 건설하고 이로써 어마어마한 부를 누리던 스페인을 대적하기에 잉글랜드는 군사력도 약했고, 재정도 어려웠다.

엘리자베스 1세는 이러한 영국의 상황을 잘 알고 있었다. 여왕은 무엇보다 '민심이 천심'이라는 점을 잘 알고 있었다. 이런 뛰어난 판단력은 조세정책에 바탕을 두었다는 평가를 받고 있다. 여왕은 세금을 국가가 정하지 않고 국민이 주는 대로 받겠다고 약속하고 이를 실천했다. 그 결과 당시 영국의 세금은 유럽에서 가장 적었다. 하지만 이런 세금제도가 오히려 놀라운 역사적 사건을 만들어냈다.

1588년 스페인의 펠리페 2세가 무적함대를 이끌고 와서 영국을 위협했다. 영국 왕실은 재정이 빈약해 스페인에 맞설 전함을 구축할 비용이 부족했다. 엘리자베스 1세는 국민에게 전쟁 비용을 모금해달라고 호소했다.

"시련이 올 때 어떤 자는 두려워서 떨지만 어떤 자는 날개를 펴고 비상합니다."

이에 상인들과 목축업자들이 먼저 적극 호응하며 외쳤다.

"마음과 뜻, 몸과 생명, 재화를 더해 여왕을 돕자!"

그 결과 여왕이 제시한 금액보다 훨씬 많은 34만 파운드가 모였다. 영국인들의 높은 애국심 덕분에 영국은 그해 아르마다Armada해전에서 스페인의 무적함대를 격파했다. 스페인의 무적함대와 일전을 치르게 되자 엘리자베스 1세는 갑옷을 입고 병사들 앞에서 외쳤다. "나는 비록 연약한 여자이지만 마음과 용기는 영국 '왕'의 것이다." 여왕은 그 어떤 남성보다도 강인했다. 이때 여왕은 해적선장 드레이크Francis Drake를 기용해 스페인의 무적함대를 무찔렀다. 이로써 영국은 제해권制海權까지 가지게 되었고, 마침내 영국에 지지 않는 태양이 떠올랐다.

젊은 여왕의 내면에는 지혜와 강인함이 감추어져 있었다. 시련 앞에서 그야말로 날개를 펴고 날아오른 엘리자베스 1세가 있었기에 영국에서 '황금시대'가 시작되고 르네상스의 꽃이 피어날 수 있었다. 엘리자베스 1세는 16세기 영국의 부흥을 이끈 위대한 처녀여왕이었다.

엘리자베스 1세 리더십의 특징

첫째, 관용의 리더십이다. 그녀가 국내 정치에서 최대 성과를 올린 것은 신·구교의 갈등을 해결한 일이다. 예전이나 지금이나 종교적 갈등은 해결하기가 가장 어려운 문제에 속한다. 종교적 신념은 절대 가치라서 사람들이 자신의 종교적 신념을 양보하지 않기 때문이다. 그리고 종교적 사회에서는 친구 아니면 적이라는 이분법적 사고가 지배하므로 자칫 잘못하면 극단으로 치닫게 되어 대량 살육도 불사하는 결과를 가져오기 때문이다.

여왕은 구교와 신교의 갈등을 아주 현명하게 해소했다. 여왕은 종교에 상당한 관용을 베풀었다. 여왕은 바로 앞의 왕이었던 메리 1세처럼 신교도 수백 명을 화형하지도 않았고 프랑스 왕비 베디시스처럼 위그노 수천 명을 학살하려고 하지도 않았다. 그러나 영국을 분열 위기로 몰아넣을 수 있는 종교분쟁만큼은 확실히 종식해야 한다고 여겼다. 여왕은 당대 다른 지배자들과 달리 중용과 타협의 정신으로 모든 국사를 처리하였다. 많은 역사가가 엘리자베스 1세 시대에 영국이 전반적 번영과 경제성장, 문화 창달을 이룩할 수 있었던 것은 여왕이 양심의 자유를 보장해준 덕분이라고 말한다. 여왕이 종교문제를 해결할 수 있었던 것은 관용적 태도와 함께 원칙을 일관되게 추구한 덕분이었다.

둘째, 인재를 잘 활용한 리더십이다. 위대한 왕 옆에는 위대한 신하들이 있는 법이다. 여왕은 인재를 잘 모아 활용했다. 세실William Cecil과 베이컨Nicolaus Bacon, 월싱엄Francis Walsingham, 스록모턴Nicholas Throckmorton을 비롯하여 경험이 풍부하고 믿을 만한 조언자를 주위에 두었다. 엘리자베스는 즉위한 날 아침 세실을 수석국무장관으로 임명했다. 세실은 그 뒤 40년 동안 현명하고 노련하게 여왕을 보필했다.

셋째, 강함과 부드러움을 자유자재로 활용한 리더십이다. 엘리자베스 1세는 명목만이 아니라 실질적 군주로서 나라를 다스릴 작정이며, 어느 개인이나 파벌의 판단보다 자기 판단을 우선하겠다고 처음부터 분명히 했다. 메리 1세가 여성 통치의 모범을 보이지 못했으므로 엘리자베스는 여성의 문화 장애를 극복하는 새 본보기가 되어야 했다. 게다가 잉글랜드 통치자의 권한에는 한계가 있었다. 군주는 국가수반이었지만, 잉글랜드는 상비군도 없었고 효율적인 경찰력도 없었으며 고도로 발달한 관료제도도 없는 가난하고 약한 나라였다. 나라를 다스리는 데 필요한 재원을 얻기 위해 여왕은 까다로운 의회를 상대로 협상을 벌이지 않으면 안 되었다. 이렇듯 어려운 상황에서 왕의 지배권과 애정문제를 융합한 통치전략을 개발했다.

여왕은 부드러운 이미지도 최대한 구축하였다. 백성이 자신을 동정녀 마리아로 인식하게 했고 신하들과 시인들이 '처녀여왕'이라고 부를 수 있게 허락했다. 대화를 하거나 정치적으로 타협할 때도 여성의 부드러운 이미지를 최대한 활용했다.

엘리자베스 1세는 완고함과 상냥함을 겸비한 보기 드문 재능이 있었지만, 이 두 가지는 모두 치밀하게 계산하고 연기한 것이었다. 여왕은 기회만 있으면 정치 언어를 사랑의 언어로 바꾸고, 자신을 왕국의 부인이나 어머니로 비유하곤 했다. 대표들을 다룰 때도 구혼자나 궁정 신하들을 다룰 때처럼 여성이라는 사실을 중대한 장애가 아니라 뚜렷한 이점으로 바꾸었다.

넷째, 소통의 리더십이다. 겸손과 관용이 있어야 국민과 소통할 수 있다. 여왕은 자신을 가두고 억압한 과거 정적들을 용서했을 뿐 아니라 심지어 등용하여 국가경영에 동참하게 하는 놀라운 관용과 화해를 보여주었다. 또 국민은 누구나 쉽게 접근하도록 허용하는 섬김의 자세를 보였다. 당시 왕정체제에서 여왕에게 국민이 쉽게 접근하여 대화한다는 것은 파격적이었다. 이러한 차별적 리더십은 국민에게 항상 인기 있는 여왕으로 기억되게 해주었다.

다섯째, 고유 브랜드를 창조한 리더십이다. 그녀는 이미지 변신에 힘썼다. 자신을 버림받은 사생아 이미지에서 영국과 결혼한 성스러운 처녀여왕의 이미지로 바꿔놓았다. 대관식 때 끼었던 반지를 손가락에서 빼내 들고는 영국을 남편으로 두었다고 선언했다. 군림하기에 여념 없었던 이전의 왕들과 달리 국가와 신민들에게 헌신하겠다고 선언했다. 아울러 동정녀 마리아의 순수하고 절대적 이미지를 자신에게 투사했다. '버진 퀸Virgin Queen', 즉 처녀여왕으로서 이미지를 만들고자 했다. 북아메리카 최초의 영국 식민지를 '버지니아Virginia'라고 이름 붙인 것도 이 같은 이미지를 공고히 하기 위한 것이었다.

결국 엘리자베스 1세는 신민과 국가에 전적으로 헌신하겠다고 선언한 뒤 45년 치세를 마칠 때까지 끝내 결혼하지 않고 처녀여왕으로서 이미지를 확고히 굳혔다. 그리고 그 덕분에 더 폭넓은 지지를 확보할 수 있었다.

여섯째, 일관되게 원칙을 지켜나가는 리더십이다. 영국은 스페인 무적함대를 무력화한 후 대서양 제해권을 확보하면서 해가 지지 않는 나라로 떠오르기 시작했다. 엘리자베스 1세 집권 말기에는 여왕을 중심으로 국민의 힘과 열정이 절정에 다다른 모습을 보여주었다.

엘리자베스 1세는 실리를 추구하는 왕이었다. 의미가 없는 규칙이나 전통은 과감하게 버렸다. 이런 안정된 바탕 위에서 이른바 영국 르네상스의 문화적 기틀도 잡혔다. 셰익스피어William

Shakespeare(1564~1616)로 대표되는 영국 문화가 꽃피운 것도 바로 이때다.

16~17세기 유럽정치사에 관한 한 독보적 위치를 구축한 역사학자 매팅리Garrett Mattingly에 따르면, 엘리자베스 1세는 여성적 재치와 쾌활함까지 곁들여 산적한 난제를 원칙에 따라 일관성 있게 처리했다고 한다. 일례로 악성 인플레이션을 잡기 위해 70만 파운드에 달하는 악화惡貨를 꾸준히 정리해나갔다. 웬만한 뚝심이 아니고는 불가능한 일이었다. 어려운 문제에 부딪힐수록 일관된 원칙을 지속한 리더십을 볼 수 있다.

일곱째, 끝까지 살아남는 리더십이다. 이복언니 메리 1세가 다스리는 동안 엘리자베스는 런던탑에 갇히는 등 몇 차례 죽을 고비를 넘겼다. 일찍이 생모가 처형된 런던탑으로 끌려간 스물한 살 처녀가 느꼈을 공포는 상상을 초월했을 것이다. 엘리자베스가 세 살도 되기 전 그녀의 아버지 헨리 8세는 자신의 두 번째 부인이자 엘리자베스의 어머니인 앤 불린Anne Boleyn을 런던탑에 가둬 죽이지 않았던가. 그런데 이번에는 엘리자베스가 런던탑에 갇히게 되었다. 그것도 이복언니 메리 1세의 노여움을 사서 말이다. 엘리자베스는 메리 1세를 왕좌에서 몰아내려는 와이어트의 음모와 관련되었을 거라고 의심받았다. 하지만 엘리자베스는 어떠한 경우에도 냉정함을 잃지 않았다. 왕위계승자 가운데 한 사람이었던 그녀는 극한 상황에서도 '생존이 곧 승리'라는 사실을 잊지 않았다.

엘리자베스 1세가 다스린 45년 동안 파산 직전이던 영국을 세계 최강 제국으로 바꿀 수 있었던 저력은 바로 이처럼 런던탑에 갇혀 언제 처형될지 모르는 상황에서도 끝내 포기하지 않고 살아남았다는 사실에 있다. 절망하지 않는 한 희망은 있고 포기하지 않는 한 기회는 온다. "포기하지 말고, 절망하지 말고, 끝까지 생존하라."

엘리자베스 1세의 롱런 비결

엘리자베스는 25세에 여왕이 되어 45년간 다스리고 70세에 서거했다. 엘리자베스가 통치에서나 수명에서나 길게 갈 수 있었던 비결을 요약하면 다음과 같다.

첫째, 어린 시절 정치적 이유로 몇 번이나 죽을 뻔했다. 이 경험으로 위기 속에서 생존하는 방법을 터득했다.

둘째, 백성을 누구보다도 잘 알았다. 그래서 그들의 요구와 기대를 최대한 충족해주려고 노력했다. 백성은 여왕을 사랑하고 존경했다.

셋째, 원칙과 도덕을 중시하는 원칙주의자였지만 한편으로는 고도의 타협과 술수에도 능했던 마키아벨리형 군주였다. 이 방법이 어려운 상황에 놓인 나라를 다스려나가는 데 효과가 좋았다.

넷째, 항상 균형감각을 지니고 있었다. 극단에 치우치지 않고 중용을 매우 중요하게 여겼으며 업무나 인사에서는 양극단 어딘

가에서 적정선을 찾았다.

다섯째, 자기관리를 철저히 했다. 건강관리뿐 아니라 시간관리도 철저히 했다.

여섯째, 신앙심이 돈독했다. 하나님의 은총을 받았다고 확신해 하나님과 늘 교제했으며 종교적 신념을 정치에 활용했다.

일곱째, 비전감각과 현실감각을 아울러 갖추었다. 앞을 내다보는 눈이 뛰어났을 뿐 아니라 일도 탁월하게 추진했다.

여덟째, 평생 독신으로 살았다. "나는 영국과 결혼했다"면서 온 정신을 국가와 민족의 번영과 발전에 바쳤다. 그녀가 결혼했더라면 그 시대 상황에서 그리 오래 치세하지 못했을 것이다.

아홉째, 통치를 시작하자마자 실시한 개혁이 성공하였으며, 대내외적으로 번영을 도모해서 국민의 신임을 얻었다. 인격과 실력 또한 겸비했다.

열째, 늘 새로워지려고 노력했다. 어릴 때부터 학문을 좋아해 그리스와 라틴의 고전을 배웠으며 독일, 프랑스, 이탈리아 등의 언어와 역사, 음악, 신학에 능통했다. 학문적 소양과 지식이 해박했고 대화술과 웅변술도 뛰어났다. 옥스

Point!

칭기즈칸은 차별 없는 문화정책을 실천하고 이교도와 이민족을 차별하지 않았다. 칭기즈칸은 샤머니즘을 믿었으나 그의 며느리는 기독교를 믿었다. 세계의 수많은 사람이 원나라로 와서 더불어 살았다. '법과 종교가 다르다고 탄압하지 마라, 민족이 다르다고 편 가르지 마라'라고 법에 규정했다. 바로 이런 정책을 폈기에 150여 년 동안 다른 민족과 나라를 잘 이끌 수 있었다.

이순신처럼 생각하고 리드하라

퍼드대학교를 방문했을 때는 교수들에게 라틴어로 고별 연설을 하기도 했다. 엘리자베스 1세는 불세출의 리더이자 우아한 지성인이었다.

섀클턴의 위기탈출 리더십

섀클턴 경Sir Ernest H. Shackleton(1874~1922)은 영국 BBC 방송이 지난 1,000년 동안의 최고 탐험가로 선정한 10명 중 콜럼버스, 제임스 쿡, 암스트롱, 마르코 폴로에 이어 5위에 오른 인물이다.

1914년 12월 5일 섀클턴은 대원 27명과 함께 인듀어런스호를 타고 탐험에 나섰다. 하지만 인듀어런스호는 남극의 거대한 빙하에 갇혀 침몰하고 말았다. 섀클턴은 이 생사의 기로에서 대원을 한 사람도 희생하지 않고 634일을 버티고, 마침내 모두 살아 돌아오는 리더십의 기적을 이루어냈다. 그래서 그의 리더십을 서바이벌 리더십이라고 한다.

극한 상황에서 리더십이 발휘되느냐 안 되느냐는 곧 생존의 문제다. 섀클턴의 리더십을 다룬《섀클턴의 위대한 항해Endurance: Shackleton's Incredible Voyage》와《섀클턴의 서바이벌 리더십Leading at the Edge》은 그가 탐험을 시작한 지 100년이 지난 21세기에 오히려 더 큰 감동과 교훈을 준다. 1913년 11월, 섀클턴은 탐험대

모집광고를 냈다.

> 대단히 위험한 탐험에 동참할 사람을 구함. 급여는 쥐꼬리만 함. 혹
> 독한 추위와 암흑과 같은 세계에서 여러 달을 보내야 함. 탐험기간
> 위험은 끊임없이 계속될 것이며, 무사히 귀환할 것이라는 보장도
> 없음. 그러나 성공할 경우 명예를 얻고 만인의 사랑과 인정을 받게
> 될 것임.

이 광고를 보고 찾아온 사람은 여자 세 명을 포함해 5,000여
명이었으나 실제 탐험대에 합류한 사람은 섀클턴 등 28명이었다.
선원이 가장 많았으며, 생물학·지질학·물리학·생화학 등을 전
공하는 케임브리지대학교 강사들, 요크셔의 어부, 의사, 사진사,
조각가 등 다양한 분야에서 일하는 사람들이었다. 1914년 8월
1일, 섀클턴은 배 이름을 "인내하는 자가 승리할 수 있다"는 가문
의 신조에서 따온 '인듀어런스Endurance(인내)'로 부르기로 했다.
드디어 미지의 세계, 남극을 향해 돛을 올렸다.

실패했지만 인명 피해가 전혀 없는 탐험

1915년 1월 18일 인듀어런스호는 웨들 해海를 가득 채운 부빙
浮氷 때문에 꼼짝없이 갇혀서 오도 가도 못하는 신세가 되었다. 창
고 책임자 오들리는 당시 상황을 이렇게 적었다. "얼어버렸다. 마

치 초콜릿 바에 박힌 아몬드처럼 그렇게." 며칠이 지나도 길이 열리지 않았다. 목수 맥니시는 이 상황을 이렇게 적었다. "1월 24일, 여전히 붙들려 있다." "25일, 여전히 꼼짝 못한다." "26일, 여전히 단단함……."

인듀어런스호는 그 후 10여 개월을 부빙에 갇혀 남극 바다를 표류하다 엄청난 파괴력으로 죄어오는 부빙의 압력을 견디지 못하고 난파하고 말았다.

섀클턴과 대원 27명은 배에서 탈출한 뒤 부빙 위에 텐트를 치고 다시 5개월 이상을 버텼다. 이때 그들은 79일 동안 해가 없는 남극의 혹한을 견뎌냈고, 식량이 바닥나자 물개기름으로 연명했다. 하지만 그들은 결코 포기하지 않았다. 텐트를 찢어 작은 보트 세 척에 돛을 달아 또다시 차디찬 남극 바다에 배를 띄웠다. 추위, 배고픔, 향수 그리고 무엇보다도 '절망'과 처절하게 싸운 끝에 그들은 단 한 명도 희생되지 않고 집으로 돌아왔다.

서바이벌 리더십의 핵심

섀클턴은 어떤 리더십을 발휘해 그들이 모두 살아 돌아오게 하는 기적을 이뤄냈을까? 다음 세 가지가 섀클턴 서바이벌 리더십의 핵심이다.

첫째, 불필요한 것은 가차 없이 버렸다. 타고 갔던 배가 난파된 뒤 섀클턴과 대원들은 비상식량이 저장되어 있는 폴렛 섬까지

557킬로미터를 행군할 계획이었는데, 여기서 살아남기 위해 각자 짐을 최소로 했다. 결국 그들은 살아남기 위한 희망 외에 쓸데없는 것은 모두 버렸다.

둘째, 어떤 위기에서도 미래를 준비하고 기회를 엿보았다. 결국 그들을 살린 것은 절망적 위기 속에서도 끊임없이 손질했던 보트 세 척이었다.

셋째, 대원 27명의 생명을 끝까지 책임지고 살려냈다. 섀클턴 리더십은 바로 끝까지 책임진다는 데서 완성되었다. 인간은 책임지는 만큼 존재한다. 그리고 리더의 역량은 어디까지를 얼마나 책임질 수 있느냐에 달려 있다. 그는 다음과 같은 시를 애송했다.

나는 항상 투사였다.
한 번만 더해보자.
최후의 것이 최상의 것이다.
용감한 자는 최후의 한순간에
최악을 최선으로 바꿔놓는다.

섀클턴의 위기탈출 10개조

미국 해군사관학교 출신으로 심리학 박사이자 리더십 전문가인 퍼킨스(《섀클턴의 서바이벌 리더십》의 저자)는 미국의 저널리스트 랜싱이 섀클턴과 대원들의 일기와 증언 등을 바탕으로 재구성한 다

큐멘터리 형식의 글을 읽었다. 그리고 생존 대원들을 만나 확인한 섀클턴의 리더십을 분석해 열 가지 서바이벌 리더십을 정리했다.

1. 궁극적인 목표를 잊지 마라. 그리고 단기적인 목표달성에 총력을 기울여라

처음에 섀클턴은 남극대륙횡단을 계획했다. 그러나 남극대륙을 96킬로미터 앞두고 목표가 좌절되었다. 웨들 해 가운데서 배가 얼음에 갇히면서 옴짝달싹할 수 없게 된 것이다. 설상가상으로 얼음의 압력 때문에 인듀어런스호가 부서져 침몰되었다. 목표를 실현할 수 없게 되자 섀클턴은 장기 목표를 남극대륙횡단에서 탐험대 전원 생존으로 바꾸었다. 그는 대원들에게 장기 목표에 대한 신념을 끊임없이 주입하였다. 그리고 불안정한 상황에 놓인 대원들의 관심을 다른 데로 돌리고 안정감을 찾기 위해 단기 목표를 세우고 거기에 에너지를 집중하게 했다. 예를 들어 개를 조련한다든지, 경계병을 세운다든지 하는 과업을 부여한 것이다. 살아남기 위해 필요한 작은 과업에 몰두하면서 절망감을 잊고 생존하리라는 확신을 키우게 했다. 이는 전 대원을 하나의 목표로 나아갈 수 있게 묶었고, 이들의 생존율을 높이는 원동력이 되었다.

2. 눈에 보이고 기억할 만한 상징과 행동으로 솔선수범하라

배가 부서져 바다 한가운데에서 가라앉을 때 섀클턴은 탐험대 전체가 생존할 수 있다는 믿음을 주기 위해 조용하지만 확신에 찬 목소리로 대원을 안심시켰다. 그러면서도 대원들에게 상징적인 행동을 해서 메시지를 전달하였다. 자신에게 소중한 것일지라도 살기 위해서는 버려야 한다는 뜻을 전하고자 새클턴 스스로 금장식물을 꺼내 눈 속에 던졌다. 그는 화려한 말을 앞세우는 대신 행동으로 메시지를 전달하고 솔선수범함으로써 대원들에게 분명한 초점을 제시했다.

3. 낙천적 마인드와 자기 확신을 갖되 현실을 직시하라

새클턴은 대원들에게 살 수 있다는 확신을 주기 위한 적절한 연설을 했고, 이것이 탐험대가 하나로 뭉치는 심리적 기반이 되었다. 이것은 리더 자신이 먼저 낙천적이어야만 가능하다. 새클턴은 자기가 성공할 거라고 믿었고, 이러한 굳은 신념은 다른 사람들에게 전달되었다. 리더는 역경에 직면해서도 낙천적이어야 한다. 그러려면 자기 자신에게 할 수 있다는 긍정적 메시지를 끊임없이 전달하고 어려운 상황을 긍정적으로 재구성하는 법을 익혀야 한다. 그리고 자신이 개발한 낙천성을 다른 사람들에게 확산해야 한다. 낙천적으로 사고하라는 것이 절대 현실을 외면하라는 말은 아니다. 극한 상황에서 리더들은 야누스적 사고를 할 필요가 있다. 낙천적인 시각을 갖되 현실을 냉정하게 다뤄야 한다. 이는 반대 의견을 잘 받아들여 진실을 보려는 노력으로 가능하다.

4. 자신을 돌보라. 체력을 유지하고 죄책감에서 벗어나라

리더는 정확하게 판단하고 긍정적으로 사고해야 한다. 극한 상황일수록 리더의 결정과 행동 하나하나가 조직원에게 영향을 주기 때문이다. 언제나 육체적·심리적으로 건강한 상태를 유지해야 한다. 리더는 어느 정도 희생해야 하지만 일 때문에 건강을 잃으면 안 된다. 목표를 이루기 위해서라도 리더는 건강해야 한다. 이는 리더뿐 아니라 조직원도 마찬가지다. 섀클턴은 대원들에게 육체적·심리적 강인함의 중요성을 강조했다. 잠을 충분히 자게 하고 배불리 먹게 했다. 섀클턴은 본래 건강한 체질이 아니었지만 건강을 유지하려고 최선을 다했다. 자신이 먼저 정신적으로 강해지기 위해 감정 배출구를 찾았다. 자신이 신뢰하는 파트너 와일드, 선장 워슬리와 사적 감정을 공유했고, 일기와 편지에 아픔과 고통을 드러냈다. 리더는 막중한 책임감 때문에 죄책감에 시달릴 수도 있다. 극한 상황에서 단호하게 결단하도록 내몰리기 때문이다. 물론 사람인 이상 실수할 수도 있다. 그러나 실수에서도 교훈을 얻되 죄책감에서 빠르게 벗어나야 한다.

5. "우리는 하나다. 함께 살고 함께 죽는다"는 공동체 정신을 끊임없이 전달하라

섀클턴의 탐험대가 살아남을 수 있었던 가장 큰 비결은 팀워크다. 생과 사의 경계에서 대원들이 분열해 에너지를 소모하면 죽음으로 이어질 수 있으므로 공동의 정체성을 가지는 것이 필수적이다. 이를 위해서는 효과적으로 소통해야 한다. 섀클턴은 늘 대원들에게 의견을 묻고, 매주 모든 대원이 참여하는 토론을 하도록 했다. 리더는 모든 구성원이 원활하게 소통할 수 있도록 다양한 의사소통 방법을 찾아서 열어두어야 한다. 이로써 모든 조직원이 조직에 닥친 난관을 정확히 알 수 있다. 리더는 난관을 함께 해결할 수 있도록 조직원의 참여를 독려해야 한다. 조직원 각자의 재능을 잘 활용하고, 성과가 떨어지는 사람은 감정이 상하지 않도록 잘 보살펴야 한다. 섀클턴은 대원들 사이에 분열이 일어날까 봐 극도로 예민해졌지만 단합해야만 팀의 힘을 유지할 수 있다고 대원들에게 계속해서 일깨워주었다.

6. 신분 차이를 최소로 하고 서로 예의를 지키며 존중하게 하라

"우리는 하나다. 함께 살고 함께 죽는다"는 메시지를 반복한다고 해서 조직원이 단합하는 것은 아니다. 섀클턴은 불필요한 계급의식을 타파했다. 차별이 드러나는 순간 조직원은 불만을 갖게 되고 조직에는 분열이 생긴다. 그는 리더라고 해서 절대로 조직원 위에 군림하지 않았다. 어떤 작업이든 직접 참여했으며, 오히려 자원해서 추가 경계를 서거나 다른 대원보다 세 배나 오래 키를 잡기도 했다. 리더뿐 아니라 대원 모두 탐험대가 되기 전 어떤 신분이었든 상관없이 똑같이 주어진 일을 해냈다. 보급품 또한 한 치의 오차도 없이 공정하게 배분했다. 그리고 곤경에 처했을수록 서로 예의를 지키게 했다. 그는 솔선해서 대원들을 위해 희생하는 모습을 보여주었다.

7. 불필요한 힘겨루기를 피하고 갈등을 극복하라

아무리 피하려고 해도 '갈등'은 생기게 마련이다. 당장 자기 목숨이 사라질지도 모르는 절박한 순간에 이르면 사람은 이기적으로 변할 수밖에 없다. 그러나 극한 상황일수록 사소한 갈등을 잘 다루지 못하면 조직원이 모두 죽을 수 있다. 그렇다고 정면으로 맞서서 해결해야 할 문제를 덮어두고 겉으로만 화목한 척하라는 것은 아니다. 표현되지 않는 갈등은 나중에 더 크게 번질 수 있다. 갈등을 조금씩 풀 필요가 있다. 회의적이거나 태도가 불량한 조직원을 무조건 배제하지 말고 포용해야 한다. 섀클턴은 27명 각각의 성격을 잘 파악했다. 문제를 일으킬 것 같은 대원은 서로 만나지 않게 했다. 인정받고 싶어하는 사람은 옆에 두고 자문하면서 원하는 만큼 대우를 해주었다. 설령 개인감정이 폭발하더라도 불필요하게 힘겨루기를 하지 않고 내버려두었다.

8. 축하할 일과 함께 웃을 일을 찾아라

섀클턴 탐험대는 어떻게 해서든 축하할 소재를 찾아냈다. 개

썰매 경주를 벌이거나 '한겨울' 축제를 열었다. 섀클턴은 배를 포기할 때 무게가 900그램 이상 나가는 개인물품의 휴대를 금지했으나 5킬로그램이 넘는 허시의 밴조는 그렇지 않았다. 그리고 밴조 연주는 어려운 상황에서도 대원들에게 즐거움을 주었다. 이러한 특별 축제와 함께 대원들의 생활에는 항상 유머, 가벼운 웃음거리 그리고 흥겨움이 있었다. 이러한 밝은 분위기가 아니었다면 끊임없이 닥쳐오는 자연의 위협 속에서 대원들이 어떤 심리 상태에 빠질지 알 수 없었다. 극한 상황에서도 즐겁게 축하하고 함께 웃는 것의 힘은 엄청나다. 조직원의 사기를 북돋워주고 문제에서 한 발 뒤로 물러서서 생각하게 해주기 때문이다. 유머는 중요한 리더십 도구 중 하나다.

9. 큰 모험을 적극적으로 시도하라

극한 상황에서 불필요한 위험을 감수할 필요는 없다. 그것은 모든 이의 죽음으로 이어질 수 있다. 하지만 마땅한 위험이라면 주저하지 말아야 한다. 섀클턴은 구조대를 마냥 기다릴 수 없는 상황에 처했다. 식량이 부족해진 것이다. 탐험대 모두가 굶어 죽을 위기에 처했다. 이제 사우스조지아까지 조그만 보트로 가서 구조를 요청해야 했다. 그러나 사우스조지아는 1,287킬로미터 떨어진 곳에 있었다. 섀클턴은 여러 개연성을 고려한 뒤 대원을 여섯 명 뽑아 항해를 시작했다. 다행히 그들은 악천후 속에서도 사우스조지아 섬에 상륙했고, 모두 살 수 있었다. 리더는 때로 과감하게 밀고 나가야 한다.

10. 끈질긴 창의성으로 절대 포기하지 마라. 항상 또 다른 방법이 있다

생존과 관련해서는 팀워크도 중요하지만 창의적 발상도 꼭 필요하다. 한 치 앞도 보이지 않는 절망적 상황일수록 그것을 타개하기 위한 발상이 필요하다. 섀클턴 탐험대가 생각한 아이디어 중 상당수가 사진사 헐리와 목수 맥니시에게서 나왔다. 섀클턴은 사실 이 두 사람을 사고뭉치로 생각했었다. 극한 상황에서 누구든 창의성을 발휘하도록 격려하는 것도 리더의 중요한 덕목이다. 터무니없어 보이는 생각도 무시하지 말고 실행해보아야 한다. 항상 다른 길이 있다는 신념은 해결책을 찾을 수 있는 에너지를 준다. 마지막 전략은 "절대 포기하지 마라. 항상 또 다른 방법이 있다"는 것이다.

섀클턴이 처음 내세운 목적을 이루지 못했으므로 실패한 리더라고 생각할 수도 있다. 그런 사람은 '모든 위험에 대비하지 못해서 인듀어런스호가 난파된 것'이라고 할 것이다. 그러나 자기 의지와 상관없이 극한 상황에 봉착한 조직을 맡아서 이끌어야 할 일이 얼마나 많은가! 그는 생존이 위협받는 상황에서 살아남았

다. 그것도 자기 혼자가 아니라 대원 27명과 함께. 섀클턴 탐험대
가 보여준 634일간의 사투는 극한 상황에 빠진 이들에게 큰 교훈
을 줄 것이다.

후대 사람들은 섀클턴의 리더십을 신크레틱스 리더십Syncretics
Leadership(갈등을 통합하는 리더십)이라고 이름 붙였다. 신크레틱스는
갈등을 통합하여 전체를 하나로 한다는 뜻이다. 종파나 학파 간
갈등을 극복하고 화합과 신뢰로 외부위험과 내부균열에 공동대
처하는 것을 말하는 신크레틱스 리더십은 섀클턴의 지도력을 정
리한 이론으로 목표지향, 솔선수범, 현실 직시, 자기확신, 갈등극
복, 적극적 시도 등을 요체로 한다. 최근에는 미래학자 토플러Alvin
Toffler도《부의 미래Revolutionary Wealth》에서 통합리더십에 바탕을
둔 변화와 혁신의 중요성을 강조한 바 있다.

 리콴유의 리더십

'동남아시아의 작은 거인', '국내총생산(GDP) 세계 4위', '최상
위권의 국가경쟁력', '부패지수가 가장 낮은 나라', '부유하고 깨
끗한 도시', '청빈한 공무원', '엄격한 법 적용', '아테네 이후 가
장 번영한 도시국가'라는 별명을 얻은 곳은 바로 싱가포르다. 반
세기 전 이 나라는 가난한 섬나라에 지나지 않았다. 빈곤과 무질

서가 판쳤고 정세가 불안해 희망이 없었다. 그러나 리콴유李光耀 (1923~2015) 초대 총리의 지도력으로 싱가포르는 강소국가로 우 뚝 섰다.

리콴유는 영국 식민지 시절인 1923년 9월 16일 화교 이민자 로 태어났다. 그는 청소년 시절 학업에 정진해 두각을 나타냈다. 영국계 교육기관인 텔록쿠나우초등학교와 래플스중·고등학교를 수석으로 졸업하고 명문 래플스대학교에 장학생으로 입학했다. 1941년 말 일본군이 침략해 중국계 5만여 명을 학살하는 만행에 도 살아남은 그는 대학을 중퇴했다. 본의 아니게 일본 지배기간 (1942~1945)에 일본군 선전기관에서 영어 번역과 편집을 맡은 그 는 접착제를 암거래해 생계를 이어갔다.

리콴유는 돈을 모아 영국 유학을 떠나면서 새로운 세상에 눈 을 떴다. 케임브리지대학교 법학과를 졸업한 뒤 미들템플법학원 에서 변호사 자격증을 받았다. 싱가포르 출신 유학생들과 우정을 나누면서 조국의 정치 현실과 미래를 토론했는데, 이들은 훗날 그의 내각에서 중요한 직책을 맡게 된다. 귀국한 뒤 콰걱추柯玉芝 와 1950년 9월 결혼해 슬하에 2남 1녀를 뒀다. 육군 장성 출신인 장남 리셴룽李顯龍은 케임브리지대학교와 하버드대학교에서 공부 한 뒤 2004년부터 현재까지 싱가포르 3대 총리를 맡고 있다.

1951년 변호사로 개업한 리콴유는 노동운동을 자문하고 우 체국 집배원, 전화국 교환수, 해군기지 노조의 파업 성공에 기여하면서 정치가로 변신했다. 그는 인민행동당 서기장(1954), 입법의원(1955), 자치주 총리(1959), 주정부 총리(1963), 초대 총리(1965~1990), 선임장관(1990~2004), 고문장관(2004~2011)을 맡아 싱가포르를 '아시아 잠룡의 선두주자'로 이끌었다.

리콴유는 30년간 총리로 있으면서 말레이시아 연방 가입(1963)과 분리 독립(1965)으로 실리와 원칙을 고수하고, 국제연합(1965)과 동남아시아국가연합(1967)에 가입하여 싱가포르의 독립을 국제적으로 인정받았다. 그는 스위스식 중립외교를 취하고 사회민주주의를 실현하면서 이념과 정체를 뛰어넘는 실용주의 외교를 펼쳤다. 무엇보다 부패와 전쟁을 선언하고 범죄를 태형笞刑으로 다스려 세계의 이목을 끌었다. 그는 부패행위조사국을 법제화하면서 깨끗하고 정직한 세계 최고 수준의 정부를 운영하고자 공직자 급여를 최상으로 인상했다. 또한 42개 범죄에 태형을 적용하고 학교에는 신체형, 국군에는 태형제도까지 도입했다.

싱가포르 국부였던 그는 2015년 3월 23일 별세했다. 작은 섬나라 싱가포르에 일생을 바쳤던 전 총리가 별세했다는 소식에 싱가포르 국민은 모두 슬퍼했다. 수만 명이 리콴유를 추모하기 위해 국회로 모여 장대비 속에서 "리콴유!"를 외쳤다.

리콴유의 통치철학

싱가포르는 1965년 말레이시아연방에서 강제 분리돼 어쩔 수

없이 독립했다. 영국에서 독
립할 당시 말레이시아는 민족
이 다르다는 이유로 싱가포르
를 차별했지만 리콴유는 강한
리더십으로 자원 하나 없는 작은
섬에서 기적적으로 경제발전을 이
룩하며 살아남았다. 싱가포르 독립 기
자회견에서 리콴유는 눈물을 흘리며 "국
제사회는 우리에게 생존할 기회조차 주지
않았습니다"라고 말했다. 리콴유는 이후 서방과 아시아 주변국과
관계를 친밀하게 맺으며 살아남기 위해 온몸을 던졌다. 그 당시
싱가포르에 남은 것은 영세 식품공장과 고무업체 몇 곳뿐이었다.
41세였던 리콴유는 새로운 방법으로 국가를 통치해나갔다.

첫째, 영어를 공용어로 하고 영어 사용을 의무로 했다. 주민의
70퍼센트가 중국계여서 이들의 반발이 만만치 않았다. 그러나 영
어를 사용한 덕분에 청년들이 세계무대에서 활약할 수 있었고 외
국의 우수한 인재들을 대거 끌어올 수 있었다.

둘째, 민주주의보다는 규율을 강화하면서 반부패정책과 법치
를 철저히 고수했다. 이에 대해서는 본인은 물론 가족도 예외를
두지 않았다. 공중도덕을 비롯해 위생, 교육, 언어생활 등 시민생
활 구석구석에 이르기까지 국가가 관리하는 시스템을 유지했다.

> **Point!**
> 종파나 학파 간 갈등을 극복하고 화
> 합과 신뢰로 외부위험과 내부균열에
> 공동대처하는 것을 말하는 신크레틱
> 스 리더십은 셰클턴의 지도력을 정리
> 한 이론으로 목표지향, 솔선수범, 현
> 실 직시, 자기확신, 갈등극복, 적극적
> 시도 등을 요체로 한다.

싱가포르도 다른 나라처럼 정치 부패에서 자유롭지 못했다. 리 콴유는 부패행위조사국을 세우는 법을 통과시켰다. 부패행위조 사국은 부패 용의자와 그 가족의 체포와 수색, 증인 소환, 계좌와 소득세 환급 추적 등의 권한을 갖고 있다.

리콴유는 공무원의 부정을 예방하기 위해 그들의 급료를 크게 올렸다. 그는 깨끗하고 정직한 정부를 유지하려면 장관의 소득이 높아야 한다고 생각했다. 1994년 리콴유는 장관, 판사, 고위 공직 자의 연봉을 사기업 전문직에 버금가는 수준으로 맞추는 안건을 제출하면서 이런 높은 소득이 인재를 공공부문으로 끌어오는 데 도움이 될 거라고 주장했다.

셋째, 국가 이미지를 높이기 위해 법치주의 전통을 철저히 수 립했다. 은행계좌 하나 여는 데도 싱가포르에 주소지를 두었는지 철저히 확인하고 대학교수의 해외출장비 정산에도 증빙 영수증 을 요구해 몇 번씩 검증했다. 세계에서 법적 안정성이 가장 잘 확 보되어야 세계의 중심이 될 수 있다는 그의 철학이 반영된 결과 였다.

국가 이미지를 개선한 녹화사업

1959년 영국 통치에서 벗어난 싱가포르가 작은 섬나라에서 풍 요로운 국가로 변신한 배경에는 다른 국가들과는 다른 독특한 전 략이 있었다. 싱가포르 국민이 나무와 꽃을 심는 녹화사업을 강국으로 발전하는 원동력으로 삼은 것이다.

싱가포르는 천연자원이나 농경지가 없고 심지어 마실 물도 부족했다. 유일하게 꼽을 수 있는 자원은 큰 배도 정박할 수 있는 항구였다. 1960년대 싱가포르를 방문한 여행객들 눈에 들어온 것은 공항에서 시 중심까지 펼쳐진 낡은 아연 '깡통 집'들이었다. 독립 초기 리콴유는 천연자원과 기술이 없고, 노동력도 하루아침에 향상할 수 없는 상황에서 경제발전을 이루려면 반드시 외국 자본을 유치해야 한다고 판단했다. 그래서 도시 이미지를 쇄신해 잠재적 투자자들이 싱가포르를 고효율에 성공 가능성이 큰 나라로 인식하게 만드는 전략을 실행했다.

도시의 활력은 혁신에서 생겨난다. 참신한 아이디어 없이 단순 모방으로 성공을 오래 유지하기는 어렵다. 이 점을 잘 알고 있던 싱가포르는 자신만의 특색을 지닌 발전의 길을 찾았다. 도시국가의 강점을 살리기 위해 고민을 거듭한 결과 국가 지도자부터 평범한 국민에 이르기까지 늪과 모기가 우글거리는 섬나라를 아름다운 정원국가로 바꾸기 위해 녹화운동에 최선을 다했다.

그들은 정원을 가꾸려면 매일 땀을 흘려야 한다는 신념을 갖고 체계를 세워 성실하게 현대화 작업에 참여했다. '정원국가'는 싱가포르인이 자랑스럽게 생각하는 국가 이미지이자 경제력을 키워나가는 출발점이었다. 그들은 역사, 지리, 정치, 기술 등 각 방면에서 유리한 조건을 찾아 발전시킴으로써 세계에서 유명한 도

시이자 잘사는 나라로 도약했다. 개성을 살린 싱가포르의 발전 노선은 많은 나라의 연구 과제이자 학습 대상이 되었다.

인구정책

1960년 말, 싱가포르의 인구가 늘어나자 경제성장에 방해가 될 것을 우려한 리콴유는 '둘만 낳자'는 강력한 가족계획 캠페인을 시작했다. 아이를 둘 낳은 부부는 불임수술을 권고받았다. 셋째나 넷째 아이에게는 교육 혜택을 줄였으며, 자식이 많은 가정에는 세금 환급액도 줄였다.

1983년, 리콴유는 싱가포르 남자들이 고학력 여성을 배우자로 맞도록 권고했는데, 이는 '대결혼 논란'을 촉발했다. 리콴유는 고학력 여성이 결혼하지 않는 것을 걱정했다. 대졸 이상 여성을 비롯한 일부에서는 그의 관점을 불쾌하게 여겼다. 하지만 결혼을 알선하는 사회개발부가 설립되어 고학력 남녀가 어울리도록 도왔다. 리콴유는 '둘만 낳자'는 가족계획 정책이 너무 성공하자 오히려 고학력 여성이 아이를 셋이나 넷 낳을 경우 세금 환급, 교육 혜택, 주택 인센티브를 도입하기도 했다. 1990년 말, 출산율이 너무 떨어지자 리콴유 후임 고촉통吳作棟 총리는 이 인센티브를 모든 기혼 여성에게 확대하고, '베이비 보너스' 같은 별도 인센티브를 주기도 했다.

위대한 정치지도자

리콴유가 통치하는 기간에 싱가포르는 동남아시아 최고의 경제 번영을 이룩했다. 그는 특유의 결단력과 예리한 통찰력을 바탕으로 행정의 효율을 기하고 눈부신 경제 번영을 이룩해냈다. 싱가포르는 선박 연료 적재량 기준으로 세계 1위 항구이며, 2014년 1인당 국내총생산은 5만 6,113달러로 세계 8위다. 특히 관료의 부패를 엄격하게 처벌하는 정책을 펴면서 부패한 관료가 드문 것으로 유명하다.

리콴유는 인구가 300만 명인 싱가포르를 '아시아의 작은 용'으로 만든 냉철한 현실 감각, 능수능란한 정치술, 대중적 인기에 영합하지 않는 확고한 신념을 지닌 20세기 지도자다. 그는 황무지였던 도시국가를 세계 수준의 금융과 물류 중심지로 바꾼 정치지도자다.

리콴유를 부정적으로 평가하는 사람은 리콴유가 강압적 통치자로 국민의 개성을 말살했다고 비난한다. 그러나 그런 비난은 적절하지 못하다. 그가 가장 나쁜 상황에서도 나라를 굳건히 해 싱가포르의 기적을 이뤘기 때문이다. 그는 개인의 치부보다 국가와 국민의 이익을 위해 헌신한 정치인이다. 죽은 뒤 자기가 살던 집이 국가 성지로 지정되지 않도록 허물어달라고 했을 정도로 겸허한 싱가포르의 국부였다.

히딩크의 리더십

히딩크는 1946년 11월 8일 네덜란드에서 태어났다. 체육교사가 되려고 했다가 전문지도자 양성교육을 받고 지도자로 출발했다. 스무 살 때부터 프로팀에서 코치로 활동하다가 그 팀 감독이 선수로 등록하는 바람에 프로선수 생활을 했다. 선수로서는 그다지 성공하지 못한 히딩크는 축구감독이 되고야 빛을 발했다.

2000년 11월 19일, 한국축구협회는 히딩크를 한국 축구감독으로 선임했다. 그는 2002년 한일월드컵 4강 신화의 주인공이 되었다. 그가 감독직을 수락하고 나서 "2002년 월드컵에서 한국을 네덜란드를 꺾을 수 있는 팀으로 만들겠다"고 했을 때, 이 말을 믿는 사람은 그리 많지 않았다. 그러나 그는 강력한 리더십을 바탕으로 한국 축구를 단계적으로 발전시켜 마침내 월드컵 4강이라는 역사를 만들었다.

난파 직전에 있던 '한국 축구호'를 맡았을 때 히딩크는 맨 먼저 선수들의 장단점을 분석했다. 그는 선수들과 가까이하기 위해 훈련장으로 이동할 때 늘 선수단 버스를 이용했다. 코치 다섯 명 가운데 한국인 코치 한 명과 이런저런 이야기를 나누며 훈련장으로 향했다. 히딩크는 한국 문화를 이해해야 한국 축구를 이해할 수 있다고 생각했다. 그는 축구협회의 핌 베어백 코치가 준비해준 한국 팀의 아시안컵대회 비디오테이프를 하루 두 개 이상 보며 팀의 장단점 분석에 골몰했다.

히딩크는 한국에 온 이래 하루 평균 4~5시간 정도밖에 자지 않았다. 히딩크는 말을 하지 않았지만 선수 모두를 꿰뚫고 있었다. 또 선입견이나 주변 이야기만 듣고 선수를 평가하지 않고 훈련하는 모습과 경기를 보며 선수 기량을 정확히 파악했다. 그 결과 선수들의 능력을 100퍼센트 끌어올린 대표팀을 구성할 수 있었다.

히딩크가 감독을 맡고 바로 한 일은 선수들에게 축구기술을 가르치는 것이 아니라 그들의 정신력을 강하게 만드는 것이었다. 그러기 위해 선수들 마음속에 어떤 강팀과 맞붙어도 이길 수 있다는 자신감을 심어주었다. 경기에서 지면 다른 사람을 탓하기보다 원인을 분석하면서 다음 경기를 준비했고, 경기에서 이겨도 자만하지 않고 다음 경기에서 이기기 위해 보완할 점을 찾았다. 히딩크는 어떤 상황이 와도 자기 생각을 꿋꿋이 밀고 나갔다. 모든 일을 신념을 가지고 했는데, 그것이 세계적 명장으로 자리매김하게 하는 원동력이 되었다.

히딩크 감독이 2002년 한일월드컵에서 보여준 리더십은 우리에게 많은 것을 느끼게 해준다. 특히 월드컵 이후 각계 전문가들은 연고주의를 극복하고 능력 위주로 선수를 뽑은 히딩크의 리더십을 본받아야 한다고 입을 모았다. 히딩크를 외친 또 하나의 이유는 히딩크가 한국 축구를 선진국 수준으로 끌어올렸다는 사실이다. 히딩크는 한국 팀을 맡으면서 선진축구로 도약하고자 했다. 온화하면서도 엄격한 그의 카리스마는 선수들에게 믿음을 주었으며 축구팬들 또한 많은 지지를 보냈다. 비전 제시, 과학적 데이터에 따른 파워 프로그램, 선수 선발, 정보 분석 등 팀에 선진 시스템을 도입한 그의 업적은 보는 이의 감탄을 자아냈다. 그가 성공을 이룬 것은 바꿔 말하면 우리 사회 각 부문을 가로막고 있는 실패 요인을 분석한 덕분이기도 했다.

히딩크 리더십의 강점

히딩크가 성공한 뒤에는 강한 리더십이 있었고, 그 리더십 뒤에는 조직적인 팀 운영이 있었다. 히딩크 리더십의 특징을 살펴보면 다음과 같다.

첫째, 선수들로 하여금 생각하게 하는 리더십이다. 어떤 분야나 높은 수준을 유지하는 것은 '생각의 힘'이 있기 때문이다. 이는 수를 많이 내다보는 자를 당할 수 없다는 뜻이다. 이전에는 선수들이 공만 쫓아다니기 바빴다. 그런데 선수들이 '왜'를 묻기 시작했다. 왜 내가 링커(미드필더)이고, 왜 내게 이런 역할을 맡기는가? 왜 상대가 이런 포메이션으로 나오는가? 등 질문을 하기 시작했다. 질문이 있으면 반드시 창의적 대안이 나오게 되어 있다. 수비수들도 그때그때 상황에 맞게 변형하는 '플렉시블 백flexible back'에 익숙해졌다고 했다. 생각하는 축구를 했기 때문이다.

둘째, 기본을 강화하는 리더십이다. 히딩크 축구에서 가장 변화된 것은 체력 훈련을 강하게 한 점이다. "0:1로 뒤지고 있던 이탈리아전 후반, 한국 대표팀은 총공격에 나섰다. 홍명보 이하 수비수들도 점점 전방으로 올라갔고 공을 빼앗기면 공격수가 골라인까지 내려와 수비를 도왔다. 한국 대표팀의 위치 선점과 커버링은 믿을 수 없을 정도로 뛰어났다. 마치 왕년의 네덜란드나 전성기의 프랑스를 보는 것 같았다. 명장 히딩크의 조련 덕택인 것이다. 그러한 위치 선점과 커버링을 위해 얼마나 가혹하게 훈련하고 체력을 길렀을까."

이 글은 일본의 인기작가 무라카미 류村上龍가 〈중앙일보〉에 실은 관전평의 일부분이다. 한국 축구대표팀에 대해 '육탄 공격전'이라고 혹평했던 무라카미는 90분 내내 쉬지 않고 세계 최강인 이탈리아를 압박한 한국 선수들의 지칠 줄 모르는 체력에 감탄을 쏟아냈다. 체력은 선수가 갖춰야 할 가장 기본 요소다. 히딩크는 바로 이 체력과 속도를 중시한 감독이었다. 그는 "체력과 속도가 부족하면 아무리 좋은 전술과 전략도 별 의미가 없다. 정신력도 체력이 뒷받침돼야 강해진다"라고 말했다.

우리나라도 10여 년 전부터 토털 사커의 개념은 알고 있었다. 그러나 우리는 능력이 없었기 때문에 할 수 없었다. 능력이란 무엇인가? 바로 전후반 90분을 열심히 뛸 수 있는 체력이다. 그 당시 우리는 체력이 뒷받침되지 않았기 때문에 좋은 개념도 적용할 수 없었다. 그런데 기초 체력을 강화하자 비로소 많은 기술적·전략적인 부분을 수용할 수 있게 되었다. 축구의 기본은 체력이다. 체력이 없으면 슈팅과 패스 능력이 아무리 좋아도 90분을 다 소화할 수 없다. 하지만 체력이 좋으면 단순한 것이라도 예상외의 결과를 얻을 수 있다. 무슨 일을 하든지 기초 강화에 역점을 두라. 이게 바로 히딩크 축구의 기본이다.

셋째, 정당한 경쟁의 리더십이다. 히딩크는 유명한 선수, 고참 선수 등에 대한 선입견을 가지고 있지 않았다. 무명 선수든 유명 선수든 철저하게 실력으로만 승부를 보게 만들었다. 이러한 공정한 시스템은 경쟁을 불러왔고, 경쟁으로 최상의 선수를 뽑아냄으로써 실력을 향상하는 원동력이 되었다. 이것이 바로 히딩크 리더십의 독특함이다. 이름값으로 대표를 선발하였다면, 송종국, 김남일 등과 같은 선수는 결코 선발되지 못했을 것이다.

결국 건강한 리더십이란 공정한 것이다. 공정함은 최상의 결과를 가져오게 해주는 비결이기도 하다. 선진축구라고 해서 다른 것이 아니다. 정당한 경쟁을 보장하는 것, 뒷다리 잡는 사람이 설 수 없도록 만드는 것이다. 팀이 위기에 처했을 때도 흔들리지 않고 어떻게 경기를 풀어갈지 냉정히 생각하며 장점을 극대화하는 지혜를 얻어야 한다. 이것이 바로 히딩크의 축구다.

넷째, 과감한 결단력이다. 이는 곧 개혁이다. 한국 축구는 수비가 취약하다는 이유로 스위퍼 시스템을 고집했다. 이는 빠른 현대축구에서 도태를 불러왔다. 일자수비와 지역방어는 아무도 성공을 믿지 않을 만큼 과감한 개혁이었다. 그리고 한국 축구의 전술은 선진화되었다.

다섯째, 철저하게 과정에 충실했다. 심지어 여러 팀에 0:5로 패배를 반복하면서도 히딩크는 과정에 대해서는 책임을 묻지 않았으며, 매스컴의 비판 속에서도 소신을 끝까지 지켰다. 월드컵 16강이라는 목표를 향해 항해했으며, 마침내 이뤄냈다.

여섯째, 자신감이 있었다. 그의 말과 표정에는 항상 자신감이 넘쳤다. 선수들에게 새로운 희망과 할 수 있다는 자신감을 심어주었으며, 패배감과 자괴감에 빠진 한국 축구를 살려냈다.

일곱째, 선수들을 사랑하고 믿었다. 그는 한 번도 책임을 선수들에게 떠넘기지 않았으며 선수들을 끝까지 보호했다. 그리고 선수들은 그의 지도 방식과 혹독한 훈련 프로그램에 모두 따랐으며, 그를 끝까지 믿었다.

여덟째, 포기하지 않는 정신이다. 월드컵 조별 리그전 미국과 벌인 경기에서 이을용 선수는 페널티킥을 실축하고 머리를 감싸쥔 채 그라운드에 쭈그리고 앉아 허탈해했다. 그때 히딩크는 그에게 삿대질을 하며 나무랐다. 그리고 최용수 선수가 결정적 골 찬스에서 뜬볼을 차고는 자괴감에 빠져 경기에 소홀하자 호되게 꾸중했다.

그 후 히딩크는 최용수 선수를 다시 기용하지 않았다. 그 이유는 경기가 계속되는 90분 동안 경기를 포기하고 게임을 지배하지 못하는 선수에게는 결코 기회가 찾아오지 않는다는 그의 지론 때문이었다. 즉, 포기하지 않고 끝까지 최선을 다하는 선수만 최종 목적을 달성할 수 있다는 것이다. 히딩크 감독은 페널티킥을 실축하고도 끝까지 게임을 포기하지 않은 안정환 선수에게 신뢰감을 주었다. 결국 안정환 선수는 감독의 기대에 부응하여 천금 같은 역전 골든골을 넣었다.

아홉째, 뚜렷한 목표다. 히딩크는 한국 축구감독으로 부임한 후 선수들에게 자기 비전이 무엇인지 분명히 제시했고 이를 이루려면 어떻게 해야 하는지 잘 깨닫게 했다. 그래서 감독과 선수들은 한 팀이 되어 목표를 이루려고 매진할 수 있었다. 또 그는 훈련할 때 선수들에게 매일 훈련 목표를 제시했다. 즉, '오늘은 이러이러한 것만 한다'고 목표를 구체적으로 정해주었다. 그 목표 중 하나가 '매일 패스 연습만 30분 한다'였다. 목표가 분명하면 방향을 정할 수 있고 힘을 집중할 수 있다.

히딩크는 선수들을 이렇게 격려했다. "날마다 1퍼센트씩 실력을 쌓아가면 본선에서 좋은 성적을 낼 수 있다." 부산 월드컵경기장에서 폴란드와 벌인 첫 경기가 시작된 지 30분쯤 지났을 때였다. "히딩크! 우리의 꿈을 실현해주오Hiddink! Make our dream come true"라는 대형 격문이 내걸렸다. 그런데 그 꿈은 초과 달성됐다. 처음에는 한 번만이라도 승리하는 것이 목표였는데 16강, 8강,

4강에 올랐다. 사실 그와 같은 신화를 창조한 것은 국민 모두에게 '이겨야 한다'는 목표가 있었고 이 목표를 이루려고 온 국민이 힘을 합친 덕분이다. 목표를 올바로 설정하면 기적을 낳을 수 있다.

열째, 팀워크와 책임감이다. 히딩크가 경기 중 가장 우선으로 생각한 것은 팀워크와 책임감이다. 그는 실점을 하거나 득점을 했을 때 누구를 꼬집어 거론하지 않았다. 골은 팀 전체가 내주고 팀 전체가 넣는 것으로 생각했다. 그는 모든 경기에서 선수 모두가 자신이 꼭 필요한 존재라는 느낌이 들도록 했다. 그는 선수들에게 "네가 지금 이 순간 최고 선수다"라고 말해주곤 했다. 그는 또 이렇게 말했다. "팀을 승리로 이끄는 힘의 25퍼센트는 개인 기술이고, 75퍼센트는 팀워크와 리더십이다." 그는 경기에서 이길 수 있는 아주 간단한 방법을 알고 있었다. 그것은 선수 11명이 자기에게 주어진 책임을 바탕으로 경기를 지배할 수 있는 팀워크였다.

히딩크의 셀프 리더십

히딩크는 셀프 리더십에도 능했다. 히딩크는 감정을 자제하는 능력을 갖추었다. 우리 대표팀이 1승을 넘어 16강에 진출하고 계속 승리해나갈 때 히딩크는 오른손을 아래에서부터 위로 치켜 돌리는 특유한 제스처를 했다. 그런데 그는 승리의 기쁨에만 들떠 있지 않고 곧바로 냉정함을 되찾아 다음 경기를 준비했다.

최태욱 선수는 "히딩크 감독이 자기 생각을 분명히 하고 이것을 흔들림 없이 밀고 나가는 모습이 가장 인상적이었다. 기존 질서에 얽매이지 않고 선수들이 자기 특기를 살릴 수 있도록 배려하는 자세도 존경스럽다"라고 말했다. 유상철 선수는 "히딩크 감독에게는 스스로 컨트롤할 수 있는 능력이 있다. 승리해도, 크게 패해도 전혀 흔들리지 않았다. 경기 결과에 관계없이 자신을 추스르고 선수들을 대하는 모습을 볼 때면 정말 놀라웠다"라고 평가했다. 그만큼 히딩크는 감독으로서 어떻게 처신해야 하는지 보여주었다. 이는 자신을 다스릴 줄 아는 컨트롤 능력이 매우 뛰어났음을 의미한다.

| 히딩크가 남긴 말말말 |

- 인맥, 학연 등을 배제하고 실력만으로 선발한다.
- 끊임없이 경쟁시킨다.
- 선수 간 위계질서를 파괴한다.
- 수평적 팀 문화를 조성한다.
- 축구는 축구고 사생활은 간섭하지 않는다.
- 자기 자리를 지키지 않으면 과감히 배제한다.
- 선수와 늘 함께한다.
- 축구협회 관계자나 기술위원 등이 선수 숙소에서 같이 묵는 걸 금지한다.
- 기본을 강화한다.

- 멀티 포지션을 수행할 수 있어야 한다.

- 나와 함께 일하고 신뢰할 수 있는 전문가 그룹을 함께 데려온다.

- 외부에서 선수를 비판하지 않는다.

- 일류가 되려면 일류와 싸워야 한다.

- 과거에 잘했던 건 의미가 없다.

성서 인물에서 보는 리더십

성서는 기독교의 경전이자 지혜가 가득 찬 책이다. 서구문명은 기독교 정신을 바탕으로 이룩되었다. 성서에 나타난 위대한 인물의 리더십을 다루는 이유는 이들이 역사를 통하여 인류에게 지대한 영향을 미쳤으며 그 누구보다도 많은 팔로어를 두고 있기 때문이다. 이들의 리더십을 연구하는 것은 매우 신비롭고 유익한 일이다.

서울신학대 양기성 교수는 성서에 나타난 리더십 유형을 일곱 가지로 구분했다. 첫째는 '장군형 리더십'이다. 모세, 여호수아의 리더십이 그 예다. 둘째는 '교사형 리더십'이다. 유대인이 가장 존경하는 리더는 랍비다. 예수, 사도 바울, 루터, 칼뱅, 존 웨슬리가 이 유형에 속한다. 셋째는 '부모형 리더십'이다. 인자하고 자비로운 인간성을 갖춘 리더다. 넷째는 '조직행정가형 리더십'이다. 요셉, 느헤미야 같은 사람이 그 예다. 다섯째는 '유머형 리더십'이다. 칭찬과 격려가 풍성한 리더십이다. 여섯째는 '독수리형 리더십'이다. 꿈과 비전을 지닌 리더십이다. 야곱, 요셉, 다니엘, 다윗, 요한과 같은 사람이다. 일곱째는 '개미형 리더십'이다. 개미는 감독이 없어도 부지런하고 열정이 뛰어나다. 사도 바울과 같은 사람이다. 이 일곱 가지 덕목을 골고루 갖춘 리더가 우리가 배워야 할 리더의 표상이다. 여기서는 구약성서의 인물 두 명과 신약성서의 인물 두 명의 리더십을 살펴본다.

모세의 리더십

오래전 방영된 〈십계〉는 모세의 이야기를 다룬 영화다. 기독교인이 아니더라도 홍해가 갈라졌다는 것은 들어서 익히 아는 이야기다. 모세는 고대 이스라엘 민족 지도자로서 자기 민족을 이집트에서 해방시켜 광야생활을 거친 뒤 가나안 땅으로 가게 한 인물이다. 불가능해 보인 일을 성취한 위대한 리더다.

십 몇 년 전 모세가 자기 백성을 이집트에서 탈출시킨 루트였다는 카이로에서 시나이반도까지 버스로 지나간 적이 있다. 차창 밖으로 나무 한 그루, 풀 한 포기 없는 황야만 보였다. 외부 온도는 섭씨 42도였다. 지금부터 3,500년 전 모세가 어떻게 백성과 이곳을 지나갔으며 어떻게 광야에서 40년간 생존했을까 생각해 보았다.

구약성서에는 리더가 여럿 나온다. 그중에서도 모세는 독보적 위치를 차지하는 리더다. 모세 이야기에는 익숙한 것과 결별, 불가능해 보이는 야심 찬 목표를 향한 갈망, 끈덕지고 고집스러운 실천, 경쟁자와 불확실성에 맞서는 과감한 용기가 모두 들어 있다. 그의 업적은 430년 동안 이집트에서 종살이를 했던 자기 민족을 탈출시켜 자유민이 되게 한 것, 광야에서 40년간 생활하면서 그들을 하나님의 선민답게 교육한 것, 가나안 땅에 진군할 토대를 마련한 것으로 요약할 수 있다.

모세는 이집트에서 노예로 태어났다. 그리고 태어나자마자 죽어야 하는 급박한 상황을 맞았다(출애굽기 2장 1~4절). 그러나 다행스럽게도 이집트 공주의 아들로 신분이 바뀌어 40년 동안 이집트의 궁중에서 최고 교육을 받았다. 모세는 40세에 동족을 편들다가 살인을 하게 되었고, 이로 말미암아 미디안 광야에서 양치기로 40년을 머물게 된다(출애굽기 2장 21~22절). 그러던 중 모세는 호렙산에서 하나님께 민족의 지도자로서 사명을 받게 되었다. 이 모세의 사명은 하나님의 백성 이스라엘 자손을 이집트에서 인도하여 해방시키는 것이었다(출애굽기 3장 10절). 모세의 생애는 사명을 받음으로써 민족을 해방하는 지도자 차원으로 바뀌었다. 이때 모세 리더십의 특징은 다음과 같다.

첫째, 소명에서 리더십이 시작되었다. 그가 호렙산 기슭에서 하나님을 만나 소명을 받은 그 순간이 일생을 바꾸는 사건이 되었다. 소명을 받음으로써 자신이 앞으로 해야 할 위대한 일을 발견한 것이다.

둘째, 개혁의 리더십이다. 모세가 이집트를 탈출한 것은 하나님의 위대한 승리와 같은 것이다. 당시 모세에게 중요한 것은 이스라엘 백성의 태도였다. 이스라엘 사람들은 이집트를 탈출하려는 의욕이 거의 없었고, 패배자 감성에 젖어 있었다. 그렇다면 모세는 어떻게 변화를 시작했을까? 그의 설득력은 말이 아닌 행동에서 나왔다. 그는 이집트를 떠나 광야를 향해 간다는 목표만 제시했고, 앞서서 파라오에 강력히 맞섬으로써 백성의 가슴을 뜨겁게 했다. 다음으로, 결정적인 첫걸음을 떼는 데 총력을 기울여, 절대로 돌아갈 수 없는 지점으로 그들을 몰고 갔다. 모세는 이집트 땅의 히브리 사람들을 이끌고 가기 전에 그들에게 먼저 하나님의 산에서 예배할 수 있는 자유인이 된다는 꿈을 불어넣었다(출애굽기 3장 12절, 5장 1~3절). 눈에 보이는 가치를 좇지 않고 눈에 보이지 않는 거룩한 비전을 좇게 한 것이다. 이런 맥락에서 모세의 리더십은 백성을 각성하게 한 리더십이기도 하다.

모세는 이스라엘 민족으로서 정체성을 명백하게 강조했다. 그는 계속해서 명예로운 선민의식의 전통을 부활시켰다. 이스라엘 백성은 선조 아브라함, 이삭, 야곱의 자손으로 살아왔으며, 이집트에서 노예로 살고 있는 현재보다 훨씬 더 위대한 과거가 있는 선택받은 민족이었다. 이런 민족이 도대체 왜 현실에 안주해야 한단 말인가? "우리 선조는 이미 해냈다. 우리의 피와 정신에는 그들의 자랑스러운 전통이 살아 있다. 우리라고 못 해낼 이유가 전혀 없지 않은가, 형제들이여!" 그의 호소는 이스라엘 민족을 유랑 속에서도 변화를 받아들일 수 있고 정체성을 유지할 수 있게 했다.

"우리는 하나님이 선택하신 거룩한 이스라엘 민족이기 때문에 이집트에서 노예로 사는 것에 만족할 수 없다. 우리는 선택받은 민족이므로 종족의 분열을 수용할 수 없다"는 비전을 제시했다. 모세는 또한 행동하는 자였다. 자기가 걸어가야 할 길을 알았기에 앞장서서 걸었다. 출애굽 공동체에 속한 200만 명이 그를 따라 나섰다. 이스라엘 사람들은 모세를 따라 적극적으로 행동했다.

셋째, 백성에게 비전과 목표를 늘 떠올리게 했다. 그들의 구호는 "젖과 꿀이 흐르는 약속의 땅 가나안에 들어가자!"는 것이었다. 백성의 동기가 사라져 의기소침해 있을 때도 모세의 리더십은 큰 힘을 발휘했다. 광야에 도착하자 이스라엘 사람들에게 첫 번째 어려운 시험이 닥쳤다. 곧 다가올 것처럼 보였던 성공을 기다리는 시간이 길어질수록 의심은 더욱 커지고, 이집트로 다시 돌아가자는 백성이 점점 불어났다. 탈출을 감행하지 말았어야 했다는 뜻이었다.

이것은 앞으로 40년 동안 광야생활을 하면서 겪게 될 수많은 위기의 예고에 지나지 않았다. 성공을 기다리는 시간이 길어질수록 일탈 욕구가 확산될 위험이 더욱 커진다. 이러한 부정적 조류에 대항해 모세는 십계명을 하나님께 받았다. 공동체 해체를 막기 위한 상징적 방어벽이 십계명으로 말미암아 세워졌다.

넷째, 디테일을 중시한 리더십이다. 모세는 자유를 향한 첫 움직임이었던 이집트 탈출 초기를 상기시키고, 아무도 다치지 않고 공동의 목표를 이루기 위한 기본 규칙을 확인했다. 그리고 일상생활의 과제를 정한 의무 목록을 많이 제시했다. 그는 세부 실천사항과 관련한 규정을 다루었다. 그러한 세부사항은 큰 계획을 구상할 때는 무시하고 싶지만 바로 큰 계획을 망칠 수 있는 중요한 부분이기도 하다.

광야를 걸어서 통과하는 일, 아메리카대륙을 발견하는 항해, 달에 가는 우주여행은 모두 용기가 필요한 위험한 계획이다. 그러므로 누가 설거지를 하고 누가 등불을 끌지 정해놓지 않으면 아무 일도 되지 않는다. 위대한 사명을 수행할 때는 아무도 하고 싶어 하지 않는 귀찮은 것까지 세세하게 규정하는 실용적 과제가 필요하다. 이것이 없으면, 처리되지 않은 사소한 문제가 혼란을 가져와 아무리 과감한 아이디어라도 실행 초기 단계에서 좌초되고 만다. 따라서 이러한 무력감이 생기지 않도록 처음부터 조치해야 한다.

실질적인 부분을 어떻게 처리할지도 정해야 한다. 성서는 제사 드릴 때 동물을 잡는 방법이나 일상에서 일어나는 사건을 처리하는 온갖 규칙을 다루고 있다. 모세는 세밀한 행동 하나하나까지

이순신처럼 생각하고 리드하라

도 규정을 만들고 백성에게 지키도록 하였다. 제사 드리는 방식, 음식을 모으는 방법, 행진할 때 태도 등 세밀한 행동규칙을 마련함으로써 소모적 논쟁이 일어날 소지를 원천적으로 차단했다.

다섯째, 목자shepherd형 리더십이다. 기본적으로 모세는 양을 치던 목자에서 이스라엘 백성의 목자로 승격된 일꾼이다. 구약성서가 가르치는 리더십의 기본 패턴은 목자다(출애굽기 3장 10절, 민수기 27장 17절). 아니 성서 전체가 증언하는 리더십 이론은 목자 상像에 기초한다. 목자 리더십은 인격적 리더십이다. 위에서 군림하는 리더가 아니라 양떼를 알고, 양떼를 돌아보며, 양떼를 섬기는 유형의 리더십이다.

여섯째, 협력의 리더십이다. 리더의 업무량은 다른 사람과 업무를 협력할 수 있는 능력에 정비례한다. 협력을 꺼리는 리더는 자기 생산성을 혼자 성취할 수 있는 일의 분량으로 제한한다. 하지만 협력하는 리더가 달성할 수 있는 생산성은 무한하다. 협력하지 않으면 리더는 자기 조직의 생산성을 개인의 체력, 창의력, 지식 수준으로 묶어둔다. 모세는 국가의 리더로서 신적 권위가 있었다. 그는 입법·사법·행정까지 혼자 맡아서 처리했다. 아침부터 밤까지 모세는 사소한 문제마저 직접 처리했다(출애굽기 18장 13~26절).

모세는 멘토이자 장인인 이드로가 개입하고 나서야 사람들과 협력하게 되었다. 가장 어려운 사건만 직접 처리하고 일상 업무는 아랫사람에게 위임한 것이다. 그러자 모세의 행정적 짐만 크게 덜어진 것이 아니라 백성의 민원도 훨씬 신속하고 효율적으로 처리되었다. 그가 자기 잘못을 깨닫고 다른 사람의 조언을 들으면서 협력사역을 할 수 있게 된 것이다. 일을 분담한 협력자들은 자기 생각대로 일을 처리하는 것이 아니라 모세가 하던 방식대로 했다. 이렇게 함으로써 모세가 직접 일을 처리하지 않아도 모세가 한 것과 다를 바 없었다.

　일곱째, 겸손의 리더십이었다. 겸손하다는 말은 그가 자신을 잘 알고 있었다는 뜻이다. 모세는 자기 약점이 무엇인지 알고 있었다(출애굽기 4장 10~17절). 많은 리더가 약점을 가리려 하고, 그것을 위해 변명하고, 그것 때문에 실수를 반복한다. 그러나 진정한 리더는 약점과 함께 일하는 용기를 가져야 한다. 자신에게 무엇이 가장 부족한지 인식해야 한다. 모세는 하나님이 이스라엘 백성을 이집트에서 이끌고 나가라는 임무를 주었을 때, 자기 설득력뿐 아니라 말솜씨에도 회의를 보였다. 그는 자신을 '말과 혀가 둔한' 사람이라고 표현했다. 모세의 설득력은 허식과 허례가 없었다. 그런 그에게 신은 표현을 담당하는 한 사람을 지원해준다. 신은 말솜씨가 좋은 모세의 형 아론을 역사 최초의 언론 대변인으로 임명하고 사명을 전달하게 한다. "네 형 아론은 말을 아주 잘하지 않느냐? …… 아론이 너를 대신해서 그 말을 할 것이다."(출애굽기 4장 14~16절)

이순신처럼 생각하고 리드하라

느헤미야의 리더십

느헤미야는 뛰어난 리더다. 그는 유다 지파에 속한 사람으로서 포로로 바벨론에 잡혀갔지만 그곳에서 출세했다. 그는 임금의 술을 따르는 관원이 되었는데, 그 직위는 오늘의 부총리에 해당하는 높은 지위였다. 그가 그 직무를 맡고 있을 때, 자기 고국 유다가 황폐해졌다는 소식을 들었다. 그는 아닥사스다왕에게서 예루살렘으로 돌아가 그곳의 모든 행정을 관할하라고 허락받았다. 그가 평소 왕에게서 얼마나 신임을 받았는지 알 수 있는 대목이다.

느헤미야는 왕에게서 높은 지위를 받은 뒤 유다 주변 총독들에게 보내는 왕의 친서를 지니고 병사들의 호위를 받으며 예루살렘에 도착했다. 예루살렘 성은 불탄 채 파괴되어 있었다. 그것은 단순한 파괴가 아니었다. 민족의 정체성, 꿈이 붕괴된 것이었다. 환난을 당한 이스라엘 민족의 자화상이었다. 솔로몬왕 때 지어진 예루살렘은 유대인의 종교생활, 사회생활의 중심지였다.

느헤미야의 사명은 무너진 성벽을 재건하는 일이었다. 실력과 영성을 겸비한 느헤미야는 확고한 비전을 갖고 치밀하게 계획을 세웠다. 그는 사람들을 감동시켜 힘을 합쳐 성벽을 다시 건설하는 데 헌신하도록 했다. 성벽 재건 공사를 진행하는 동안 토착 세력들은 악성 루머, 내부 교란, 암살 위협 등 집요하게 방해 공작을 펼쳤다. 그러나 그는 포기하지 않고 일을 진행해 52일이라는 짧은 기간에 성벽 보수 공사를 완료했다. 그는 기원전 434년까지 예루살렘에서 살면서 12년 동안 유다 총독으로 활약했다. 그의 리더십의 특징을 살펴본다.

첫째, 자기 국가와 국민을 지극히 사랑했다. 그는 자기 고향의 성벽이 파괴되었다는 소식을 듣고 울었다. "내가 이 모든 말을 들었을 때 나는 주저앉아 울었다. 그리고 며칠 동안 나는 곡을 하며 주님 앞에서 금식하고 기도했다."(느헤미야 1장 4절) 그는 외국에서 지냈지만 본국 문제에 관심을 가졌다. 리더의 가장 기본 태도는 바로 사람에 대한 사랑과 관심이다. 사람을 사랑하고 사람에게 관심이 있는가? 그렇지 않다면 단지 사람을 이용하는 리더일 뿐이다.

둘째, 세밀하게 계획했다. 느헤미야가 어떻게 계획을 세웠는지 하나하나 살펴보자.

• 기도하면서 계획을 세웠다. 왕이 느헤미야에게 무엇을 해 주기를 원하느냐고 물었을 때 그는 이미 계획이 있었기 때문에 주저하지 않고 요청할 수 있었다. 계획을 세우지 않으면 결코 성공할 수 없다.

• 기회를 찾기 위해 준비했다. 기회가 문을 두드릴 때 문을 열 준비가 되어 있어야 한다. 많은 경우 기회를 이용할 준비가 되어 있지 않기에 기회를 놓치고 만다. 그 당시 왕 앞에서 슬픈 기색을 띠는 것은 사형에 해당되는 죄였다. 왕 앞에서 이맛살을 찌푸리면 목을 베일 수도 있었다. 느헤미야는 왕 앞에서 근심스러

운 표정을 하는 모험을 했다. 그는 큰 두려움 속에서 하나님께 기도하며 왕에게 나아갔다. 지도자는 두려워도 앞으로 나아간다.

- 목표를 세웠다. 우리가 목표를 설정할 때 보통 범하는 두 가지 잘못이 있다. 목표를 너무 작게 세우든지 너무 빨리 이루려는 것이다. 느헤미야는 결코 건축가가 아니었지만 위대한 계획, 예루살렘의 성벽을 재건하는 목표를 세웠다.

- 기한을 정했다. 목표에는 기한이 있어야 한다. 계획에는 시간관리가 포함된다. 무엇을 해야 하며 언제 완성해야 하는지 알아야 한다. 여기에 질문해야 할 문제는 얼마나 오래 걸리느냐는 것이다. 느헤미야는 기한을 정했다.

- 문제를 예상했다. 이라크에서 이스라엘까지는 1,600킬로미터가 넘는 먼 여정이었고 여러 지역을 통과해야 했다. 느헤미야는 이 위험한 여행길에서 방해를 받지 않고 여행할 수 있도록 자기를 보호해달라고 요청했다. 리더십을 갖춘 지도자는 아무도 예견하지 못하는 미래에 일어날 수 있는 일을 생각한다. 그리고 그 문제들을 해결하는 방법을 강구한다.

- 대가를 계산했다. 이것은 계획에서 예산을 짜는 분야에 속한다. 삶의 모든 분야는 대가를 치르도록 요구한다. 느헤미야는 자신이 왕에게 요구하는 일에 무엇이 필요한지 알았고 왕에게 필요한 물품 목록을 말했다.

셋째, 문제점을 분명히 제시해서 동기를 부여했다. 느헤미야는 무엇을 해야 하는지 사람들에게 말하기 전에 자신이 직접 현장을 보고 진상을 파악했다. 그는 한밤중에 몇 명만 데리고 나가서 예루살렘 성을 조사했다. 부정적으로 생각하는 사람들이 긍정적으로 생각하는 사람들보다 더 언성을 높이게 마련이다. 느헤미야는 계획을 말하기 전에 진상을 먼저 파악했다. 지도자는 반대하는 사람들에게 사실과 숫자를 가지고 자신이 말하고자 하는 내용을 증명해 보일 수 있어야 한다. 그는 또한 백성에게 비참한 현실을 보도록 했다. 느헤미야는 "우리가 당한 곤경은 너희도 보고 있는 바다. 예루살렘이 황폐해지고 성문이 불탔다. 예루살렘 성을 건축하여 다시는 수치를 당하지 말자"라고 말했다. 가정, 사회, 국가에서 변화를 일으키려면 지도자는 문제에 직면하게 해서 구성원들로 하여금 문제를 해결할 의욕을 갖도록 해야 한다.

넷째, 반대를 예상하고 반대에 대비했다. 사람은 대부분 좋든 싫든 변화 자체를 위기로 느끼고 두려워한다. 그러므로 상황을 바꾸려면 반드시 반대를 예상해야 한다. 비난을 받지 않는 유일한 방법은 아무것도 하지 않는 것이다. 모든 사람이 내 계획을 지지할 것이라는 순진한 생각을 버려야 한다. 리더는 모든 사람을 만족시킬 수 없다는 사실을 알아야 한다. 또한 반대와 맞서 싸울 용기가 필요하다. 지도자가 용기를 잃으면 모든 것을 잃는 것이기 때문이다. 아니나 다를까, 느헤미야의 성벽 재건을 방해하기 위해 반대자들은 협박과 회유와 함정 등 온갖 방법을 동원했다.

이순신처럼 생각하고 리드하라

느헤미야는 이에 강한 신념으로 지혜롭게 대처했다.

적들은 여러 방법으로 성벽 공사를 중단시키려 했다. 그들은 느헤미야에 대해 유언비어를 퍼뜨렸고 협박도 했다. 하지만 느헤미야는 계획을 중단 없이 추진해나갔다. 그는 포기하지 않고 부지런히 결단력 있게 일했다. 그가 포기하지 않은 이유는 확신이 있었기 때문이다. 어떤 일에서 성공하고 싶다면 확신을 가져야 한다.

다섯째, 매우 창조적이었다. 느헤미야가 문제에 접근하는 방식은 매우 흥미롭다. 창조성은 타고나는 것이다. 하나의 경향, 성질이다. 그러나 창조성은 개발할 수 있는 일종의 기술 같은 것이다. 그것은 생각하는 방식이다. 느헤미야는 모든 사람이 자기 집 옆에서 가족과 함께 일하도록 했는데 그것이 바로 사람들이 최선을 다해 일하도록 동기를 부여한 것이다. 사람은 대부분 다른 사람들의 집 옆에서 성벽을 쌓는 것보다 자기 집 옆에서 성벽을 더 튼튼하게 쌓기 때문이다. 또 적들이 위협해올 때 사람들의 절반은 벽을 쌓고 다른 절반은 칼과 창으로 무장하고 지키도록 했다. 그리고 순번을 바꾸었다. 리더들은 언제나 새로운 도전에 직면하고, 새로운 도전은 새 해결책을 요구한다.

여섯째, 백성과 일체감을 형성했다. 느헤미야는 백성에게 "지금 우리는 이런 상황에 처해 있습니다. 이것은 우리 모두의 문제입니다. 그러므로 함께 이 문제를 해결합시다"라고 말했다. 그리고 "나는 여러분의 도움이 필요합니다. 이 일은 나 혼자서 할 수 없습니다. 우리는 함께 일해야 합니다"라고 솔직하게 도움을 청했다. 그리고 '팀 정신'을 가지고 일했다. 느헤미야는 신분의 높고 낮음과 관계없이 성벽 재건에 참여한 모든 사람의 이름을 열거하면서, 그들의 직업과 거주 지역, 구체적으로 무슨 일을 하였는지 자세히 기록하였다. 이것은 성벽 재건의 영광을 혼자 차지하지 않고 수고한 모든 백성에게 돌리려는 것이었다.

일곱째, 정직했다. 느헤미야는 행동으로 모범을 보였다. 그는 12년 동안 예루살렘의 총독으로 있으면서 백성에게 부담을 주지 않기 위해 봉급도 받지 않고, 백성에게 세금도 요구하지 않았다. 또 리더십을 이용해 이익을 추구하지도 않았다. 그는 아랫사람들을 이용하지 않았고 양심에 어긋나는 일을 하지 않았다. 이전 지도자들은 권력을 이용해 투기를 하였지만 느헤미야와 그의 가족은 비리나 부패에 가담하지 않았다. 그는 '관료들의 권력남용을 묵과하느냐, 선을 증대하느냐'는 문제를 놓고 고민했다.

느헤미야는 "나보다 전에 있던 총독들은 백성에게서 양식과 포도주, 은을 빼앗았고 그들의 종자도 백성을 압제하였으나, 나는 하나님을 경외하므로 이같이 행하지 아니하였다"라고 말했다. 그당시 총독은 따로 급여가 없고 백성에게서 세금을 거두어 생활하였는데, 느헤미야는 총독으로 있는 12년 동안 자신은 물론 형제들도 급여를 한 푼도 받지 않았다. 느헤미야는 오히려 사재를 털어 일꾼들을 먹이고 공사하는 일에 사용했다. 그는 하늘을 우러러 한 점 부끄러움이 없었던 리더였다.

예수의 리더십

인류 역사상 가장 오랫동안 팔로어가 제일 많은 인물은 예수다. 경쟁자를 찾기 쉽지 않을 정도로 경이로운 리더십이다. 그는 명문가에서 태어나지 않았다. 부친 요셉은 목수였다. 예수가 태어난 곳은 베들레헴의 마구간 말구유였다. 하층민으로 태어났지만 성공해서 상류층이 된 것도 아니었다. 상류층은커녕 예수는 평생 하층민으로 태어난 자기 정체성을 버리지 않았다.

그는 권력자나 부자보다도 나병환자나 정신병자, 창녀나 간음한 여자, 사마리아 사람들처럼 신분이 낮거나 천대받던 자들과 함께했다. 어부 베드로를 비롯한 그의 제자들은 모두 하층민이었고, 율법학자 같은 종교인도 없었다. 제자 중 유일한 지식인은 로마를 위해 세금을 징수해 남의 멸시를 받던 세리 마태였다. 그럼에도 역사상 예수처럼 신비하고 특이한 인물도 없을 것이다.

나폴레옹은 예수에 대해 이렇게 묘사했다. "예수의 모든 것이 나를 놀라게 한다. 그의 정신적 능력에 나는 전율하고, 그의 의지력에 나는 당황한다. 세상 그 어떤 사람도 예수에 견줄 수 없다. 그는 진정 자족적 존재다. 예수와 유사한 인물을 찾기 위해 역사를 뒤진다면 헛수고에 불과할 뿐이다. 역사도, 인류도, 시대도, 자연도 내게 그 사실을 설명하거나 비교할 만한 근거를 제공하지 못한다. 모든 것이 비범할 따름이다."

나폴레옹은 무력으로 전 세계를 정복하려 한 프랑스 황제다. 그런 그도 결국 패전하여 세인트헬레나 섬에 유배되었는데, 그때 비로소 그는 예수를 깊이 통찰할 수 있었다. 자신은 군대와 무기를 동원해 세계를 제패하려다 실패했지만, 예수는 총 한 발, 대포 한 방 쏘지 않고도 세계를 정복할 수 있었음에 감탄한 것이다. 그렇다면 예수의 리더십은 어떤 특징이 있을까?

첫째, 비전이 있는 리더십이다. 예수는 웅대한 비전을 품고 그것을 계속 추구했다. 그는 자기 동족, 더 나아가 모든 민족이 시기, 다툼, 전쟁이 없는 평화로운 곳에서 사는 꿈을 지녔다. 그는 이 같은 꿈을 '하나님 나라'라는 말로 압축했다. 그리하여 원대하고도 매력적인 하나님 나라 비전을 제시하고, 그 비전에 많은 사람이 동참하도록 했다. 그는 일생 '하나님 나라'를 마음에 품고, 그 새로운 세계를 펼치고자 노력하였다. 모든 사람이 '하나님 나라'의 원칙대로 살 때에만 인류가 총체적으로 구원받고 세계 평화가 이루어진다고 확신하였고, 또 그렇게 가르쳤다. 그는 사랑을 강조했는데 이 사랑은 '하나님 나라'의 핵심 가치관이다.

둘째, 섬기는 리더십이다. 이는 '종의 리더십'이라고 표현할 수 있다. "너희 가운데서 누구든지 위대하게 되고자 하는 사람은 너희를 섬기는 사람이 되어야 하고, 너희 가운데서 누구든지 으뜸이 되고자 하는 사람은 모든 사람의 종이 되어야 한다."(마가복음 10장 44절) 리더가 되려면 남을 섬겨야 한다는 것은 세상 사람들이 생각하는 것과는 정반대다. 인간은 자존심과 명예심이 있기 때문에 누구나 높아지려 하고, 남을 다스리려는 성향이 있다.

남을 섬기라는 예수의 이 사상을 따른다면 모든 리더가 승승장구할 수 있다. 남을 섬기기 위해서는 단단한 이기주의를 깨고 한없이 낮아지는 마음, 즉 겸손한 마음을 가져야 한다. 희생과 봉사의 정신을 지녀야 한다. 어릴 적부터 봉사하고 섬기는 훈련을 해야 커서도 남을 섬기는 일을 즐겁게 할 수 있다. 철학자 칸트 Immanuel Kant(1724~1804)는 이기주의가 사람이 불행한 원인이라고 지적했다. 이기주의를 깨려면 봉사하는 훈련을 어릴 적부터 해야 한다. 예수는 제자들에게 남을 섬기는 본보기를 보였고, 일생 봉사하는 일에 헌신하였다.

셋째, 사랑의 리더십이다. 그는 사랑이 필요한 소외된 자, 병든 자, 마음에 상처받은 자들이 가까이 올 수 있게 하였다. 남을 순수하게 사랑하는 것이 성숙한 사람의 특징이며 훌륭한 리더가 함양해야 할 덕목이다. 바울은 사랑이 없으면 이 세상 모든 것이 무용지물이라고 했는데 이것은 리더십에도 적용되는 원리다. 남을 사랑하는 마음이 없으면 희생이나 봉사는 모두 허사가 된다.

넷째, 계획을 중시하는 리더십이다. 그는 다른 성인들에 비해 짧은 일생을 살았다. 그가 대중을 위해 일한 기간은 3년에 지나지 않는다. 그렇지만 그 기간에 많은 위업을 달성했다. 그는 철저히 계획을 세우고 일을 추진했다. 그는 "내가 무엇을 해야 한다"라는 말을 자주 했다. 가장 많은 시간과 노력을 들인 것은 제자를 열두 명 뽑아 훈련한 일이다. 그는 계획의 중요성을 말했고 제자들에게 미래에 대한 확실한 지침을 주었으며 세부 지침에 따라 하루하루 계획을 실천하면서 모든 계획을 하나님의 뜻과 일치시켰다.

다섯째, 팀워크를 중시했다. 예수는 '하나 됨'이 얼마나 강력한 힘을 발휘하는지 알았다. 그는 제자들이 팀워크 정신을 발휘하기를 간절히 바랐다. 예수 자신이 대단한 능력을 지닌 것은 틀림없었지만 스스로 모든 일을 혼자서 다 해낼 수 있다고 믿지 않았다. 그뿐만 아니라 자기가 원하는 것이 당대에 다 이루어질 거라고 믿지도 않았다. 무엇보다도 '나'가 아닌 '우리'로 사고를 전환해야 한다고 했다. 예수는 이미 "어느 나라든지 서로 갈라지면 망하고, 어느 도시나 가정도 서로 갈라지면 버티지 못한다"(마태복음 12장 25절)라고 말했다. 누구라도 혼자 모든 일을 다 할 수는 없다. 팀워크가 이루어져야 장기적으로 발전할 수 있다. 팀 안에서만 개개인의 재능이 최대로 개발될 수 있다.

여섯째, 설득의 달인이다. 그는 의사소통 능력이 뛰어났다. 의사소통을 잘하는 것은 리더가 갖추어야 할 필수 요건이다. 리더가 의사소통을 잘하면 팔로어에게 영향력을 행사할 수 있고, 그들을 변화시킬 수 있다. 예수는 제자를 훈련할 때나 군중에게 설교할 때는 물론 개인과 면담할 때도 가장 적절한 표현을 써서 사람들을 감동시켰다.

일곱째, 후계자 양성이다. 예수 앞에 펼쳐진 세상은 끝없이 황량했다. 정치적 자유가 없었고 사람들의 품성은 거칠었으며, 종교 지도자들은 완고하기 짝이 없었다. 이런 상황에서 '하나님 나라' 비전을 펼친다는 것은 무모하기 짝이 없는 일이었다. 예수는 비전을 성취하고 후계자를 양성하기 위해 제자들을 선택하고 훈련해야겠다는 결심을 굳게 하였고 그런 결정은 옳았다. 예수는 열두 제자를 택해서 교육과 훈련을 철저히 하였다. 그가 택한 제자들은 자질이 매우 부족했다. 그들은 대부분 성격이 거친데다 이기적이었다. 어떤 사람들은 매우 다혈질이었다.

그러나 예수는 이에 개의치 않고 꾸준히 제자들을 가르쳤다. 우선 제자들에게 비전과 사명의식을 불어넣었고, 다양한 교육방법을 활용해 그들을 가르쳤다. 예수는 제자들과 함께 생활하면서 교육과 훈련에 열성을 다했다. 제자들이 미숙하게 행동해도 참고 믿었으며, 끝까지 그들을 사랑하였다. 예수가 가장 정성을 기울인 사업은 '제자 훈련'이었다. 그는 최대 자원이 무엇인지를 알았기에 그것을 잘 이용했다. 리더는 사람이 가장 중요한 자원이라는 것을 일찍이 깨달아야 한다. 훌륭한 리더는 훌륭한 교육자다. 자기 사람들을 교육하는 것은 리더의 가장 큰 의무이기도 하다. 국가와 사회 그리고 단체가 계속 발전하려면 사람을 교육하고 훈련하는 것이 최선의 방책이다.

바울의 리더십

신약성서에 등장하는 인물들 가운데 예수 다음으로 팔로어가 많은 이는 사도 바울이라는 의견에 이견이 없을 것이다. 바울은 기독교 역사상 가장 우뚝 선 거목이다. 바울은 예수와 거의 같은 시대에 길리기아의 수도이며 유명한 대학 도시인 다소에서 로마 시민으로 태어났다. 그는 당시 새로 출현한 기독교에 대한 편견이 심했다. 그런 그는 다메섹으로 가는 길에서 예수를 만나면서 극적으로 회심했다. 예수와 만난 일이 그의 삶과 사역에 새로운 방향을 제시해주었고, 전 생애에서 위기와 역경을 극복하는 능력의 원천이 되었다. 소명의식은 리더십의 목표와 방향을 제시해주며 리더 자신에게 계속해서 사역의 동기를 부여하는 원천이 된다.

회심한 이후 그는 복음을 전파하려고 혼신의 힘을 기울였다. 수많은 교회를 세우고 성장시켰으며 많은 사람에게 영향을 주었다. 그의 인격과 신앙 그리고 글은 후대인에게 지속적으로 영향을 미치고 있다. 그의 리더십의 특징을 살펴본다.

첫째, 비전, 사명, 목표에 따라 움직였다. 비전이야말로 바울을 사역에 전념하게 만든 가장 중요한 요소였다. 그는 사역하면서 온갖 문제에 부딪히고 많은 어려움을 겪었지만, 거룩한 비전에 순종했다. 비전을 품게 된 그는 더는 자기 자신을 위해 살지 않고 위대한 비전을 성취하기 위해 살았다. 그는 사명감에 불타는 사람이었다. 그리고 목표 지향적으로 살았다. 그는 분명한 목표를 미리 결정했다.

사람들은 인생에 제어할 수 없는 요인이 너무 많다는 이유로 목표를 구체적으로 세우지 않는다. 물론 내가 할 수 없는 부분이 많다. 하지만 내 한계 안에서는 자유롭다. 미래를 알 수 없지만 할 수 있는 일에 최선을 다해나가면 미래를 바꿀 수 있다. 바울은 비전, 사명, 목표가 뚜렷하였기에 방향을 올바로 설정할 수 있었고 행동도 구체적으로 할 수 있었다.

둘째, 모델링 리더십이다. 리더는 자신이 먼저 모범이 되어 공동체를 이끌어가는 사람이다. 리더의 모범modeling은 모든 상황에서 구성원을 움직이는 가장 효과적인 힘이다. 리더가 구성원을 무조건 따르는 사람으로 간주하고 자신을 그들과 구별된 존재로 생각한다면 추종자들의 진정한 지지를 얻을 수 없다. 지도자가 구성원과 자신을 동일시하고 그들이 주체가 되어 조직을 움직여 나갈 수 있게 하는 겸손한 자세를 보여야 리더의 효과가 최대로 발휘될 수 있다.

사도행전 27장에 보면 죄수의 몸이 된 바울과 그 일행이 배를 타고 로마로 가던 중 14일 동안 공포의 바다에서 사투를 벌이는 이야기가 나온다. 배에 탄 사람들은 두려워서 음식을 먹을 수 없었다. 굶주린 일행에게 바울이 음식을 권하며 자신이 먼저 먹자 모든 일행이 비로소 안심하고 함께 음식을 먹었다. 죽음의 공포에 사로잡혀 있던 일행에게 바울이 먼저 소망을 담은 행동을 모범으로 보였을 때 일행은 변화되었다. 결과적으로 모범을 통한 바울의 동기부여는 일행 모두에게 소망과 용기를 주었고, 그들은 마침내 필사의 노력으로 섬에 상륙해 구원을 받았다. 이곳에서 바울의 모델링 리더십이 빛난다. 권위로 다스리기보다는 모범을 제시해 본받도록 한 것이다.

바울은 교인들에게 끊임없이 '나를 본받으라'고 촉구했다. '본받아라', '닮아라'는 교훈은 권하는 사람이 듣는 사람과 '스승-제자' 같은 특별한 관계이거나 권위를 확보하고 있을 때 가능하다. 그런 점에서 바울이 자주 본받으라는 말을 했다는 사실은 교인들에게 미치는 바울의 영향력이 매우 컸음을 간접적으로 말해준다.

바울은 스스로 예수를 본받으려고 무척 애썼다. 예수의 겸손과 희생정신에 감복했으며, 예수의 섬김의 리더십을 본받으려고 했다. 팔로어에게 얼마나 '나를 본받으라'고 할 수 있는지 자문해보자. 많은 리더는 이 질문에 답하기가 매우 어려울 것이다.

셋째, 관계 중심의 리더십이다. 조직은 인간의 몸과 같은 유기체로서 리더와 구성원의 긴밀하고 유기적인 상호 관계가 생존과 성숙의 필수조건이다. 바울의 서신에 나타나는 리더십은 교회 구성원과 유기적이고 긴밀한 관계를 중시한다. 그러나 바울과 교회의 관계는 '지배나 통제의 관계'가 아니라 '섬김과 봉사의 관계'였다. 바울은 자기 권위를 내세우지 않고 오히려 팔로어를 섬기고 봉사를 했다. 바울이 자기에게 닥친 수많은 문제와 역경을 극복할 수 있었던 비결 중 하나가 바로 탁월한 관계 지향적 리더십이었다고 할 수 있다.

바울과 그의 팔로어는 사랑으로 맺어졌다. 그가 희생적으로 팔로어를 섬긴 것은 그들을 향한 사랑의 열정이 충만했기 때문이다. 그는 이렇게 기록했다. "내가 예수 그리스도의 심장(사랑)으로 너희 무리를 어떻게 사모하는지 하나님이 내 증인이시니라."(빌립보서 1장 8절) 그는 성숙한 인간관계를 바탕으로 자기 사명을 수행했다. 그의 팀워크 정신은 동역자 이름을 일일이 기록하고 격려하는 데서도 읽을 수 있다. 리더는 성숙한 인간관계를 바탕으로 더 많은 일을 할 수 있다.

넷째, 신뢰받는 리더였다. 바울은 신조와 행동이 일치되어 많은 팔로어가 그를 추종하게 되었다. 바울이 로마로 압송될 때 죄수 신분이었지만 로마군 백부장 율리오는 바울을 신뢰하고 그에게 특별한 관심과 혜택을 베풀었다. 이런 바울의 신뢰성은 그의 험난한 사역에서 위기를 극복하는 원동력이 되었다. 그가 반대자들의 오해와 탄압을 받을 때마다 교인들은 그에게 확고한 지지와 격려를 아끼지 않았다.

다섯째, 위기를 극복하는 리더였다. 사도행전 27장에 기록된 사건은 바울이 위기에서 어떤 리더십을 보였는지 구체적으로 알 수 있는 대표 사례다. 그렇다면 그는 어떤 리더십을 보였을까?

- **올바른 판단력을 지녔다.** 바울은 일행이 백부장과 선주의 주장대로 즉시 출항하면 그 해역에서 돌발적으로 발생하는 계절풍을 만나 매우 위험한 상황에 처할 수 있다고 보았다. 그래서 바울은 죄수 신분이었지만 백부장과 지휘관들에게 계절풍의 위험을 알리고 항해를 중단하라고 적극 권유하였다. 하지만 그의 의견은 받아들여지지 않았고, 일행은 항해 중 계절풍을 만나 파선했다. 지도자는 상황을 예견할 수 있는 능력과 그에 근거한 정확한 판단력으로 조직의 방향을 잡고 안전을 보장할 수 있어야 한다.

- **동기부여 능력을 지녔다.** 파선이라는 절대 위기 상황에서 바울은 하나님이 안전하게 살려주실 거라는 소망의 메시지를 전함으로써 극도의 불안과 공포에 사로잡혀 있던 일행에게 평정심과 소망을 주었다. 공동체에게 진정한 위기는 위기 자체가 아니라 위기에 대처하는 지도자와 구성원의 자세다. 지도자는 어떤 상황에서도 구성원에게 상황에 대처할 수 있는 믿음과 소망을 제시할 수 있어야 한다.

- **목표와 비전 제시 능력을 지녔다.** 절체절명의 위기에 처한 일행 276명이 평정을 되찾고 생존하기 위해 적극적으로 노력하게 된 결정적 요인은 바울이 제시한 구체적 비전 덕분이었다. 평상시는 물론이고 위기 상황에서 지도자의 분명하고 확실한 비전 제시는 상황을 바꾸는 원동력이 된다. 그는 자신이 해야 할 일이

무엇인지 알았다. 그는 침착하게 배고픈 사람들에게 음식을 먹게 했으며 좌절에 빠진 이들에게 용기를 불어넣었다. 바울 덕분에 276명이 목숨을 건진 것이다.

여섯째, 자기혁신의 리더였다. 겸손한 리더는 늘 배우려고 노력한다. 배우려는 리더는 모든 상황과 자료를 바탕으로 늘 배우려는 자세를 견지함으로써 다양한 기술과 경험을 습득하게 된다. 바울은 회심한 뒤 가치관이 180도 달라졌고 인생의 방향도 완전히 바뀌었다. 그러나 거기에 그치지 않고 늘 자기를 새롭게 하려고 노력하였다. 그는 늘 반성하고 회개했으며 더욱 성숙해지려고 하였다. 그는 평생을 배우며 확신을 가지고 살았다. 사랑하는 후배 디모데에게는 전심전력하여 발전하는 모습을 모든 사람에게 나타나게 하라고 가르쳤다.

일곱째, 자기 자신을 잘 다스렸다. 즉, 셀프 리더십의 대가였다. 리더는 충동을 제어해야 한다. 곁길로 빗나가거나 쓸데없는 일에 시간과 물질과 에너지를 허비하는 감정과 욕망 따위를 지배해야 한다. 그는 자신을 마라톤 하는 사람에 비유했다. "경기에 나서는 사람은 모든 일에 절제를 합니다. 나는 목표 없이 달리듯이 달리기를 하는 것이 아닙니다. 나는 허공을 치듯이 권투를 하는 것이 아닙니다. 나는 내 몸을 쳐서 굴복시킵니다."(고린도전서 9장 25~27절) 그는 자기 자신을 늘 제어하며 진정으로 승리한 리더다.

04
위기극복의 리더십

모든 리더십의 꽃이자 보석은 무엇일까? 그것은 바로 '위기
극복의 리더십'이다. 그 이유는 위기를 극복하지 못하면 생존이
불가능하기 때문이다. 더 나아가 구성원 모두가 파멸하기 때문이
다. 위기극복의 리더십은 시대가 갈수록 더 필요한 리더십이다.
지금은 글로벌 시대이고 과거 우리가 상상하지 못했던 일들이 예
상치 않게 일어나기 때문이다. 우리 조상들의 리더는 '위기극복의
리더십'이 부족했으며 오늘날도 같은 잘못을 되풀이하고 있다.

삼풍백화점 참사 20주년이 지났다. 그런데 삼풍백화점 붕괴사
건과 세월호 침몰사건이 꼭 닮았다고 한다. 이익을 위해 무리하
게 구조를 변경했고, 공무원과 자본이 결탁했으며, 사고 당일 무
리하게 운영했고, 고객(승객)을 남겨둔 채 사장을 포함한 경영진과

이순신처럼 생각하고 리드하라

선장을 비롯한 선원들이 도망갔으며, 구조과정에서 혼란에 빠진 것 등이 바로 그것이다.

삼풍백화점 참사는 502명이 사망하는 등 사상자가 1,445명이나 발생해 국내에서 6·25전쟁 다음으로 최대 인명 피해를 기록한 불행한 사건이다. 세월호 침몰은 295명이 사망하고 9명이 실종된 비극적 사건이다. 삼풍백화점 참사가 일어난 지 20년밖에 되지 않았는데 벌써 많은 사람의 머릿속에서 지워졌다. 세월호 사건도 세월이 지남에 따라 사람들의 뇌리에서 사라질 것이다.

사람이 살아가는 데 위기는 늘 있다. 가장 흔한 것이 교통사고다. 차가 얼마나 편리한 문명의 도구인가? 하지만 차는 안전하게 운행할 때만 고마운 도구다. 교통사고가 나서 다치거나 생명을 잃으면 차 자체가 살인기계나 다름없다.

가정은 얼마나 아름다운 곳인가? 그런데 한 가지 중요한 조건이 있다. 가정이 편안할 경우에만 그렇다. 가정에 풍파가 일어 가정이 깨지면 가정처럼 지옥 같은 곳도 없다. 회사는 얼마나 고마운 곳인가? 일자리를 주고 가족의 생계를 유지해주니 참으로 고마운 터전이다. 그럼에도 회사에 위기가 닥쳐 문을 닫게 되면 종업원들이 실업자 신세가 된다. 국가가 얼마나 귀중한 조직인가? 그런데 국가가 망해 주권을 빼앗기게 되면 국민은 말할 수 없는 파멸감에 빠지게 된다. 그들은 어디에도 하소연할 수 없다. 리더들이 각자 위치에서 합당한 리더십을 발휘할 때만 안전하고 평안하다. 제2차 세계대전 때 전쟁이라는 소용돌이 속에 있던 유럽에서 유독 스위스만 안전했다. 위기를 극복하는 노력을 평소에 철저히 했기 때문이다.

세월호가 침몰하자 이준석 선장은 승객의 안전을 무시했다. 배와 승객을 버리고 팬티 바람으로 구조되었다. 병실에서는 승객들 구조를 걱정하기보다 젖은 돈을 말렸다. 그가 이 절체절명한 위기 속에서 리더십을 발휘했더라면 더 많은 생명을 살렸을 것이다. 그렇다면 북대서양에서 조난당한 타이타닉호 선장 스미스 Edward John Smith(1850~1912)는 어떤 리더십을 발휘했나? 그는 타이타닉호가 침몰하기 시작하자 승객 중에서 노인, 어린아이, 여자, 남자 순서로 탈출을 지시했고, 공포탄을 쏘면서 질서를 유지했으며, 승객들에게 안정감을 주기 위해 악사들로 하여금 마지막 공연을 하게 했다. 그는 결국 배와 운명을 같이하면서 투철한 직업의식과 책임감을 보였다.

신문에서는 이준석 선장과 타이타닉호 선장을 비교하는 글을 실었다. 나는 두 사람을 비교하는 것 자체가 사리에 맞지 않는다고 생각한다. 이준석 선장은 위기극복의 리더십이 전혀 없었고, 타이타닉호 선장은 그 리더십을 충분히 갖추었다. 이들을 비교하는 것은 마치 유치원생과 대학원생을 비교하는 것과 같다.

온 국민이 이준석 선장을 규탄했고 그가 실형도 받았지만 누구나 이준석과 같은 처지에 놓였다면 그와 비슷하게 행동했을지

이순신처럼 생각하고 리드하라

도 모른다. 훈련받지 못한 사람은 위기가 닥치면 본능에 따라 행동하기 때문이다. 따라서 평소에도 안전의식을 길러야 하며, 안전교육을 철저히 받고 위기극복의 리더십을 꾸준히 연마해야 한다. 그러면 위기극복의 리더십은 어떻게 함양할 수 있을까?

첫째, 평소에 철저하게 준비해야 한다. 프로골퍼나 프로기사들은 연습을 실전처럼 한다고 한다. 실전에 대비해 평소에 역량을 열심히 쌓아야 한다. IMF(국제통화기금) 사태 때 많은 기업이 도산했지만 미리 현금을 충분히 확보한 기업은 결코 쓰러지지 않았다. 《손자병법》에 가장 상책은 '싸우지 않고 이기는 것'이라고 했다. 평소 전투실력을 뛰어나게 길러서 적이 넘보지 않도록 하는 것이 최선의 방책이다. 안전교육을 하되 실전처럼 해야 위기가 닥쳤을 때 극복할 수 있다. 평소가 위기라는 의식을 지니는 것이 현명하다. 배부르고 등 따뜻한 때가 좋은 것이 아니다. 그때가 바로 위기다. 이런 사례는 로마처럼 패망한 제국에서 많이 볼 수 있다.

둘째, 위기가 닥치면 정확히 판단해야 한다. 대부분 위기를 당하면 당황한다. 그러면 본능대로 행동하게 되고 문제를 해결할 수 없다. 올바로 판단해서 어떻게 해야 할지 정해야 한다. 전문가의 지혜를 빌리는 것도 좋다. 혼자서 처리하지 말고 주위 사람들의 협조를 얻어야 한다. 그리고 팀워크가 잘 발휘되도록 해야 한다.

셋째, 재빠르게 행동해야 한다. 골든타임을 넘기지 말아야 한다. 사건마다 골든타임이 있다. 골든타임은 생명을 구하기 위한 절대적 시간을 뜻한다. 전쟁에서부터 개인의 위기에 이르기까지 위기가 닥쳤을 때 초기에 진압하는 것이 생명을 보호하고 물질을 보호하는 가장 효과적인 방법이다.

넷째, 사건이 수습된 후 사고 원인을 밝히고 기록해 나중에 그런 일이 다시 일어나지 않도록 교훈을 삼아야 한다.

 ## 위기극복의 리더십을 발휘한 사례

라우렌세 골보르네 리더십

칠레 구리광산 매몰 사고로 700미터 지하 갱도에 갇혔던 광부 33명을 69일 만에 구출한 리더의 리더십이다. 와튼스쿨 유심 교수는 가장 훌륭한 리더십을 보여준 인물로 칠레 광업부장관 골보르네Laurence Golborne를 꼽았다. 골보르네 장관은 2010년 8월 5일 밤에 일어난 광산 붕괴 사건을 처리하는 과정에서 탁월한 리더십을 보였다. 골보르네는 어떻게 전 세계 10억 인구가 지켜보는 가운데 펼쳐진 광부 33명 구조작전을 성공적으로 이끌었을까?

먼저 존중과 신뢰였다. 골보르네는 슬픔에 오열하는 가족에게서 신뢰를 얻어냈다. 법적으로는 정부가 개인이 소유한 광산업체에 책임을 떠넘길 수도 있었지만, 골보르네는 모든 책임을 감수하기로 하고 대통령을 설득해 가족의 마음을 얻었다. 그다음은 구체적 행동계획을 세웠다. 매몰된 광산에 광부들이 살아 있다는 것을 확인한 순간 내린 결단력과 탁월한 전략, 팀 구성은 그야말로 한 편의 드라마 같았다. 골보르네는 즉각 광부 가족 문제만 담당하는 팀, 구조하기 위해 드릴로 구멍을 뚫는 팀, 구체적으로 구출할 방법을 찾고 실행에 옮기는 팀, 광부들이 구조됐을 때 생명을 유지시킬 팀 등으로 팀을 나누었다. 이는 최고 팀을 다양하게 구성한 가장 좋은 사례다.

골보르네는 문제를 파악하고, 책임을 스스로 떠안아 신뢰를 얻고, 전략을 짠 뒤 팀을 구성해 최고 성과를 이루었다. 여기에 무시하기 쉽지만 중요한 원칙이 세 가지 있다. '모든 직원 존중하기, 설득하는 말투로 소통하기, 공통의 관심사 먼저 이끌어내기'가 그것이다. 리더는 이 원칙을 끝까지 지켜야 한다.

설봉호 사건에서 보여준 리더십

2011년 9월 8일 새벽, 전남 여수시 백도 해상에서 여객선 설봉호에 불이 났는데 승객과 승무원 130명 전원이 사상자 없이 구출된 기적과 같은 일이 있었다. 칠흑같이 어두운 새벽에 바다에서 여객선에 불이 났다고 생각해보라. 이런 경우 대부분 큰 참사로 이어진다. 1993년 전북 부안에서 여객선 페리호가 침몰해 292명이 사망했고, 1970년 12월 남영호가 거제도 앞바다에서 침몰해

362명이 사망했다. 그런데 이번에는 해경과 해군의 신속한 출동과 적절한 대응조치, 설봉호 승무원들의 차분한 현장 조치 그리고 승객들의 희생정신과 질서의식이 어우러져 전원 구조라는 명품을 만들어냈다.

먼저 거문도 해상에서 경비근무 중이던 330톤급 해경 함정이 사고 신고를 받고 현장에 30여 분 만에 도착한 것을 시작으로 해군과 해경이 기동성 있게 구난·구조에 참여했기에 전원 구조가 가능했다. 해경 함정이 현장에 도착했을 때는 이미 설봉호 선미가 화염에 휩싸였고 승객들은 캄캄한 밤바다에 뛰어든 상태였다. 조금만 늦게 출동했더라면 대형 참사가 났을 것이다. 설봉호 승무원들은 침착하게 선실을 돌아다니며 조용한 목소리로 대피하라고 알렸다. 그리고 승객 전원에게 신속하게 구명동의를 착용하게 하였다. 승객들은 노약자와 어린이부터 구명정에 태웠다. 젊은 승객들은 마지막 순간 바다에 뛰어들었다.

영웅이 된 아시아나항공 214편 승무원들의 리더십

2013년 7월 6일 미국 샌프란시스코 국제공항에서 발생한 아시아나항공 214편 사고에서 작은 기적이 연출되었다. 동체 대부분이 불에 탈 정도로 대형 사고였는데도 승객 2명이 사망했지만 추가 인명 피해를 막았다. 불길이 번지기 전에 승무원들이 승객들을 현장에서 탈출시켰기에 가능했던 일이다. 언제 폭발이 일어나고 화염이 솟구칠지 모르는 일촉즉발의 상황에서 한시라도 빨리 그곳에서 벗어나고 싶은 것이 인간의 본능이다. 하지만 아시아나항공 승무원들은 위기에서 빨리 벗어나려고 하기보다는 임무를 택했다.

승무원들은 불타는 비행기 속에서 현지 경찰이 건넨 다용도 칼로 안전벨트를 자르고 승객의 탈출을 도왔다. 다리를 다친 열두 살 어린이를 업고 500미터를 달리거나 무서워하는 아이를 끌어안고 함께 탈출 슬라이드를 내려가기도 했다. 캐빈 매니저 이윤혜 씨는 착륙 당시 꼬리뼈가 부러진 것도 모르고 승객들을 대피시킨 뒤 마지막으로 비행기를 떠났다. 이들의 영웅적 헌신으로 아시아나항공의 품위와 신뢰도는 오히려 높아졌다.

한 승객은 "체구가 작은 소녀 같은 여성이 사람들을 등에 업고 사방으로 뛰어다녔다. 이들의 얼굴은 눈물범벅이었지만 무척이나 침착하게 사람들을 도왔고 그 덕택에 나도 빠져나올 수 있었다"라고 증언했다. 이 승무원들은 평소 혹독하게 대피훈련을 받았고 철저한 프로정신과 정신력을 소유하고 있었다. 두고두고 박수를 받을 만한 영웅들이다.

위기극복 리더십의 차이가 생사 결정

스콧Robert Falcon scott(1868~1912)은 1911년 12월 남극대륙에 도착했지만 9개월 동안 연락이 끊어졌다. 79일간 햇빛을 볼 수

없는 남극의 밤, 영하 40도의 혹한에 식량도, 도움도 기대할 수
없는 지옥 같은 나날이 이어졌다. 1912년 11월, 눈 속에 파묻힌
스콧의 일기장과 시신을 발견했다. "우리는 신사처럼 죽을 것이
며 …… 안타깝지만 더 쓸 수 없을 것 같다. 모든 꿈이 사라졌다."
스콧과 대원 일곱 명 모두 사망했다. 하지만 앞서 소개한 섀클턴
과 대원들은 절망과 악수하기를 거부하고 '꿈'에 손을 뻗었다. 구
조선이 내일 도착하는 꿈, 대원 모두가 살 수 있는 꿈, 가족과 난
로 앞에 모여 앉아 있는 꿈. 그리고 그들은 조난당한 지 1년 7개
월 만에 모두 무사히 귀환했다.

그룬트비와 달가스의 국가 위기극복 리더십

그룬트비Nikolai Fredrik Severin Grundtvig(1783~1872) 목사는 조국
덴마크가 연이은 패전으로 국토가 줄어들고 민심이 피폐해져 나
라의 운명이 바람 앞에 등불처럼 흔들리게 되었을 때 국민의 혼
을 깨우치고 희망을 심는 일에 헌신하였다. 그는 국민 앞에서 "밖
에서 잃은 것을 안에서 찾자"고 호소하였다. 예나 지금이나 국운
이 기울면 나타나는 한 가지 현상이 있다. 가는 곳마다 다툼과 분
쟁이 끊이지 않고 도박이 성행하는 것이다. 19세기 중엽 덴마크
사회가 바로 그러하였다.

그룬트비 목사가 밖에서 잃은 것을 안에서 찾자고 호소한 것은
1864년 덴마크가 프로이센과 벌인 전쟁에서 패함으로써 국토를

잃은 것을 비탄해하지만 말고
온 국민이 혼이 깨어나고 마
음이 새로워져 새 나라, 새 사
회, 새 역사를 창출해나가자고
호소한 것이었다. 그리고 그는
온 국민을 상대로 '하늘사랑, 땅사
랑, 사람사랑'의 삼애운동三愛運動을 펼
쳤다.

 심금을 울리는 그의 설교를 들은 국민이
움직이기 시작하였다. 각자 자신이 놓인 자리에서 삼애운동을 어
떻게 실천할지 고민하고 또 실천하는 사람들이 늘어났다. 그런
사람들 중 달가스Enriko Mylius Dalgas(1828~1894)라는 이가 있었다.
그는 포병대 대령이었으나 전쟁에서 진 뒤 상심하여 패배감에 젖
어 있었다. 그러나 그룬트비 목사의 설교를 들으며 새 용기, 새 비
전을 품기 시작하였다.

 달가스는 황무지 개발의 필요성을 역설했지만 국민에게서 비
웃음만 받았다. 그래도 그는 단념하지 않고 '황무지개발협회'를
세워 온갖 고생을 했다. 그는 북녘 황무지에 도전하여 나무심기
에 남은 삶을 투자하였다. 그러나 나무를 심을 때마다 차가운 북
풍이 불고 땅이 척박한 탓에 나무들이 죽어갔다. 그는 무려 13년
간 뼈를 깎는 고통을 견디며 그 기후와 토양에 맞는 나무를 찾아

내 892헥타르의 숲을 일구는 데 성공했다. 그리고 땅을 기름지게 만들어 농민들에게 싼값에 나눠주었다.

그가 노력한 지 30년 만에 황무지는 급격히 줄어들었고 국토는 푸른빛으로 바뀌었으며 사람들 마음도 푸른 희망으로 가득 차게 되었다. 그리고 달가스는 국부로 추앙받게 되었다. 그룬트비와 달가스의 헌신적 리더십으로 덴마크는 오늘날 세상에서 가장 살기 좋은 나라가 되었다.

이순신처럼 생각하고 리드하라

05

팔로어와 팔로십

리더십을 설명할 때 팔로어의 중요성과 그 훈련내용을 진지하게 다루는 이들은 그리 많지 않다. 오늘날 문제가 많이 일어나는 것은 제대로 된 리더의 부재보다는 수준 높은 팔로어의 부재에 더 큰 원인이 있다. 모두 남을 지도하려고만 하고 제대로 따르려고는 하지 않다보니 사회가 혼란스러운 것은 당연하다. 그런 점에서 오늘날 '리더십의 사각지대'는 '팔로어'라고 할 수 있다.

우리나라 교육의 특징은 경쟁이다. 1등만 되라고 하고 우두머리만 되라고 한다. 스포츠에서도 금메달만 선호한다. 그런데 동메달을 딴 것만도 얼마나 대단한 일인가? 이것이 모두 잘못된 교육 탓이다. 부모나 선생은 어린 세대에게 "머리는 될지언정 꼬리는 되지 말라"는 식으로 가르친다. 물론 야망을 가지라는 뜻으로 그런 말을 하겠지만 세상 모든 사람이 머리만 된다면 어떻게 되겠는가. 어떤 단체에 간부만 많고 부하는 적다면 그 단체가 어떻게 운영되겠는가. 마치 머리만 크고 몸통이나 다리 부분은 약한 사람과 같지 않겠는가.

일류학교를 나온 사람이 오히려 남들과 잘 어울리지 못하고 남과 협조하지 못한다는 이야기를 많이 듣는다. 왜 그런 경향이 생겼을까? 어려서부터 일관되게 '일등주의'로 교육을 받아왔기 때문이다. 오만한 엘리트 의식이 공동체와 사람을 멍들게 한다.

민주주의 제도는 장점이 많다. 그런데 리더가 훌륭하다 해도 팔로어의 수준이 낮으면 민주주의의 좋은 시스템이 발휘되지 못한다. 지방자치제의 목적이 훌륭하다 해도 지역주민의 의식수준이 낮으면 지방자치제가 발전할 수 없다. 아무리 좋은 목적으로 회의를 한다고 해도 참석자들의 수준이 낮으면 그 회의는 목적을 이룰 수 없다. 훌륭한 리더가 되기 전에 훌륭한 팔로어가 되어야 한다. 그것이 원숙한 리더가 되기 위한 필수과정이다. 그리스의 헤시오도스Hesiodos는 다음과 같이 말했다.

훌륭한 일을 하라고 사람들을 부르는 자는 훌륭하다.
훌륭한 자의 부름에 응하는 자 역시 축복을 받으리라.
하지만 부르지도, 부름에 귀 기울이지도 않고 다만 쉬기만 하는 자는 쓸모없는 자다.

이순신처럼 생각하고 리드하라

군대에 가서 제일 먼저 배우는 것은 상사의 명령에 철저히 복종하는 것이다. 복종을 배우지 못하는 사람은 훌륭한 사병이나 장교가 될 수 없다. 남을 지도하는 것을 리더십이라고 하는 데 반하여 남을 따르는 것을 팔로십이라고 한다. 리더십이 올바로 발휘되려면 반드시 팔로십이 있어야 한다. 팔로십을 제대로 훈련받은 사람이 나중에 훌륭한 리더가 될 수 있다. 리더십과 팔로십은 동전의 양면과 같다.

세상에는 두 가지 유형의 인간이 있다. 하나는 리더이고 또 하나는 팔로어다. 그런데 대부분 리더가 되기를 원하고 팔로어가 되기를 원하지 않는다. 그런데 팔로어가 되는 것이 결코 불명예스러운 것이 아니다. 누구나 처음부터 리더로 시작하는 것은 아니다. 리더가 된 것은 그들이 지성에 가득 찬 팔로어였기 때문이다.

 ## 팔로십은 왜 어려울까

팔로십은 발휘하기가 어렵다. 그 원인은 리더가 팔로어보다 더 월등하고 능동적이라고 보는 선입관이 있기 때문이다. 그런데 리더십과 팔로십은 계급의 문제가 아니라 역할의 차이일 뿐이다. 공통의 목표는 같다. 즉, 조직의 목표를 함께 달성하는 것이다. 그런데 우리 사회는 지금 팔로십이 잘되어 있지 않다. 그 원인은 다양한데, 우선 리더에 대해 부정적 선입관을 갖고 있기 때문이다. 리더가 생겨나면 팔로어는 그를 존중하고 협조해야 바람직한데도 그를 시기하고 질투하면서 약점을 캐고 발목을 잡으려는 경향이 있다.

사회가 잘되려면 리더를 존중하고 그에게 최대한 협력을 아끼지 말아야 하는데 우리 사회에는 이런 풍토가 잘 조성되어 있지 않다. 그래서 악순환이 계속된다. 우리는 모름지기 좋은 팔로어를 양성하는 풍토를 만들어야 한다. 옥토에서만 곡식이 잘되듯이 좋은 팔로어가 있는 공동체에서 훌륭한 리더가 나온다. 좋은 팔로어를 만나는 리더는 가장 축복받은 리더라고 할 수 있다.

 ## 리더를 존중하는 풍토 만들기

우리 선조들은 전통적으로 지도자의 권위를 의도적으로 떨어뜨리는 일을 많이 해왔다. 수많은 충신과 위인이 간신들의 간계 때문에 형장의 이슬로 사라졌다. 한명회韓明澮(1415~1487) 같은 간신배 때문에 남이南怡(1441~1468) 장군은 26세의 꽃다운 나이에 형장의 이슬로 사라졌다. 조광조趙光祖(1482~1519) 같은 개혁인물도 비참한 운명을 맞았다. 어느 역사, 어느 공동체이건 리더를 끌어내리는 사회는 반드시 종말을 고하게 되어 있다.

어느 분야이건 리더는 권위가 있어야 하고 존중을 받아야 한다. 선거철만 되면 확인되지도 않은 뜬소문을 만들어서 리더를 흠집 내며 공격한다. 그런 것이 사실일지라도 공동체를 위해 덕스럽게 처리해야 한다. 학생이나 학부모가 교사를 때리고 군중이 경찰에게 몰매를 가하는 일을 어떻게 설명해야 할까. 동방예의지국은 흔적도 없이 사라지고 만 것일까? 리더를 끌어내리려고만 하는 사람에게는 다음과 같이 충고한다.

"남을 존경하지 못하는 사람은 자기 자신도 존경받지 못합니다. 그리고 남 잡이, 제 잡이입니다."

자기 기준으로 볼 때 좀 부족하고 이상한 리더라도 이해하고 격려해주면 훌륭한 리더로 성장할 수 있다.

 ## 훌륭한 팔로어는 어떤 자질을 갖추었나

리더와 팔로어의 역할을 다음과 같이 비유할 수 있다. 즉, 남편은 앞에서 손수레를 끌고 아내는 뒤에서 미는 모습이다. 이런 경우 남편은 리더이고 아내는 팔로어다. 역할은 각각 다르지만 목적은 하나다. 남편과 아내 모두 물건을 실어 나르는 일을 하는 것이다.

이렇게 리더와 팔로어가 역할만 다를 뿐 능력이나 계급에 차이가 있는 것은 아니라는 점을 이해한다면 리더는 무례하게 행동하지 않을 것이고 팔로어는 비굴하다는 생각을 하지 않을 것이다. 물론 리더와 팔로어는 모두 제 역할을 제대로 하기가 어렵다. 리더는 비전을 제시하는 능력과 그것을 추진해나가는 의지력이 우선이지만 팔로어는 마음에서 우러나오는 객관적 복종심과 관용이 우선이다. 리더는 팔로어에게 올바로 지시하는 능력이 필요하고 팔로어는 리더의 지시를 올바로 이해하는 노력이 필요하다.

팔로어의 수준이 높으려면 어떤 자질을 갖춰야 할까? 옛날과 같이 리더는 일방적으로 지시하고 팔로어는 무조건 따르는 식의 시스템은 피해야 한다. 오히려 단체가 발전해 궁극적 목적을 이루려면 서로 역할을 분담하고 협력하는 방식이 바람직하다. 그렇다면 훌륭한 팔로어의 자질에는 어떤 것이 있을까?

첫째, 팔로어는 자기 조직의 존재의의와 비전, 목표를 이해해야 한다. 그래야 한 개인에게 충성하는 것이 아니라 비전이나 사명에 헌신하게 된다. 리콴유가 통치할 때 싱가포르 국민은 국가의 목표를 이해했을 뿐 아니라 목표를 이루려고 헌신했다. 택시운

Point!

군대에 가서 제일 먼저 배우는 것은 상사의 명령에 철저히 복종하는 것이다. 복종을 배우지 못하는 사람은 훌륭한 사병이나 장교가 될 수 없다. 남을 지도하는 것을 리더십이라고 하는 데 반하여 남을 따르는 것을 팔로십이라고 한다. 리더십이 올바로 발휘되려면 반드시 팔로십이 있어야 한다. 팔로십을 제대로 훈련받은 사람이 나중에 훌륭한 리더가 될 수 있다. 리더십과 팔로십은 동전의 양면과 같다.

전사에게 국가의 비전이 무엇이냐고 물어보면 서슴없이 대답하였다. 카리스마 있는 리더는 팔로어를 하인처럼 생각하는 경향이 있다. 몰락한 한 대기업 총수는 부하직원에게 "내가 지시하는 대로 따르기만 하면 돼!"라고 말했다고 한다. 팔로어도 리더 개인을 무조건 따르는 태도는 버려야 한다.

둘째, 팔로어는 리더에게 협조해야 한다. 리더가 나에게 무엇을 해주기를 바라지 말고 자기 자신이 리더에게 어떤 도움을 줄지 생각해야 한다. 팔로어 중에는 적극적인 협력자가 있는가 하면 매사에 발목을 잡는 이도 있다. 리더에게 협조하지 않는 분위기에서는 리더나 팔로어 모두 손해만 볼 뿐이다. 팔로어는 리더에게 협조하는 것이 자기에게도 유익하다는 것을 생각해야 한다. 그것이 단체 전체를 위해서도 바람직하다.

셋째, 리더와 의견이 다를 때 팔로어는 극단적인 언어로 반대 의사를 표하지 말아야 한다. 물리적 폭력은 더더욱 안 된다. 그 대신 부드러운 태도로 분명한 대안을 제시하는 것이 좋다. 반대만 하고 대안을 제시하지 못하는 팔로어는 설득력이 떨어진다. 대안을 제시하지 못할 바에는 그대로 있는 것이 나을 수도 있다. 서로 가야 할 목표점이 같다면 리더십과 팔로십의 방법과 수단은 융통성 있게 조정할 수 있다.

넷째, 팔로어는 자기가 맡은 책임을 완수해야 한다. 팔로어는 자기의 독특한 업무가 무엇인지 잘 알아야 한다. 선장이 가라고 명령을 내렸는데 선원은 자기가 무엇을 해야 할지, 어떻게 해야 할지 모른다면 그 배가 앞으로 나아갈 수 있겠는가. 팔로어가 책임의식을 갖는다면 자기 발전을 위해서도 적극적이 될 것이다. 그래야만 자기 책임을 좀 더 잘 감당할 수 있다. 어느 단체이건 실력도 부족하고 책임도 감당하지 못하는 사람의 목소리가 더 크고 불평불만과 요구 조건이 많다. 자기 책임도 감당하지 못하면서 어떻게 권리를 주장할 수 있겠는가?

다섯째, 팔로어는 주인의식을 지녀야 한다. 오늘날과 같이 변화무쌍한 조직사회에서는 조직의 핵심 부서에 있는 직원들이 각각 '작은 최고 경영자' 또는 '1인 기업가'라는 자부심을 가져야 한다. 팔로어는 가끔 스스로 이런 질문을 해보는 것이 유익하다. "내가 이 회사 주인이라면 이 상황에서 어떻게 행동할 것인가?"

리더는 팔로어에게 리더십 훈련을 하고 리더 역할을 해보도록 하고 업무를 위임하는 수단을 강구해볼 필요가 있다. 그러면 팔로어로 하여금 리더의 처지를 충분히 이해하고 리더십도 향상하는 일석이조의 효과를 거둘 수 있다.

 ## 리더와 팔로어의 관계가 좋으려면

리더와 팔로어는 관계가 좋아야 한다. 이는 어느 분야, 어떤 사람에게도 적용되는 원리다. 서로 관계가 나쁘면 알력이 생기고 갈등하게 되며, 분위기는 항상 굳어 있고 긴장되어 있다. 평소 리더와 팔로어의 관계가 원만하도록 하는 방법을 생각해보자.

첫째, 자주 접촉하고 대화하는 시간을 가져야 한다. 별다른 목적이 없어도 자주 만나는 것만으로도 친해질 좋은 기회가 된다. 오해는 서로 이해하는 힘이 부족하기 때문에 생긴다. 자주 대화하면 상대방 마음을 제대로 파악해 오해와 갈등을 막을 수 있다. 리더는 아무리 바빠도 자주 작업현장에 가서 현장 직원들이 어떤 생각을 하는지, 어떤 애로가 있는지 끊임없이 확인하고 해결책을 찾아야 한다.

둘째, 어떤 프로젝트를 계획할 때 팔로어를 참여시킬 기회를 줘야 한다. 팔로어의 제안과 아이디어를 많이 수용하는 것이 좋다. 리더가 팔로어를 직접 만나서 회의할 상황이 되지 않는다면 전화로라도 의견을 물어볼 수 있다. 완전히 무시하는 것보다는 이렇게라도 하는 것이 팔로어에게서 협력을 이끌어낼 수 있는 방법이다.

셋째, 정기적으로 평가회의를 함께한다. 기업체나 단체, 군대, 교회를 막론하고 살아서 움직이는 조직을 살펴보면 피드백이 아주 활발하다. 그런 곳의 리더는 팔로어의 제안을 잘 수용한다. 이런 피드백을 바탕으로 방향을 수정하고 보완할 수 있다. 평가회의가 또 하나의 축제가 될 수 있다. 최선을 다한 팔로어는 자신이 이룬 업적에 대한 인정과 보상을 받을 기회가 되기 때문이다.

넷째, 탁월하게 성취한 팔로어에게는 적절한 보상을 한다. 업무를 잘 수행한 사람에게는 칭찬을 해주고 물질적·정신적 보상을 해준다. 사람은 칭찬과 인정에 굶주려 있기 때문에 보상은 매우 효과적인 방법이다.

다섯째, 리더와 팔로어는 자기 잘못에 솔직해야 한다. 그리고 다른 사람에게 책임을 떠넘겨서는 안 된다. 이런 분위기가 만들어져야 관용과 사랑을 베풀 수 있고 서로 겸손하게 배우는 기회를 찾게 된다.

 ## 리더와 팔로어의 상관관계

리더와 팔로어의 상관관계를 설명하기 위해 다음과 같이 나눌 수 있다.

첫째 부류: 리더의 수준이 높고, 팔로어의 수준도 높은 경우
둘째 부류: 리더의 수준이 높고, 팔로어의 수준이 낮은 경우
셋째 부류: 리더의 수준이 낮고, 팔로어의 수준이 높은 경우
넷째 부류: 리더의 수준이 낮고, 팔로어의 수준도 낮은 경우
이에 대해 두 가지만 설명하고자 한다.

첫째, 리더의 수준이 높고 팔로어의 수준도 높은 경우다. 이 경

이순신처럼 생각하고 리드하라

우 매사가 순탄하게 흘러간다. 갈등이 있어도 원만하게 해결된다. 위기에서 기회를 만들 수 있다. 조선조의 세종시대를 연상할 수 있다. 임금이 현명하고 신하도 유능했으며, 백성도 왕과 신하를 믿고 따랐다. 따라서 태평성대를 이룰 수 있었다. 위정자와 국민의 수준이 높으면 민주주의가 꽃을 피울 수 있다. 국가에 위기가 닥쳐도 잘 극복한다.

루스벨트 대통령은 탁월한 리더십으로 국민을 통합해 제2차 세계대전을 승리로 이끌었다. 미국 국민은 그를 네 번이나 대통령으로 뽑았다. 리더와 팔로어의 수준이 높으면 지자체가 발전한다. 노사 갈등이 잘 해결되고 회사가 발전한다. 회의할 때 사회자 수준이 높고 참석자 수준이 높으면 회의가 잘 흘러가고 회의에서 유익한 결과를 얻는다. 전쟁에서는 장군과 병사가 일치됨으로써 승리할 수 있다.

둘째, 리더의 수준이 높고, 팔로어의 수준이 낮은 경우다. 이 경우 리더가 리더십을 잘 발휘하면 강한 팀을 만들 수 있다. 인도의 국부로 존경받는 간디Mahatma Gandhi(1869~1948)가 인도를 대영제국의 통치에서 해방시키리라고는 아무도 생각하지 못했다. 그러나 그는 그 일을 해냈다. 그는 당시 다른 강력한 지도자와 대조적으로 화려한 제복 따위는 입지 않았고 군대를 지휘한 적도 없으며 관직을 맡지도 않았다.

그러나 그는 진실과 비폭력이라는 신조를 바탕으로 해서 일생

131

에 걸친 봉사로 위업을 이루어냈다. 그의 리더십은 사람들 안에 있는 최선의 것에 호소하면서 사람들이 좀 더 질이 높은 삶으로 나아가게 하는 형태였다. 그는 조국에 변함없는 열정을 가지고 그 누구도 생각할 수 없었던 위업을 이루었다.

미국의 유명한 오케스트라 지휘자가 중국을 방문했다. 그가 중국의 한 오케스트라가 연주하는 것을 들었는데 아주 형편없었다. 그런데 그가 그 단원들을 지휘할 기회가 주어졌다. 그는 지휘봉을 잡고 그 오케스트라를 지휘했다. 그런데 이게 웬일인가? 중국인 지휘자가 지휘한 곡과 같은 곡을 연주했는데 전혀 다른 음악이 연주되는 것이 아닌가? 생기 넘치는 연주로 많은 청중에게서 찬사를 받았으며 단원들은 자긍심을 갖게 되었다.

사자 한 마리가 지휘하는 1,000마리 양떼와 양 한 마리가 지휘하는 1,000마리 사자 무리 가운데 어느 편이 강할까? 답은 전자다. 리더는 팔로어를 적절히 훈련함으로써 수준을 높일 수 있다. 어떤 리더라도 팔로어의 교육과 훈련에 무관심하면 리더로서 낙제점을 받을 수밖에 없다.

◆ 리더가 긍정적일 때 조직 전체의 창의력과 의사결정의 효율성이 증가하고 조직도 남을 돕기 위해 노력한다. -다니엘 골먼

◆ 지도자가 될 수 있는 사람은 역경에서도 불만을 품지 않고 영달해도 기뻐하지 않고 실패해도 좌절하지 않고 성공해도 자만하지 않는다. -장자

◆ 직원을 채용할 때 반드시 점검하는 세 가지 기준은 성실성(정직, 윤리, 도덕적 성향), 지능, 에너지다. 이 세 가지 가운데 성실성 없이 지능과 에너지만 있는 사람을 채용하면 그 사람은 결국 당신을 죽이고 말 것이다. -워런 버핏

◆ 유능한 리더는 하고자 하는 바를 수행하는 자질이 뛰어난 사람을 발굴해서 옆에 둘 수 있는 탁월한 감각을 지닌 사람이다. 또 사람들이 맡은 일을 수행할 때, 그들이 무슨 일을 하든 간섭하지 않는 자기 절제력이 충분한 사람이다. -시어도어 루스벨트

◆ 오케스트라를 지휘하는 지휘자는 자기는 정작 아무 소리도 내지 않는다. 그는 다른 이들이 소리를 얼마나 잘 내게 하느냐에 따라 능력을 평가받는다. 다른 이들 속에 잠자고 있는 가능성을 깨워서 꽃피게 해주는 것이 바로 리더십이다. -벤 젠더

◆ 비전이야말로 리더의 무기고에 있는 가장 강력한 무기다. -빌 하이벨스

◆ 만약 인생에서 성공하는 요인이 하나 있다면 그것은 패배에서 유익을 이끌어내는 능력이다. -윌리엄 마스턴

◆ 홀로 설 수 있는 능력이 있는 사람만이 리더가 될 수 있다. -빌 게이츠

◆ 많은 사람이 세상을 바꾸는 것은 생각하지만 자신을 변화시키는 것은 생각하지 않는다. -G. K. 체스터톤

◆ 변화는 기회다. 전열을 가다듬어 활력을 찾는 것이 무엇보다 중요하다. -잭 웰치

◆ 리더십은 영원히 유익한 목표를 세우는 것이다. -존 E. 하가이

- 겸손의 역량이 곧 위대함에 이르는 역량이다. ─라빈드라나트 타고르

- 리더십은 권력을 휘두르는 것이 아니다. 사람들에게 힘을 불어넣는 것이다.
  ─베키 브로딘

- 의무란 사소한 것을 결정적인 것이라 여기는 데서 온다. ─홀레스

- 최고 아이디어를 채택하기 전까지는 모든 아이디어가 좋은 아이디어처럼 보인다. ─존 맥스웰

Part 2

이순신의
위기극복 리더십

01
이순신은 누구인가

우리 국민 중 이순신 장군을 모르는 사람들은 아마 없을 것이다. 국민이 인지하는 한국 대표 위인으로 1위가 이순신, 2위가 세종대왕, 3위가 박정희, 4위가 김구라고 한다. 이 나라 국민이면 누구나 존경하는 분으로서 이순신을 첫째로 꼽기를 주저하지 않을 것이다. 그런데 많은 사람이 이순신을 깊이 알지는 못한다.

이순신 장군에 대해서는 대부분 초등학교 때 배운 것이 전부일 것이다. 그런데 사실 이순신 관련 자료는 대단히 많다. 대표적으로 김훈의 소설 《칼의 노래》, 텔레비전 드라마 〈불멸의 이순신〉, 〈징비록〉, 영화 〈명량〉, 〈난중일기〉가 있다. 그리고 이순신의 전적지인 한산도와 여수, 울돌목은 물론 아산의 현충사 등지를 방문해서 이순신에 대한 관심과 지식의 폭을 넓힐 수 있다.

이순신은 1545년(인종 1) 3월 8일, 서울 건천동(지금의 중구 인현동)의 몰락한 양반 집안에서 태어났다. 아버지는 이정李貞이고 어머니는 초계 변씨草溪卞氏다. 그가 출생할 즈음 가세는 이미 기울어 있었다. 그런데도 그가 위인이 될 수 있었던 것은 유년 시절 어머니 변씨에게서 큰 영향을 받았기 때문이다. 변씨는 현모로서 아들들을 끔찍하게 사랑하면서도 가정교육을 엄격히 했다.

이순신은 충청남도 아산시 염치면 백암리가 본가지만 어린 시절에는 생가인 서울 건천동에서 자랐다. 이순신의 어린 시절에 대한 기록은 많지 않다. 같은 마을에서 살았던 류성룡柳成龍은《징비록懲毖錄》에서 이순신의 어린 시절을 다음과 같이 묘사했다.

"순신은 어린 시절 얼굴 모양이 뛰어나고 기풍이 있었으며 남에게 구속을 받지 않으려 했다. 자라면서 활을 잘 쏘았으며 무과에 급제하여 발신發身하려 하였다. 또 말을 잘 타고 활쏘기를 좋아하였으며 글씨를 잘 썼다."

《이충무공전서》에서는 이순신을 "어려서부터 호탕하여 구속을 받지 않았고 기백이 뛰어났다. 여러 아이와 장난할 때는 군진놀이를 했는데 아이들은 이순신을 받들어 장수로 삼았으며, 그 지휘하는 법도가 아주 볼만하였다"라고 기록하였다.

남자아이는 대개 어릴 때 전쟁놀이를 즐긴다. 하지만 어릴 적

이순신이 비범했던 것은 전쟁놀이를 하면서 군진을 펼쳤다는 점이다. 군진은 군대에서 펼치는 전투 대형을 말한다. 그가 지휘하는 법도도 아주 볼만했다고 한다. 이순신은 어려서부터 대장이 될 면모가 있었던 것이다.

그런데 이순신의 선대는 대대로 문신이었다. 이순신도 22세까지 별다른 일없이 공부만 계속했다. 그러다 문인으로서 입신양명하겠다는 생각을 접고 무인의 길을 걷기로 했다. 당시 문인이 무인보다 우대를 받았는데 그가 무과를 택한 것은 무인이었던 장인 방진과 아내의 영향을 받았기 때문이다. 이순신은 장인의 재력과 무예 때문에 무과로 방향을 바꾸게 되었다.

22세에 무인이 되기로 결심한 그는 본격적으로 무과시험을 준비했다. 28세에 무과시험을 쳤지만 낙방하고, 32세에 다시 도전해서 합격했다. 뒤늦게 무인의 길에 들어섰지만 10년 동안 미관말직에서 파직과 복직을 반복하는 고통스러운 세월을 보냈다.

함경도 동구비보의 군사책임자(권관)가 되면서 점점 이순신의 명성이 알려지기 시작했다. 이순신은 그곳에서 국경 경비를 맡았다. 36세 때는 전라도 발포만호로 임명되어 포구 수비를 맡았다. 38세 때는 이순신을 시기하는 무리 때문에 만호에서 파직되었다. 39세 되던 해에 복직해 함경북도 권관으로 근무하면서 호적胡賊의 괴수 울지내를 잡아들여 양민을 보호하였다. 42세 때 조산만호가 되었고, 녹도둔전을 관리할 때 호적의 포로가 되어 잡혀가는 백성 수십 명을 구하다 넓적다리에 화살을 맞았는데도 도리어 모함을 받아 투옥되었다.

이순신은 임진왜란이 일어나기 1년 전인 1591년 전라좌수사에 올랐다. 그는 왜군이 쳐들어올 것이라는 정보를 듣고 착실히 전쟁에 대비하였다. 기존의 전함 판옥선을 변형하여 거북선을 만들었다.

1592년 4월 13일, 이순신의 나이 48세 때 임진왜란이 일어났다. 임진왜란은 조선과 일본이 7년간 치른 전쟁으로, 조선왕조 역사에서 가장 참혹한 전쟁이었다. 이순신은 그해 5월 7일 수군을 끌고 나가 처음 치른 옥포해전에서 대승을 거두었다. 옥포해전에서 적은 무려 1만 명 이상 죽었지만 조선군의 피해는 부상자 2명에 불과했다. 조선의 함선은 전혀 손실되지 않았는데 왜적의 함선은 26척이 전멸되었다. 이렇듯 이순신이 이룬 3대 대첩은 한산도대첩, 명량해전, 노량해전이다. 한산도대첩은 1592년에 있었는데, 이순신은 이 전투에서 '학익진' 전법을 사용했다. 그 결과 조선은 전사자 3명과 부상자 10명에 배가 56척 파손되었지

Point!

이순신은 23전 23승이라는 놀라운 승전 기록을 세웠으며 일본에서도 이순신을 '해상 전투의 신'이라고 부르며 존경하고 있다. 그는 탁월한 전술뿐만 아니라 위대한 리더십을 발휘하여 기적과 같은 일을 성취했으며, 최악의 상황에서 최선의 리더십을 발휘한 영웅이다.

만 왜군은 4,000명 이상이 죽었다.

류성룡은 《징비록》에서 한산도대첩의 의미를 다음과 같이 평가했다.

당초 적은 수륙 양면으로 합세하여 서쪽 방면을 공격하려고 했다. 그러나 이 한 번의 싸움에서 이순신에게 크게 패함으로써 완전히 위세가 꺾이고 말았다. 이 때문에 고니시가 비록 평양성을 점령했지만, 더 전진을 못하였던 것이다. 이로 말미암아 나라가 보존된 것이라고 해도 지나친 말이 아니다. 왜냐하면 이것으로 전라도와 충청도를 지킬 수 있었고, 아울러 황해도와 평안도 연안 일대를 확보하여 군량을 조달했으며 나아가 조정의 호령이 전달되게 하여 나라의 힘을 회복할 수 있었기 때문이다.

1594년 명나라 수군이 구원병으로 오자, 이순신은 죽도로 진을 옮기고 이어 장문포에서 왜군을 격파, 후방을 교란하여 서해안으로 진출하려는 왜군의 전진을 막아 이들의 작전에 큰 차질을 가져오게 하였다. 그 뒤 명나라와 일본의 강화회담이 진행되면서 전쟁이 소강상태에 들어가자 이순신은 뒷날에 대비하여 군사훈련, 군비확충, 피란민 생업 보장, 산업장려 등에 힘썼다.

1597년 명나라와 일본의 강화회담이 결렬되자 본국으로 돌아갔던 왜군이 다시 침입하여 정유재란이 일어났다. 이순신은 적을 격멸할 기회가 다시 왔다고 기뻐하며 싸움에 만전을 기하였다. 그러나 그는 불행하게도 선조의 무능과 판단 미숙, 신하들의 오판으로 옥에 갇히게 되었다. 그는 죽음 직전에 우의정 정탁鄭琢의 변호로 간신히 목숨을 건진 뒤 도원수 권율의 막하로 들어가 백의종군하게 되었다.

그해 7월 삼도수군통제사 원균이 적의 유인전술에 빠져 거제 칠천량에서 전멸됨으로써 이순신이 힘써 길러온 무적함대는 형적조차 찾아볼 수 없게 되었고, 한산도 군비도 흔적을 찾을 수 없게 되었다. 원균이 패했다는 소식이 조정에 이르자 조야가 놀라서 어찌할 바를 몰랐다. 선조는 비국대신備局大臣들을 불러 의논하였으나 의견이 분분하였다. 선조는 결국 이순신을 통제사로 재임용할 수밖에 없었다. 통제사에 재임용된 이순신은 남해 등지를 두루 살폈으나 군사 120명에 병선 12척이 남아 있을 뿐이었다. 그러나 그는 실망하지 않고 조정의 만류에도 수전에서 적을 맞아 싸울 것을 결심하였다.

이순신은 명량해전에 앞서 군사들에게 필승의 신념을 일깨운 다음 8월 15일 병선 12척과 빈약한 병력을 거느리고 명량에서 적군 133척과 대결하여 31척을 부수는 큰 전과를 올렸다. 이것은 다시 통제사로 부임한 뒤 치른 최초의 대첩이자 수군을 재기하는 데 결정적 역할을 한 싸움이었다. 영화 〈명량〉의 소재가 된 명량해전에서는 배 12척으로 좁은 울돌목 통로에 일자진을 펼치고,

수많은 왜군 군함을 유인한 뒤 격침해 승리를 거두었다.

이순신이 활약한 마지막 해전인 노량해전은 1598년에 벌어졌다. 11월 19일 벌어진 이 해전에서 이순신이 왜군의 총에 맞아 전사하는데, 이때 이순신은 "나의 죽음을 알리지 말라"라는 유언을 남겼다. 당시 왜군은 배를 900여 척 끌고 왔지만 겨우 50여 척만 도망했다고 한다. 그러나 선두船頭에 나서서 적군을 지휘하던 이순신은 애통하게도 적의 유탄에 맞았다. 그는 죽는 순간까지 "싸움이 바야흐로 급하니 내가 죽었다는 말을 삼가라" 하고 조용히 눈을 감았다.

이순신이 전사했다는 소식이 조정에 전해지자 선조는 관원을 보내 조상하고 이순신을 우의정에 추증하였다. 1604년에는 좌의정에 추증했고, 1793년(정조 17)에는 영의정이 더해졌다. 이순신의 묘는 충청남도 아산시 음봉면 어라산에 있다. 그를 기리기 위해 충무의 충렬사忠烈祠, 여수의 충민사忠愍祠, 아산의 현충사顯忠祠 등이 건립되었는데 이 중 현충사의 규모가 가장 크다.

우리에게 이순신은 어떤 의미인가

이순신 장군이 없었다면 우리나라는 어떻게 되었을까? 우리나라는 1592년부터 일본의 속국이 되었을 것이다. 이순신은 23전

23승이라는 놀라운 승전 기록을 세웠으며 일본에서도 이순신을 '해상 전투의 신'이라고 부르며 존경하고 있다. 그는 탁월한 전술뿐만 아니라 위대한 리더십을 발휘하여 기적과 같은 일을 성취했으며, 최악의 상황에서 최선의 리더십을 발휘한 영웅이다.

이순신은 어떤 관점, 어느 위치에서 바라봐도 배울 점이 많고 모범이 되는 위대하고 자랑스러운 우리 조상이다. 그는 장수요, 경영자요, 발명가요, 시인이기도 했다. 임진왜란 때 조선 육군을 물리친 일본의 명장 와키자카 야스하루脇坂安治(1554~1626)는 한산도대첩 때 이순신 장군에게 크게 패했다. 와키자카는 한산도대첩 이후 충격을 받아 6일을 굶었다고 기록했다.

식음을 전폐하고 왜 졌는지 고민했는데, 이런 기록이 있다. "나는 이순신이라는 조선의 장수를 몰랐다. 단지 해전에서 몇 번 이긴 그저 그런 조선 장수 정도일 것이라고 생각하였다. 하지만 내가 한 번 겪은 그 이순신은 여느 조선의 장수와는 달랐다. 나는 그 두려움에 떨려 음식을 몇 날 며칠 먹을 수 없었으며, 앞으로 전쟁에 임해야 하는 장수로서 내 직무를 다할 수 있을지 의문이 들었다."

그는 또 이렇게 기록했다. "내가 제일로 두려워하는 사람은 이순신이며, 가장 미워하는 사람도 이순신이며, 가장 좋아하는 사람도 이순신이며, 가장 존경하는 사람도 이순신이며, 가장 죽이고 싶은 사람도 이순신이며, 가장 차를 함께하고 싶은 이도 역시 이순신이다."

이러한 이유 때문에 400년이 지난 지금도 그 후손들이 이순신 장군 탄생일에 우리나라에 오는 게 아닐까? 이순신은 매우 신비로운 인물이다. 그의 일생을 연구하는 것은 매우 값진 일이다. 우리는 이순신에 관한 과거 기록에서 그를 만날 수밖에 없지만 피상적 만남이 아닌 인격적 만남이 되어야 한다. 그리고 그의 내면 세계까지 깊이 이해하면서 그를 통해 우리가 좀 더 변화하겠다고 결심하자.

이순신처럼 생각하고 리드하라

02
사람을 위대하게 만드는
이순신의 정신

사람을 위대하게 만드는 요소는 무엇인가? 학벌? 재능? 가문? 지위? 아니다. 사람을 위대하게 만드는 요소는 그가 지니고 있는 정신, 생각, 마음, 태도다. 프랑스의 수학자이자 철학자인 데카르트Rene Descartes(1596~1650)는 자신의 저서 《방법서설Discours de la Methode》(1637)에서 "나는 생각한다. 고로 존재한다"라는 유명한 말을 했다. 그의 철학세계는 이 원리에서 출발한다. 인간이 산다는 것과 생각한다는 것을 따로 떼어 생각할 수 없다.

현명한 왕 솔로몬은 "무릇 그 마음의 생각이 어떠하면 그의 사람됨도 그러하다"(잠언 23장 7절)라고 말했다. 솔로몬의 말대로 사람이 품은 생각은 그가 어떤 사람인지 나타낸다. 좋은 생각을 하는 사람은 좋은 사람이고 악한 생각을 하는 사람은 악한 사람이다. 할 수 있다고 생각하는 사람은 적극적인 사람이고 할 수 없다고 생각하는 사람은 소극적인 사람이다. 훌륭한 생각을 하는 사람은 위대한 사람이고 천박한 생각을 하는 사람은 비열한 사람이다. 생각이 뛰어난 사람은 지혜로운 사람이고 생각이 모자란 사람은 어리석은 사람이다. 조물주가 인간에게 준 자원은 한없이 많지만 그중 최고 자원은 생각하는 힘, 즉 사고력이다. 각계 위인들은 모두 생각이 뛰어난 사람이다.

이순신 장군이 위대한 것은 그가 생각하는 바가 범인의 수준을 훨씬 뛰어넘었기 때문이다. 그의 독특한 정신세계를 살펴보고 그 정신을 본받자.

 ## 나라를 사랑하는 정신

영웅 이순신을 만든 가장 바탕이 되는 것은 나라를 사랑하는 정신이다. 이 애국정신이 있었기에 그는 국가에 충성할 수 있었다. 충성심은 참되고 정성스러운 마음으로, 바로 마음에서 우러나온다. 이순신과 충성심은 하나다. 충성심 없는 이순신은 상상할 수 없다.

충성심과 관련한 이순신의 글을 보면, "나는 한마음으로 충효만 생각했다"고 했고, "국가와 종사를 위해 충성과 능력을 죽으나 사나 다하겠다"고도 했다. 또 충성심을 장졸의 평가기준으로 삼았다. 당시 왕이나 신하, 백성은 애국이라는 개념조차 몰랐다. 그런 면에서 이순신은 특이한 존재다.

모든 애국선열 열사가 일반 사람들과 달랐던 점은 그들이 투철한 애국심을 지니고 있었다는 것이다. 안중근 의사, 류관순 열사, 안창호 선생 등 모든 애국자는 나라를 극진히 사랑했다. 이순신은 1593년 7월 15일《난중일기》에 "가을 기운 바다에 드니 나그네 회포가 산란해지고, 홀로 배 뜸 밑에 앉았으니 마음은 몹시 번거롭다. 달집이 뱃전에 드니 신비로운 기운이 서늘하다. 잠을 이루지 못했는데 어느덧 닭이 우는구나"라는 시를 썼다.《이충무공전서》에는 "한산섬 달 밝은 밤에 수루에 홀로 앉아 큰 칼 옆에 차고 긴 파람 하는 차에, 어디서 일성호가는 남의 애를 끊나니"라는 유명한 시가 기록되어 있다. 이 시들을 조용히 읽으면 애국자로서 이순신의 모습이 아련히 떠오른다. 충신으로서 자기 소명을 다하려는 모습이 우리 가슴을 설레게 한다.

이순신은 가끔 진중에서 피란길을 떠난 임금과 왕자들을 걱정하면서 신하로서 목숨을 바쳐 원수를 갚을 것을 다짐하는 시를 짓기도 하였다. "임금의 수레 서쪽으로 멀리 가고, 왕자들은 북쪽에서 위태롭네. 외로운 신하들은 나라 걱정해야 할 시기요, 장사들은 공을 세울 때이네. 바다에 맹세하니 물고기와 용이 감동하고, 산에 맹세하니 초목이 아는구나. 원수들을 모조리 없앨 수만 있다면 비록 죽는다 해도 사양하지 않으리."

이순신은 이런 시들을 씀으로써 임금과 나라를 위해 언제 어디에서든 자신을 버리겠다는 의지를 확고히 다졌다. 이순신은 나라를 걱정하느라 잠 못 이루는 밤이 많았다. 심지어 꿈속에서도 임금을 걱정하는 모습을 일기에서 엿볼 수 있다. "새벽꿈에 커다란 대궐에 이르렀는데, 마치 한양인 것 같고, 기이한 일이 많았다. 영의정이 와서 인사하기에 나도 답례를 하였다. 임금이 피란 가신 일에 대하여 이야기하다가 눈물을 뿌려가며 탄식하였다."

이순신은 피란을 떠난 선조의 소식을 들을 때마다 통곡하였다. 그러나 이순신이 그토록 정성을 다 바쳤던 선조는 어떤 인물인가? 이순신을 통제사에서 파직하고, 의금부에서 심문하게 해서 목숨이 경각에 이르게 하였으며, 백의종군하게 만든 비열한 왕 아닌가? 그럼에도 이순신은 사적 감정을 물리치고 국가의 위기를 막으려고 분연히 나섰다. 투철한 애국정신이 아니면 결코 이런 행동을 할 수 없었을 것이다.

백성을 사랑하는 정신

이순신은 백성을 지극히 사랑했다. 전쟁에서 이기느냐 지느냐가 종국적으로 백성에게 달려 있다는 것을 그는 누구보다 잘 알았다. 그래서 군사보다 백성을 먼저 생각했다. 백성이 없는 장수는 군사를 얻을 수 없다. 백성이 군사이고 군사가 백성이기 때문에 이순신은 백성의 삶과 안전을 먼저 고려했다. 백성을 괴롭히는 군사와 관리, 백성을 괴롭히는 백성, 적에게 항복하거나 적을 이롭게 하는 백성은 한 치도 용서하지 않았다. 백성에 대한 이런 관심과 배려는 이순신의 수군 주변에 수백 수천 백성이 항상 따라다니게 만들었다.

이순신은 백성이 정착해서 먹고살 수 있도록 안전한 곳을 찾았다. 또 조정에 요청해 순천의 돌산도와 해남의 황원곶, 강진의 화이도 등 정부 목장에서 백성이 농사를 짓게 했다. 둔전 감독관이 목동들을 학대한다는 소식을 듣고는 다른 사람을 임명해달라고 청원하기도 했다. 이순신의 백성 보호 정책과 인품은 적에게 투항했던 백성의 마음을 돌리는 효과도 가져왔다.

이순신은 백의종군을 하면서도 백성을 먼저 배려했다. 이순신이 먼 길을 간다는 소식을 들은 정혜사 승려 덕수는 이순신에게 미투리 한 켤레를 바쳤다. 그러나 이순신은 백성이 주는 물건을 받지 않고 거절했다. 덕수는 두세 번 더 찾아왔다. 이순신은 그 마음을 알고 미투리값을 주어 보냈다. 의승장 처영도 백의종군 중인 이순신을 찾아와 부채와 미투리를 바쳤지만 이순신은 다른 물건으로 갚았다. 하인들에게도 백성이 지어주는 밥을 공짜로 얻어먹지 말라고 신신당부했다. 이순신은 백성에게서 사소한 물품이라도 결코 공짜로 받지 않았다.

이 때문에 이순신이 체포되어 갈 때 백성은 울부짖으며 "대감, 어디로 가시오. 인제 우리는 다 죽었습니다"라고 했고, 원균이 패했다는 소식이 전해진 뒤로는 이순신이 지나가는 길에 달려나와, "사또가 다시 오셨으니 이제 우리는 살았다"며 군사와 백성, 관리들이 모두 환호했다. 노인들은 길게 줄을 서서 다투어 술병을 바치고, 받지 않으면 울면서 억지로 권했다.

원균의 패전으로 수군이 몰락했지만 이순신을 믿었던 백성은 가족을 뒤로한 채 이순신 주변으로 모였다. 권율權慄(1537~1599) 원수를 돕기 위해 초계에서 처음 길을 떠났을 때는 불과 9명뿐이었던 수행원이 순천에서는 60명, 보성에서는 120명이 되었다. 이순신 휘하에서 근무하다가 흩어졌던 군관들은 물론 새로운 인물들이 이순신을 돕기 위해 찾아온 것이다. 이순신은 '백성이 나라'라는 믿음을 실천했고, 백성은 쌀과 목숨으로 보답했다. 이순신은 그 백성과 함께 전쟁을 했고, 승리를 거두었다.

나보다 남을 먼저 생각하는 것이 존경받는 위인의 특성이다. 이기주의라는 감옥에 갇혀 있는 사람은 결코 존경받는 위인이 되지 못한다.

사람들이 흔히 범하기 쉬운 잘못은 자기만 생각하는 것이다. 다른 사람에게 관심을 갖는 정신은 위대한 정신이다. 눈을 자기에게만 집중하지 말고 국가와 민족, 다른 사람들에게

이순신처럼 생각하고 리드하라

도 향하자. 그러면 삶에 큰 변화가 일어날 것이다. 앞으로 이런 정신을 가져야 국가가 평안해질 것이다.

투철한 정의 정신

이 세상을 살아가면서 옳은 것을 옳다고 하고 그른 것을 그르다고 주장하는 것은 결코 쉬운 일이 아니다. 소신은 좋지만 이렇게 행동하다보면 "모난 돌이 정을 맞는다"는 우리 속담과 같이 손해를 보기 십상이다. 이런 면에서 정의를 지킨다는 것은 웬만한 용기가 없이는 결코 할 수 없다. 유학을 창시한 공자孔子(기원전 551~기원전 479)는 이상적인 인간의 행동 기준을 의義에 두었다. 이순신은 어려서부터 이런 유학적 가치관을 지니고 삶에서 충실히 실천하려고 노력했다. 그는 하급관리 때부터 정의를 지켰다. 자기에게 불이익이 돌아올 줄 뻔히 알면서도 올곧게 원칙을 지켰다. 그 결과 많은 시련을 겪었다.

국왕을 제외하면 당시 조선에서 가장 중요한 인물은 율곡 이이李珥(1536~1584)였다. 그가 이순신을 한 번 만나보고 싶어했다. 그때 이이는 이조판서였는데, 류성룡에게서 그런 뜻을 전해 들은 이순신은 거절했다. 같은 가문(덕수이씨)이므로 만나도 괜찮겠지만, 지금 그가 인사권을 행사하는 중요한 직위에 있으므로 만나지 않겠다는 것이었다.

그를 만난 사람들은 그에 대해 "할 말은 하는 사람, 거침없는 사람, 두려움 없는 사람"이라고 칭찬했지만 한편으로는 융통성이 없는 인간이라고 비난했다. 충청병사의 군관이 된 이순신은 휴가를 다녀온 뒤 남은 양식을 나라 것이라며 반납했다. 공짜와 횡재를 바라는 마음은 옳지 않다는 것이다. 그가 훈련원 시절 병조정랑 서익이 인사 청탁을 하자 "아래 있는 자를 승진시키면 마땅히 승진해야 할 사람이 승진할 수 없으며, 법 또한 고칠 수 없다"고 말하며 청탁을 정중히 거절하였다.

발포만호 시절에는 상관인 전라좌수사 성박成鎛이 이순신의 관사에 있는 오동나무로 거문고를 만들려고 하자 일언지하에 거절했다. 개인 소유물이 아니라 나라 물건이라며 상관의 압력에도 굴하지 않았다. 이순신은 어떤 경우에도 불의와 타협하지 않고 자부심으로 원칙을 지켰기 때문에 손해를 많이 보기도 했다. 그러나 그런 원칙이 있었기에 끊임없이 실력을 쌓았고, 오뚝이처럼 일어날 수 있었다.

그는 임금의 명령이라도 이치에 어긋나면 따르지 않는다는 정신을 갖고 있었다. 1597년(정유년) 선조는 나중에 이중간첩으로 판명된 일본인 요시라要時羅가 제공한 정보에 현혹되어 이순신에게 부산포 쪽으로 출동해 가토 기요마사加藤清正(1562~1611)를 잡으라는 명령을 내렸다. 그러나 이순신은 정확하지 않은 정보에 기초하여 수군을 움직일 수 없다는 이유로 임금의 명령을 따르지 않았다. 그는 임금에게 다음과 같은 글을 올렸다. "바닷길이 험난하고 또한 적이 반드시 여러 곳에 복병을 숨겨두고 기다릴 것이니, 배를 많이 거느리고 간다면 적이 알지 못할 리 없고, 배를 적게 거느리고 가다가는 도리어 습격을 당할 것입니다."

이는 이순신이 통제사에서 파직되고 임금을 기만하였다는 죄로 죽을지언정 조선 수군을 패배와 죽음의 구렁텅이로 몰고 갈 수 없다고 버틴 것이다. 그의 판단은 옳았지만 임금의 명령을 거역한 죄로 감옥에 갔으며, 죽을 고비를 넘기고 백의종군을 하게 되었다.

그가 복직되어 삼도수군통제사로 복무하던 1598년(무술년) 11월 고니시 유키나가小西行長(1558~1600)는 이순신과 명나라 수군도독 진린陳璘(1543~1607)에게 화친을 청하는 한편 사람을 보내 뇌물을 바치면서 철군할 수 있도록 해상 봉쇄를 풀어달라고 요청했다.

진린은 마음이 흔들렸지만 이순신은 한마디로 거절하였을 뿐만 아니라 진린을 설득해 합동작전을 펴서 일본과 싸웠다. 이순신이 그렇게 한 이유는 "정의가 승리해야 한다.", "왜군은 우리나라 백성을 무수히 죽였으므로 그에 합당한 대가를 치러야 한다"는 정의정신 때문이다.

이순신이 이런 식으로 자기가 옳다고 생각하는 대로 행동하였으므로 임진왜란에서는 누구에게나 당당하게 불패신화를 주장할 수 있었다. 애국자들은 개인 차원의 정의를 넘어 역사 속에서 정의가 구현되도록 하는 사람이다. 이순신 장군이 오늘날 군에서 일어나는 각종 비리사건을 본다면 무어라고 말할까? 참담하고 또 참담하다고 할 것이다. 어찌하다가 이렇게 되었느냐고 장탄식을 할 것이다.

요즘같이 부정과 부패, 각종 비리에 얽힌 기사가 신문지면을 장식할 때마다 이 나라 장래가 암담함을 뼈저리게 느낀다. 부정행위와 정경유착으로 정신과 정치가 심하게 썩어 악취를 풍긴 적이 헤아릴 수 없이 많다. 관리들이 사리에 치우쳐 탁해지면 정상으로 살아가던 백성은 원칙을 잃고 갈팡질팡하게 된다. 그러나 그 백성은 분노하면서도 한편으로 기회가 닿으면 썩은 동아줄이나마 잡으려고 할 것이다.

조선조 말 매관매직이 성행하고 관리들의 포탈이 심해져 전국에서 반란이 일어났다. 이것이 조선조가 망한 근본 원인이다. 부정과 비리와 부패가 이어지면 나라가 어지러워진다. 이 상태를 방치하면 나라가 망하는 재앙이 닥친다. 공직자들의 책임은 언제나 막중하다. 그들 모두가 이순신의 정의정신을 철저히 본받는다면 이 사회가 한없이 맑아질 것이다.

이순신처럼 생각하고 리드하라

극기정신으로 승리를 이루다

이순신이 애용하는 말 가운데 '사즉생死卽生, 생즉사生卽死'가 있다. 그는 전시에나 평시에나 최선을 다하는 삶을 살았다. 목숨을 자기 주머니에 늘 넣고 다닌 사람 같다. 이 세상에 죽음을 각오한 사람처럼 무서운 사람은 없다. 이순신이 바로 그런 사람이다. 그런 정신으로 살았기에 그는 23전 23승을 할 수 있었다.

지휘관에게 용기는 전투 형세를 유리하게 만드는 주요한 능력이다. 특히 열세인 상황에서 '나를 따르라'고 하는 지휘관의 용기에 찬 행위는 병사들의 사기를 높여 전투력을 극대화할 수 있다. 이순신은 명량해전을 치르기 하루 전 "죽기를 각오하고 싸우면 살고, 살려고 꾀를 내고 싸우면 죽는다"는 병법 구절을 인용하여 병사들에게 분전할 것을 촉구하였다. 이순신이 몸소 적진에 뛰어들어 용감하게 분투하는 모습을 보여줌으로써 병사들이 앞다투어 돌진하게 되었고, 결국 승리를 얻을 수 있었다.

이순신은 노량해전 때 전쟁을 끝내는 마지막 전투를 앞두고 전선 위로 올라가 손을 씻은 뒤 무릎을 꿇고 하늘을 향하여 기도했다. "오늘 진실로 죽기를 결심했습니다. 원컨대 하늘이시여, 반드시 이 적들을 무찔러주소서." 그리고 다음 날 전투를 독려하다 탄환을 맞자 "싸움이 한창 급하다. 내가 죽었다는 말을 하지 말라"라고 말했다.

죽음을 앞에 두고도 마지막까지 자기 책임을 다했기에 이순신이 불멸의 존재로 남은 것이다. 그는 죽음이 오가는 상황에서 언제나 천명을 거론하였다. 목숨은 하늘에 달렸다는 생각이다. 그렇기에 운명이 삶을 앗아갈지도 모르는 상황에서도 두려움이나 걱정, 분노가 없었다.

 ## 역사를 기록하다

기록은 문화유산을 만들고 지식을 대대로 전수한다. 역사를 돌이켜보면 기록만큼 위력을 가진 것도 없다. 역사는 기록을 남긴 사람과 기록을 읽는 사람이 대화하는 것이다. 훌륭한 업적을 남긴 사람은 대부분 스스로 기록을 남겼고, 새로 창조하기 위해 과거 기록을 활용했다. "구슬이 서 말이라도 꿰어야 보배"라는 속담이 있다. 지식과 정보가 넘쳐나도 그것을 정리해서 기록하지 않는 한 그런 것들은 아무 소용이 없게 된다. 예수는 저서를 남기지 않았다. 그렇지만 그의 제자 바울과 또 다른 제자들이 예수의 교훈을 기록으로 남겼기에 그 기록이 후대인에게 크나큰 영향을 준 것이다.

이순신이 오늘날 명장으로 추앙받는 가장 큰 이유도 그가 남긴 기록들 덕분이다. 일기인 《난중일기》, 보고서인 〈임진장초王辰狀草〉, 하급기관에 보낸 고우문인 〈감결甘結〉, 개인 편지들이 그것이다. 각각은 성격에 따라 글쓰기의 목적과 내용이 다르다. 또 《난중일기》에는 자신의 내면은 물론 리더로서 상황을 기록했고, 자기 생각이나 각종 보고서 초안, 시, 회계 등도 기록했다. 이는 결코 쉬운 일이 아니었다. 목숨이 경각에 달린 전장에서 아무리 마음을 잘 통제하는 사람이라도 전투 중 계속 기록을 남긴다는 것은 매우 힘든 일이기 때문이다.

기록을 하면 자신을 반성하게 되고 내일을 계획하는 데 도움이 된다. 기록을 잘하려면 기록의 중요성을 깨달아야 한다. 언제 어느 곳에서나 기록을 하겠다는 마음가짐이 중요하다. 이순신은 일찍부터 기록의 중요성을 실감했다. 그는 전쟁 중 일기를 매일 썼을 뿐만 아니라 임금에게 수시로 보고서를 보냈다. 그는 글씨도 아주 잘 썼다. 받아보는 사람이 기분이 무척 좋았을 것이다.

류성룡은 임진왜란이 끝난 뒤 고향에서 칩거하면서 《징비록》이라는 명저를 남겼다. 그와 같은 저서가 있음으로써 오늘날 우리는 임진왜란에 대해 더욱 상세히 알 수 있으며 이 전쟁에 대해서도 연구할 수 있다.

03
이순신 리더십의 특징

이순신의 리더십에는 독특한 점이 많다. 위기를 극복하여 나라를 구한 리더십이요, 최악의 상황에서 최선의 결과를 이끈 리더십이요, 23전 23승을 한 완벽한 리더십이다. 이순신이 위대하게 된 것은 리더십 덕분이다.

한순간도 마음을 흐트러뜨리지 않고 목표를 향해 용맹정진한 이순신의 삶에는 유비무환의 정신, 위기관리 능력, 솔선수범, 원칙 중심 리더십, 용기와 결단, 늘 머리를 쓰는 창의성, 전쟁 중에도 기록을 남긴 철저한 기록정신, 뛰어난 정보수집과 활용능력, 연전연승을 이끌어내는 탁월한 전략과 전술 등이 골고루 들어 있다. 그의 리더십을 열두 가지로 정리해보았다.

이순신은 용장이기 전에 지장이었다. 그는 병법에 해박하였는데, 특히 《손자병법》에 능통하였다. 아는 만큼 보인다고 했다. 그가 해전에서 구사한 전략은 《손자병법》과 다른 병법서에서 익힌 것이 많이 발견된다. 병법의 원칙에 충실했던 그는 명나라 병법 서적을 찾아 읽고 또 읽었다. 전쟁 중에도 병법 서적을 손에서 놓지 않았다.

이순신은 또한 매사에 정도가 있고 원리가 있었다. 세상도 원칙대로 살아가면 훨씬 수월하게 살 수 있다. 매사에 원칙을 올바로 파악하고 실행하는 것이 가장 효과적이고 빠른 방법이다. 원칙을 지키는 것이 얼마나 효과적인지 몇 가지 예를 들어 설명한다.

한 회사 사장이 바둑을 공부하고자 했다. 그런데 그는 기원에 가지 않고 바둑에 관한 책 세 권을 구입해서 읽고 또 읽었다. 어느 정도 도통한 뒤 기원에 가서 딱 1년간 바둑을 배웠다. 그 뒤 기원에 10년 다닌 사람과 바둑을 두었는데 그 사람을 이겼다.

50대 후반의 한 사업가가 탁구를 배우기 시작했다. 그는 동네 탁구장에 가서 탁구 코치에게 1년간 배웠다. 어느 날 그는 탁구를 잘 치는 두 친구와 내기를 했는데 두 사람을 모두 이겼다. 그 사업가도 놀라고 그를 상대했던 친구들도 놀랐다.

한 가족과 함께 여름휴가를 갔다. 중학교 2학년 된 아들이 자기 아버지에게 수영시합을 하자고 했다. 그 아버지는 오래전부터 수영을 했고 아들은 수영교실에 등록하여 3개월간 수영을 배웠다. 아버지는 자신만만하게 시합을 받아들였는데 그만 아버지가 지고 말았다. 왜 아버지가 졌을까? 아버지는 수영에 대해 코치를 받아본 적 없이 혼자서 수영을 익혔기 때문이다.

위의 사례에서 원칙을 알고 그대로 하는 것이 얼마나 효과적인지 알 수 있다. 무조건 열심히 하는 것이 능사가 아니다. 가장 훌륭한 원칙을 발견하고 그것을 활용하는 것이 중요하다. 《난중일기》에는 이순신의 경영원칙, 방법이 곳곳에 펼쳐져 있다. 군사전략이든 경영전략이든 원칙은 같다. 이순신은 병법의 원칙을 지키며, 원칙에 근거해 군사들을 이끌었고, 백성의 살림살이를 챙겼으며, 전투에서 승리했다. 최고 지휘관이었지만 끊임없이 현장을 찾아갔고, 자기 지역의 백성과 피란민, 포로, 투항자에게서 정보를 수집했으며, 경영에 도움이 되는 의견이라면 누구를 막론하고 경청했다.

 ## 신뢰받는 리더십

리더의 가장 큰 자산은 신뢰다. 신뢰받는 인격을 갖추지 못하면 리더십을 발휘하지 못한다. 믿지 못할 사람을 누군들 따르겠는가? 나폴레옹은 일생 전쟁에 60번 참여했다. 전쟁이 얼마나 힘들고 지겨운 일인가. 그런데도 프랑스 국민은 나폴레옹을 신뢰했기 때문에 지지했다. 나폴레옹은 외국과 전쟁을 시작할 때 국민에게 이 전쟁이 언제쯤 끝날 것이라고 선포했다. 그리고 그 약속을 거의 다 지켰으니 백성이 잦은 전쟁에도 나폴레옹을 지지한 것이다.

우리 사회는 현재 위기 상황에 놓였다. 가장 심각한 문제는 재정의 위기가 아니라 신뢰의 위기다. 이는 세계 각 분야의 리더도 인정하는 것이다. 어떤 분야에서든 진정한 성공을 이뤄내려면 반드시 사람들의 신뢰를 얻어야 한다. 리더는 정직한 말을 해야 신뢰를 받고 말과 행동이 일치해야 신뢰를 얻는다. 위기의 순간이나 불리한 상황에서도 정직하게 말해야 한다. 그리고 한 번 약속한 것은 어떤 상황에서도 반드시 지키려고 노력해야 한다. 신뢰는 기업이나 조직의 발전과 인간관계의 증진을 도모한다.

신뢰관계가 깨지지 않도록 늘 유의해야 한다. "신뢰는 거울과 같다. 한 번 금이 가면 원상태로 돌아가지는 않는다." 반면 신뢰가 없으면 모든 것이 파괴된다. 신뢰가 부족할수록 일의 진행에 시간이 더 많이 걸리고, 비용이 더 많이 들며, 관계자의 충성도도 떨어진다. 신뢰가 두터울수록 혁신, 창의성, 자율, 사기, 생산성 등이 향상된다.

신뢰는 군대의 상하 관계나 친구 관계나 가족 관계, 기업 간의 관계를 끈끈하게 하는 필요조건이다. 역사상 세계 최고 리더는 모두 자기 사람들에게서 두터운 신뢰를 받았다. 신뢰가 없으면 영향력도 사라진다. 어느 위치에 있고 어떤 역할을 하든 사람은 신뢰를 얻어야 영향력을 발휘하고 성공에 한 걸음 더 다가갈 수 있다. 신뢰받는 인격이 되어야 세상을 바꾸는 최고의 영향력을 가질 수 있다.

이순신은 신뢰받는 리더였다. 그는 400여 년 전 이미 자신이 경영하는 지역에서 경제시스템을 만들었다. 그는 군인, 장수를 넘어 자신이 관할하는 지역의 최고 행정가였고 최고 경영자였다. 전쟁 중 생명이 순환하고 공존하며 감동이 넘치는 경제생태계를 만들었다. 그는 '신뢰'를 바탕으로 위급한 전쟁 중에도 빈손으로 군사와 물자를 모았고, 전쟁으로 폐허가 된 마을을 다시 일으켜 세웠다. 무에서 유를 창조하는 고통을 이겨내고 모든 난관을 극복한 기업가 정신의 진수를 보여주었다. 두려움과 고통, 엄청난 스트레스에서 자신을 구원하려는 몸부림이라고 할 그의 일기는 오늘날 경영자들의 경영 일기와 흡사하다.

경영자로서 이순신은 자신이 추구하는 분명한 경영 목적, 계획이 있었고, 그 목표와 계획에 따라 경영했다. 이는 그의 장계가 분명히 보여준다. 그는 앞장서서 일하고 싸웠으면서도 언제나 부하들의 공로를 우선으로 삼았다. 그런 행동은 부하들과 백성에게서 신뢰를 얻을 수 있게 했으며, 그 신뢰로 더 많이 생산할 수 있는 힘을 얻었다.

경영자 이순신은 전라좌수사로 활동할 본래 자기 관할 지역인 전라좌수영의 5관(순천, 보성, 광양, 낙안, 흥양)5포(방답, 사도, 발포, 여도, 녹도)를 경영했고, 삼도수군통제사 시절에는 경상우수영, 전라우수영까지 포괄하여 경영했다. 그는 독선과 독단을 한 것이 아니라 부하들과 백성의 이야기를 듣고 함께 대책을 논의했으며, 그 결과를 즉시 실천하고 확인했다. 그는 고귀한 인격이라는 가장 큰 재산을 무기로 자신의 세계를 만들었다.

신뢰에는 지름길도 횡재도 없다. 사소한 것부터 충실히 실천해 가는 것이 중요하다. 인생에서 엄청난 기회는 순식간에 오지 않는다. 수많은 작은 기회가 올 뿐이다. 사람들은 어떤 사람이 주위 사람들의 시선과 환경에 상관없이 일관된 성품과 능력을 보여주느냐에 주목한다. 일관된 태도를 유지하는 사람에게는 기회가 열려 있다. 늘 한결같은 사람들이 영향력을 얻고 신뢰를 쌓는다.

 비전을 추구하는 리더십

리더는 반드시 미래지향적이어야 하며, 자기가 속한 조직이 나아갈 미래에 대해 방향감각을 분명히 가져야 한다. 비전은 희망을 주고 사람 속에 있는 가능성을 끌어낸다. 비전은 자신감이 생기게 하고 다른 사람이 보지 못하는 것을 보게 해준다. 더 나아가 개인과 단체의 미래를 형성하는 데 중요한 역할을 한다.

리더란 무엇인가? "리더는 자신과 팔로어가 공유하는 비전과 목표를 향해 팔로어를 움직이는 사람이다." 리더와 팔로어의 동기가 다르다 할지라도 비전과 목표만은 반드시 공유되어야 한다. 리더와 팔로어가 비전을 공유하면 색다른 일을 할 수 있고 엄청난 일도 할 수 있다. 이순신은 자신이 어느 방향으로 가야 하는지 알고 있었고 자기 병사들에게 어떻게 해야 할지 분명히 제시해주었다. 그래서 이순신과 부하들은 한마음이 되어 적과 싸울 수 있었다.

 ## 낙관주의 리더십

성공한 사람들이 대부분 그렇듯 이순신도 지독한 낙관주자였다. 그의 삶은 결코 순탄하지 않았다. 그는 22세에 결심을 하고 새로운 도전을 했다. 진로를 무과로 바꾼 것이다. 그리고 6년 동안 준비했지만 실패했다. 그 후 4년을 더 노력해 합격했지만 말단 장교로 최전선을 전전했다. 직장을 세 번 잃었고 두 번은 계급장조차 없었다. 그리고 전쟁의 마지막에 전사했다.

이순신의 모든 선택에는 시련이 예정되어 있었다. 그러나 그는 시련을 각오하고 선택했다. 시련을 겪으며 삶의 지혜를 쌓았다. 그가 시련을 극복할 수 있었던 가장 큰 힘은 낙관주의였다. 그가 쓴 기록에는 지독한 낙관주의가 수없이 나타난다. 스스로에 대한 한없는 믿음, 자존심, 도전정신이 위기의 순간마다 기록되어 있다. 원균이 칠천량에서 왜군에게 대패하자 선조는 수군을 폐지하려고 했다. 삼도수군통제사에 복귀한 이순신은 누구도 상상할 수 없는 자신감과 낙관주의로 선조에게 말했다.

"신에게 전선이 아직도 12척 있습니다. 죽을힘으로 막아 지키면 오히려 해낼 수 있습니다. 지금 만약 수군을 전부 폐지한다면, 이는 왜적이 행운으로 여길 것이며, 충청도를 거쳐 한강까지 올라가게 될 것입니다. 신이 두려워하는 것은 그것입니다. 비록 전선은 적지만 신이 죽지 않는 한 적이 감히 우리를 무시하지는 못할 것입니다."《이충무공 행록》

이순신은 극한의 위기에서도 두려움이나 움츠림, 패배주의 등 부정적인 생각을 하지 않았다. 그가 불패의 승리자가 된 비결은 바로 그러한 낙관주의 덕분이다. 이순신의 엄청난 낙관주의가 왕과 조정 그리고 부하들의 생각마저 바꿨다. 선조와 조정은 수군을 유지하기로 결정했다. 이순신의 낙관주의에 전염된 군사들도 이순신과 함께 위대한 승리의 역사를 썼다. 그 결과 명량해전에서 패잔병으로 구성된 조선 수군 13척이 칠천량해전의 대승에 고무된 왜선 133척과 싸워 크게 승리했다. 이순신의 낙관주의는 부하들을 격려하고 승리하리라는 믿음을 주었다. 자신이 선두에서 싸우며 불패의 낙관주의를 전염시켜 승리를 이끌어냈다. 그리고 '하늘이 도운 행운'이라면서 겸손하게 하늘에 감사했다.

"1592년 2월 26일, 날이 저물어서야 방답에 이르러 인사를 마치고 무기를 점검했다. 장전과 편전은 쓸 만한 것이 하나도 없어서 걱정했으나, 전선은 그런대로 완전하니 기쁘다." "1596년 5월 9일, 부안의 전선에서 불이 났다. 그러나 심하게 타지 않아 다행이다." 그는 어려운 상황에서도 언제나 긍정적인 부분을 먼저 보았고 위기 속에서도 희망을 떠올렸다. 그의 낙관적인 태도가 가족에게 안정감을 주었고, 부하들의 사기를 높여 어떤 문제든 신속하게 대처할 수 있도록 해주었다.

그의 말과 행동에는 낙관주의가 배어 있었다. 그는 결코 부정적인 언어, 비관적인 언어를 사용하지 않았다. 자신은 물론 다른 사람들에게 상처를 주지 않기 위해 신중하고 절제된 행동을 했다. 그는 매일 일기를 씀으로써 하루하루 자신을 성찰하고 미래를 준비하는 힘을 키웠다. 자신이 바라는 현실을 만들거나 현실의 어려움을 극복하는 것은 생각과 말에 달려 있다. 즐겁고 낙관적인 생각을 하고 언제나 긍정적인 말을 해야 한다. 이순신은 '아직도, 오히려, 비록'이라는 긍정의 언어에 '죽을힘으로, 해낼 수 있다'는 자세로 '신이 죽지 않는 한, 감히 우리를 무시하지는 못할 것'이라는 긍정적인 언어를 사용했다.

이순신처럼 생각하고 리드하라

보상과 처벌이 적절히 결합된 리더십

이순신은 처벌보다 보상을 더 많이 했다. 개인적 보상으로는 음식이나 술 대접, 쌀이나 옷감을 나눠주는 방법을 사용했다. 부대 전체 회식도 자주 했다. 이순신은 칭찬의 명수였다. 명확한 기준으로 모두 동의할 수 있는 포상을 했고, 빠뜨린 사람은 끝까지 책임을 다해 포상이 이뤄지도록 했다. 칭찬과 보상의 힘이 승리의 역사를 만들었다.

리더는 칭찬과 보상을 하는 것만큼 질책과 처벌을 할 줄 알아야 한다. 이순신도 단호한 처벌을 많이 했다. 그러나 그의 처벌은 처벌만능주의나 처벌남용주의는 아니었다. 《난중일기》에 보면 처벌기록이 120여 회에 달한다. 숫자만 보면 많게 느껴지지만 그의 처벌에는 명백한 목적과 이유가 있었다. 처벌 대상은 자신이 아끼는 직속 부하는 물론 지위 고하를 가리지 않았다. 삼도수군통제사로 있을 때는 우수사까지 처벌했다.

이순신의 처벌 이유는 법규 위반, 기한 위반, 명령 위반, 불성실, 탈영, 민심 교란 등이었고 처벌 내용은 훈계에서 처형까지 다양했다. 그의 처벌 목적은 일벌백계를 위한 고육책인 경우가 많았다. 군법의 준엄함을 보여 장수들의 비겁함을 깨고, 적극적인 전투 참여를 이끌어냄으로써 대승을 거뒀다. 이순신의 처벌을 살펴보면, 법규 준수와 약속을 가장 중요하게 여긴 것을 알 수 있다. 법 위반과 약속 위반에는 합리적 근거가 있는 경우까지도 처벌해 다시 그런 일이 일어나지 않도록 경고했다. 이런 이순신의 원칙주의가 규율을 철저히 유지하고 책임을 다하게 하는 힘이 되었다.

 ## 디테일을 중시하는 리더십

"등잔 밑이 어둡다"는 속담이 있다. 실패하는 리더의 한 가지 행동 특징은 핵심 결정만 자신이 직접하고 다른 세세한 것들은 무시하는 경우가 많다는 것이다. 이럴 경우, 이른바 가까운 곳에서 일어난 일을 잘 모르는 '등잔 밑을 모르는 리더'가 될 수 있다. 현장을 형식적으로 방문함으로써 현장의 요구 사항이나 의견을 파악하지 못하거나, 신뢰하는 측근의 보고만으로 제한된 정보에 의존해 의사결정을 하는 것이 가장 흔하면서도 치명적인 실수라고 할 수 있다.

이와 같은 리더는 구성원들이 기안한 계획서를 자세히 검토하지 않고 그대로 수용하거나, 결정이나 지시를 내려놓고 실제로 실행되는지 챙기지 않는 경향이 있다. 또한 구체적 현황 파악에 무관심하기 때문에 주요 업무를 진행하는 과정에서 실수하거나 문제가 생겼을 때 원인을 빠르게 파악하지 못하는 일이 자주 생긴다.

성공하는 리더는 다각적인 채널을 활용해 사업뿐만 아니라 부하에 대해서도 상세하게 파악하고, 현장의 목소리에 귀를 기울이는 '현장 경영'을 추진한다. 예를 들어, 제너럴 일렉트릭(GE) 회장 웰치John Welch Jr.는 직접 관리하는 부하가 많은 것으로 유명하지만, 다차원의 정보를 활용해 이들의 능력과 성격까지도 파악하는 것으로 잘 알려져 있다. 리더는 아주 세밀한 부분도 알아야 한다. 그래야 필요한 의사결정을 현장에서 직접 할 수 있다. 이순신은 사업 현황이나 업무 내용을 상세하게 파악하여 이를 바탕으로 현장을 진두지휘하려고 노력했다. 그런 노력 없이는 부하들을 장악할 수도 없고 전쟁에서 승리할 수도 없다.

이순신은 회계에 철저했다. 《난중일기》에도 회계장부와 같은 역할을 한 기록이 남아 있다. 그는 자신이 운영하는 회사인 5관 5포의 재무 상태를 정확하게 파악한 뒤 그에 맞추어 예산을 짜고 재원을 확보했다. 이순신은 갑작스러운 파직과 압송 명령에도 신속하게 진중의 해유문서解由文書를 작성해 인계했다. 이는 평상시 자신이 보유한 자산을 매일매일 파악하고 확인했기 때문에 가능한 일이었다. 특히 그는 가장 중요한 군량과 화약, 총통은 진중에 있는 것과 아닌 것을 구분해 인계받은 사람이 혼동하지 않고, 관리자들이 속이지 못하도록 조치했다. "1592년 3월 20일, 늦게 동헌에 나가 공무를 보고 각 방의 회계를 살폈다." 임진왜란이 일어나기 직전에는 6방의 회계를 살폈고, 임진왜란 중에는 군량에 관한 회계, 총통 제작과 관련한 비용이나 물자 등을 계산했다. 그는 군량에 대한 회계는 무엇보다 철저하게 했다.

평소 숫자를 점검하지 않았다면 새로 전선을 제조하거나 농사를 짓거나 물고기를 잡아 군량을 사 오려는 노력을 하지 못했을 것이고, 항상 재원 부족과 응급조치에 매달렸을 것이다. 평상시 철저한 회계관리, 인력관리 등이 단기조치는 물론 중·장기적으로 각종 대책을 수립할 수 있는 기초가 되었다. 이순신의 경영은 숫자 경영이었다.

창조경영 리더십

창조적 기업가는 씨앗에서 거목을 본다. 이순신은 늘 머리를 써서 새로운 것을 개척해나갔다. 그의 기업가 정신은 농사와 어업, 소금 제조에서 가장 확실하게 드러난다. 그는 전쟁 중에도 일자리를 만들어 백성이 자립할 수 있고, 식량을 확보할 수 있도록 다양한 사업을 벌였다. 거북선은 판옥선이라는 기술을 토대로 발명한 혁신이었다. 정사중을 시켜 개발한 정철총통은 기술발전에 따른 혁신이었다. 둔전제도와 해로통행첩은 기술과 관련 없는 혁신의 대표 사례다. 경영은 현재에서 미래를 보는 힘이다. 자원을 이동시키고 재조합해 새로운 것을 만드는 것이다. 이순신은 자원이 부족한 전쟁 속에서도 기업가 정신으로 씨앗에서 거목을 보았고, 창조적 혁신으로 씨앗을 거목으로 키워냈다.

이순신은 고통스러운 불면 속에서 수없이 관찰하고 사색하며 자신의 틀을 바꾸고 새로운 창조에 도전했다. 인내의 시간을 견디며 열정으로 끊임없이 사색하고 실험했다. 그런 다음 거북선과 조총, 염초 같은 혁신적인 신제품, 한눈에 알 수 있는 위력적인 제품을 생산했다. 스스로 창조하지 않는 사람은 모방자에 머무를 수밖에 없고, 뒤를 쫓는 운명이 될 수밖에 없다. 따라서 인내의 힘으로 창조의 영감을 현실화해야 한다.

 브랜드 리더십

이순신의 브랜드는 '불패의 브랜드'였고 임진왜란에서 최고 브랜드였다. 연이어 승리를 거둔 이순신 브랜드는 조선은 물론 일본과 명나라에도 이름을 날렸다. 이순신은 자신감을 전염시키는 능력으로 자기 이미지를 만들었고, 승리를 거두어 이를 검증했다. 백성과 군사들에게서 끊임없이 신뢰를 얻었고, 적군에게는 공포의 대상이 되었다. 명나라 수군도독 진린이 이순신 사후 선조에게 말한 것처럼 "이순신은 천지를 주무르는 재주에 나라를 바로잡은 큰 공로가 있는 사람이다"라는 것은 이순신 브랜드에 대한 적절한 찬사다. 이순신 브랜드의 위력은 이순신이 스스로 만들기도 했지만 백성과 왜군들이 만들어 확대 재생산하면서 불멸의 신화가 되었다. 이순신 브랜드를 간단히 표현한 것으로는 원균이 패배하고 물러난 뒤 이순신이 현장조사를 할 때 백성이 이순신을 보고 한 말이 있다. "장군이 오셨으니 우리는 이제 살았다." 이순신은 조선 백성에게는 생명줄이었지만 왜군에게는 죽음에 이르는 길이었다. 확실하게 신뢰받는 브랜드는 시련과 위기에서 더 큰 힘을 발휘한다는 것, 브랜드를 알리기 위해 다양한 전략을 세우고 적극적으로 마케팅해야 한다는 것을 이순신은 보여주었다.

대기만성형 리더십

이순신은 다른 이들보다 늦게 시작했다. 22세 전에는 자기 길을 찾아 방황했고, 32세까지는 그 길에 들어서기 위해 10년 동안 준비했다. 무인의 길로 들어선 뒤에도 10년 동안 미관말직에서 파직과 복직을 반복하는 고통스러운 시간도 경험했다. 이순신이라는 위대한 존재가 만들어지기까지는 결국 30년 동안의 방황과 좌절, 갈등과 고통, 시련과 자기 단련의 시간이 필요했다. 그는 시련과 방황 속에서도 포기하지 않고 자신을 변화시키는 경험과 공부를 했다. 그 결과 자신이 목표한 대장, 조선시대 선비들이 추구한 이상적 인간형으로 다시 태어났다. 자기 전공인 군사 분야는 물론 탁월한 인재 경영자가 되었다.

시련은 잠자는 재능을 깨운다. 이순신은 무과시험에서 한 번 실패했고 급제한 뒤에는 각종 갈등으로 미관말직을 전전하다 백의종군까지 했다. 그야말로 평탄치 않은 인생이었다. 이순신의 시련으로 가장 잘 알려진 것은 파직 세 번과 백의종군 두 번이다. 첫 번째 파직은 38세 때 있었다. 이순신의 사감인 군기경차관 서익이 발포만호 이순신을 무고했기 때문이다. 두 번째 파직은 43세 때 있었다. 함경도 녹둔도 둔전관 임무를 수행하던 이순신은 몇 차례에 걸쳐 병력증원을 건의했지만 함경감사 이일은 이를 무시한 것으로 모자라 여진족의 기습을 이유로 이순신을 파직했다. 이순신은 이때 처음으로 백의종군했다. 세 번째 파직은 53세 때 있었다. 임진왜란 중 일본에서 들어오는 가토 기요마사를 바다에서 막으라는 지시를 어겼기 때문이다. 이순신은 한양으로 압송되어 국문을 받은 뒤 석방되었을 때 백의종군했다.

이런 많은 시련을 겪으면서 이순신의 인격과 역량은 점점 높아졌다. 그래서 그는 준비된 리더가 될 수 있었다. 흔히 '초년 성공'을 불행한 인생의 한 부류로 본다. 이순신은 분명히 초년에 성공하지 못하고 실패했다. 그는 일어날 수 있는 모든 상황을 겪으면서 더욱 탁월한 리더십을 기를 수 있었다.

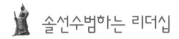
솔선수범하는 리더십

리더가 빠지기 쉬운 함정은 말로만 지시하고 자신은 실행하지 않는다는 것이다. 실행력이 뒷받침되지 않으면서 비전과 전략에 대한 말만 무성하게 내세우는 리더는 성공하지 못한다. 리더에게 전략과 비전은 필수조건이다. 그러나 그것만으로는 부족하다. 리더가 미래 방향을 끌어갈 수 있는 분명한 의지와 함께 실행력을 갖추고 있어야 한다. 그렇지 못하면 조직은 미래에 적극 대응할 능력을 잃게 된다.

외침에 대비하지 못하고 탁상공론만 일삼다 결국 치욕을 겪는 무능한 왕이 있는가 하면, 적에 대한 분석을 바탕으로 철저하게 준비해서 연승을 거두는 장수가 있다. 리더 중에는 자신이 실제로 모범을 보이지 못하고 시키는 대로 하라며 부하들을 윽박지르는 사람도 있다. 누구나 모범을 따라 배운다. 리더가 모범을 보여주지 못하면 리더로서 실격이다. 군대에서 솔선수범은 부하 장병들에게 사랑하고 존경하는 마음과 두려워하는 마음을 동시에 갖게 하는 아주 위력 있는 리더십이다. 리더의 솔선수범이 부하에게 공감을 일으킨다. 리더의 모범을 따르지 않으면 부하 자신은 처벌받을 수도 있다는 두려움을 갖게 된다.

명량해전 초반에 이순신이 탄 대장선만 각종 총통과 활을 빗발치듯 쏘면서 앞으로 돌진했다. 부하들이 겁에 질려 피할 꾀를 내느라 머뭇거리는 사이, 이순신이 홀로 적진으로 돌격해 들어가 용전분투하는 모습을 그들은 어떤 심정으로 바라보았을까? 이순신은 전장에서뿐만 아니라 일상생활에서도 솔선수범했다. 이순신은 물질을 탐하지 않고 청빈낙도의 도를 지켰다. 또 가족에 대한 사랑을 실천하고 어머니를 극진히 봉양하였다.

이순신은 끝까지 책임완수의 모범을 보였다. 책임완수 정신과 실력과 성실성은 그가 몇 번이고 파직당할 위기를 극복하는 데 큰 힘이 되었다. 그리고 파직당한 뒤에도 재기할 수 있는 귀한 계기를 마련해주었다. 그는 이성문제에서도 깨끗하게 모범을 보였다. 그가 부적절하게 처신하였다면 부하들이 그를 존경하고 따랐겠는가?

 ### 철학이 밑바탕이 된 리더십

리더십의 중요한 요소는 일관성이다. 경영학의 대가 드러커 Peter Ferdinand Drucker(1909~2005)는 지난 100년간 미국 대통령

가운데 뛰어난 사람 중 하나가 33대 대통령 트루먼Harry Truman (1884~1972)이라고 했다. 트루먼에게는 카리스마가 전혀 없었다. 하지만 그 밑에서 일해본 사람들 모두 그를 절대적으로 믿고 흠모했다. 한번 '노No'면 끝까지 '노'였고, 누구에겐 '예스Yes'인데 다른 이에겐 '노'라고 하는 법이 없었기 때문이다.

이순신은 어떠했는가? 그는 자기 길을 우직할 정도로 묵묵히 걸었다. 수많은 고난과 좌절이 그를 덮쳤지만, 우회하거나 돌아가지 않고 정면돌파로 일관했다. 그는 자기가 옳다고 생각한 리더십 철학을 끝까지 고수하였다. 자기에게 위험과 손해가 닥칠 것을 잘 알면서도 신조를 끝까지 고수했다. 자기 리더십 철학을 끝까지 추구했기에 많은 업적을 남길 수 있었다. 그는 애국정신, 애민정신, 정의정신, 극기정신, 기록정신을 끝까지 고수했다.

 위기극복 리더십

리더십은 안정된 상황보다는 어려운 상황을 극복하는 과정에서 잘 드러나며, 위기가 닥쳤을 때 능력을 발휘해 이를 극복하는 리더가 참다운 리더다. 위기는 리더들이 진정한 리더십을 발휘할 수 있는 절호의 기회다. 진정한 리더십은 위기 상황에서 빛을 발한다. 임진왜란이 일어난 뒤 우리나라 전역은 왜군 때문에 거의 초토화되다시피 했다. 이때 이순신이 혜성과 같이 나타났다. 당시 조선은 위기 상황을 극복해 탁월한 리더십을 발휘할 역량 있는 장수를 고대했다.

이순신은 준비된 리더였다. 그는 해전에서 연전연승하여 일본군의 기세를 꺾었을 뿐만 아니라 조선을 구했다. 리더십은 지원이 제대로 제공되지 못하고 앞날을 예측하기 어려운 불확실한 위기 상황에서 선명하게 나타난다. 이순신이 바로 그랬다. 그는 온갖 악조건 가운데도 이를 극복하고 최고 리더십을 발휘해 나라를 구했다.

브래들리는 이런 말을 했다. "전쟁에는 준우승하는 자를 위한 2등상은 없다." 전쟁을 치른다면 어떤 수단을 써서든 반드시 이겨야 한다. 이순신의 23전 23승이 리더십의 꽃이다.

04

명량해전과
이순신의 리더십

명량해전 또는 명량대첩鳴梁大捷은 1597년(선조 30) 음력 9월 16일 정유재란 때 이순신이 지휘하는 조선 수군 13척이 명량에서 왜의 수군 133척을 격퇴한 세계 전사에 빛나는 해전이다. 이 해전은 한산해전과 더불어 이순신 해전의 꽃이자 7년 전쟁의 백미다. 넓은 바다에서 적의 주력 함대와 정면으로 맞부딪친 한산해전에서는 장중함이 느껴진다면, 13척으로 대규모 왜 함대와 상대해야 했던 명량해전에는 비장한 기운이 감돈다. 한산해전이 화려한 뮤지컬이라면 명량해전은 비장감이 흐르는 오페라 같다. 이 해전에서 우리 측 전선 피해는 전혀 없었고 사망자와 부상자만 100여 명 정도 발생했을 뿐이다.

왜 이순신 장군의 많은 해전 가운데 유독 명량해전만 상세하게 다루는가? 그 이유는 명량해전이 7년간 계속된 임진왜란에서 가장 위기의 순간에 이순신 장군이 이끄는 조선 수군 함대가 수십 배나 많은 적과 맞붙어 싸워 이김으로써 기울어가는 겨레의 운명을 바꾼 역사적 사건이기 때문이다.

 조선 수군을 재건하다

이순신이 원균과 윤두수를 비롯한 일부 서인 세력의 모함을 받아 삼도수군통제사에서 파직당한 뒤 원균이 새로 삼도수군통제사가 되어 왜의 수군과 접전을 벌였으나 칠천량해전에서 대패하면서 다수 장병과 전선 대부분을 잃었고, 조선은 제해권까지 상실하였다. 이순신이 5년 동안 공들여 쌓아놓은 해군력을 하루아침에 잃은 것이다. 이에 선조는 선택의 여지가 없자 이순신을 복권하여 삼도수군통제사로 기용하였다.

선조는 이순신을 통제사로 복권하는 대신 품계를 낮춰 조선 수군의 지휘 체계 혼란을 불러일으켰다. 이순신이 파직될 당시 계급은 대감급인 정헌대부 정2품이었다. 그러나 선조는 이순신을 삼도수군통제사로 복권하기는 했으나 정3품 계급을 부여했다. 여기에 선조의 형편없는 리더십이 드러나 보인다. 당시 몇 년 동안 전쟁이 계속되면서 이미 계급 인플레가 심했다. 수군 수사의 기준 품계인 정3품 장수들이 넘쳐났다. 계급이 같은데 보직만 다른 상황이 일어났고 이순신이 통제력을 확보하기까지 시간이 많이 걸렸다. 그의 영향력이 미쳤기에 그나마 군이 통제되었지만 장수들의 불만이 쏟아져 나왔다.

이처럼 조선 수군은 지휘체계가 엉망이 되어 각종 잡음이 끊이지 않았으며 시작부터 불안했다. 더욱이 조선 수군에게 남은 전선은 12척에 불과하였다. 이순신이 1597년 음력 8월 18일 회령포에서 전선 10척을 거두었고, 그 뒤 2척을 더 회수함으로써 12척이 남은 전선의 전부였던 것이다. 나중에 명량해전을 앞두고 김억추와 송여종의 지원으로 1척이 추가되어 13척이 되었다.

이순신은 남해안 일대를 돌아다니며 흩어진 병사들을 모아 수군 재건에 전력을 다했다. 이순신은 음력 8월에 일본 전투선이 어란포(현재 해남군 어란리 근처)에 나타나자 격퇴한 뒤 음력 9월 일본 함대가 어란포에 들어온다는 보고를 받고 9월 15일에 벽파진에서 해남의 우수영右水營으로 진을 옮겼다.

 ## 왜군 함선이 진격해오고 있다

어란포의 왜 수군은 구루시마 미치후사来島通総와 도도 다카토라藤堂高虎, 와키사카 야스하루脇坂安治, 가토 요시아키加藤嘉明, 구키

요시타카九鬼嘉隆가 지휘하는 200여 척의 대함대를 보유하고 있었다. 왜의 수군은 목포 쪽으로 흐르는 북서류를 타고 명량해협을 통과해 전라도로 서진해서 육군과 합류할 계획이었다. 명량해협은 진도와 화원반도 사이에 있는 좁은 수로로 조류는 당시 조선의 수로 중에서 가장 빠른 곳이었고, 전 세계에서도 다섯 번째로 빠른 곳이었다. 이 수로를 이용해 잔존하는 조선 수군을 격파한 후 육군과 합류하여 한양으로 진격하려는 것이었다.

왜의 수군은 1592년 전쟁에서 얻는 교훈을 참조해 내륙으로 깊숙이 진격하기 전에 반드시 서해의 해상권을 잡고 전라도를 장악하고자 하였다. 이순신이 복귀했다는 것은 알고 있었지만, 전선 13척만으로는 어림없으리라는 것이 수군의 판단이었다. 이순신과 전투를 벌여 이미 패배를 경험한 도도도 예외는 아니었다. 칠천량해전의 승리가 왜 수군의 사기를 드높여준 탓이었다. 왜 수군은 압도적 전력으로 이순신의 수군을 격파할 것을 결의했다.

한편, 이순신도 왜 수군의 상황을 보고받고 명량대첩 직전인 음력 9월 15일 장병들에게 "병법에 이르기를 '반드시 죽고자 하면 살고 반드시 살고자 하면 죽는다必死卽生 必生卽死'고 하였고, 또 '한 사람이 길목을 지키면 천 명도 두렵게 할 수 있다一夫當逕 足懼千夫'고 했는데, 이는 오늘의 우리를 두고 이른 말이다. 너희 여러 장수가 조금이라도 명령을 어기는 일이 있다면 즉시 군율을 적용해 조금도 용서치 않을 것이다"라고 거듭 말하며 장병들과 죽기를 각오하고 싸울 것을 결의하였다.

 ## 울돌목에서 접전을 벌이다

울돌목(명량해협)은 수심이 얕아서 배가 항해할 수 있는 범위
가 좁다. 그중에서도 밀물 때 넓은 남해의 바닷물이 좁은 울돌목
으로 한꺼번에 밀려와 서해로 빠져나가면서 해안의 양쪽 바닷가
와 급경사를 이뤄 물이 쏟아지듯 조류가 빨리 흘렀다. 울돌목 물
살의 또 다른 특징은 크고 작은 암초 수십 개가 솟아 있다는 점이
다. 급조류로 흐르던 물살이 암초에 부딪혀 방향을 잡지 못하고
소용돌이치는 것이다.

왜 수군 지휘부는 순류에 맞춰 울돌목을 단숨에 넘어가 고니시
육군을 지원하기로 하였다. 특히 구루시마 수군은 원래 해적 출
신으로 이같이 물살이 빠른 지역을 근거로 했으므로, 빠른 물살
에 익숙한지라 명량해협에서 이순신이 막는다 해도 무리 없이 전
진할 수 있으리라 자신했다. 왜 수군은 조선 수군이 13척뿐임을
알고 해상의 적 이순신과 조선 수군을 완전히 제거하기로 결심했
다. 이순신은 왜군이 조선군을 가볍게 보고 있다는 점을 이용해
그들을 유인하고자 했다. 음력 9월 7일, 조선 수군은 벽파진 근처
에서 왜 수군의 소함대를 격퇴했다.

1597년 9월 16일 날이 밝았다. 날씨는 한없이 맑았다. 이미 진중에는 비상 대기령이 내려져 있었다. 아니나 다를까, 적의 동태를 감시하던 정찰병의 다급한 목소리가 전라우수영에 울려 퍼졌다. "장군, 이루 헤아릴 수 없이 많은 적선이 우리 함선을 향해 옵니다."

벽파진에서 우수영으로 본진을 옮긴 이튿날인 음력 9월 16일 새벽 3~4시경 어란진에서 출병한 왜 수군이 7~8시경 순조順潮를 타고 울돌목으로 접근해온 것이었다. 왜 수군 지휘부는 중형 군선인 관선(세키부네) 133척으로 진영을 짜고 10~15척씩 대열을 맞추며 통과하고 있었다. 이때 조류는 동쪽에서 서쪽, 즉 왜 수군의 진격 방향이 조류의 흐름과 일치하는 순방향이었다.

"지체할 때가 아니다. 빨리 출동해야 한다. 적들이 명량해협을 통과하기 전에 먼저 도착해 출구를 틀어막아야 한다." 이순신은 전 함대에 출항을 지시했다. 하지만 전 함대라고 해야 고작 함선 13척이었으니 한눈에 들어오는 조촐한 규모였다. 이순신은 보고를 받고 즉시 닻을 올려 울돌목으로 향했다. 노를 저어 바다로 나아가 양도를 오른쪽으로 끼고 선체를 좌회전하니, 곧 명량해협이었다. 이미 적선의 선봉대열이 해협을 통과하고 있었다. 이순신은 미리 약속한 대로 적선을 향해 나아갔다. 다른 장수들은 겁에 질려 머뭇거렸지만 이순신은 단기필마로 적진에 뛰어드는 것과 같이 대담무쌍하게 공격하였다.

이 순간은 마치 6·25전쟁의 영웅이자 이순신 장군과 비견되는 백선엽白善燁 장군의 행동이 연상되는 장면이었다. 백선엽은 6·25전쟁 중 다부동전투 때 북한군과 싸우면서 공격과 후퇴를 여러 번 반복하였다. 적진을 향해 나아가라는 명령에 부하들이 머뭇거리자 사단장이던 백선엽이 공격에 앞장섰다. 그는 부하에게 이렇게 말했다. "내가 후퇴하면 너희는 나를 향하여 총을 쏴라." 사단장의 이 과감한 솔선수범에 장병들은 용기를 얻어 적진을 향해 총공격을 했고 마침내 고지를 점령했다. 장군의 솔선수범은 부하들에게 큰 영향을 미치는 법이다.

이순신의 즉각 포격으로 세키부네 3~4척이 격침되며 전투가 시작되었지만 명량을 빽빽이 채운 적의 기세에 밀려 조선 수군은 뒤로 물러서기 시작했다. 왜 함선 133척이 명량의 물목을 통과해 조선 함선을 에워쌌다. 여러 장수가 절대 열세의 상황에 낙심해 도망할 궁리만 했다. 전라우수사 김억추金億秋는 멀리 떨어져 머뭇거렸다. 이순신이 선두에서 노를 재촉해 앞으로 돌진하며 각종 총통을 발사하고, 군관들이 2층 갑판 위에 서서 빗발치듯 화살을 쏘아대자 적들이 감히 덤벼들지 못하고 머뭇거리는 소강상태가 되었다. 명량해협의 폭이 좁아 한꺼번에 달려들 수도 없었다. 그들은 제1선단을 필두로 제2선단, 제3선단의 순서로 차례로 명량해협에 들어왔다. 이순신의 함대 13척은 명량해협을 틀어막고 순차적으로 다가서는 적선을 격파하면 되지만, 그것은 이론일 뿐

이순신처럼 생각하고 리드하라

사실상 불가능한 전투였다.

이때 상황을 이순신은 일기에 다음과 같이 적었다. "그러나 적들이 몇 겹으로 포위하고 있어 형세가 어떻게 될지 예측할 수 없게 되자 같은 배에 타고 있던 병사들이 서로 돌아보며 얼굴빛이 변했다. 나는 조용히 그들에게 타일러 말했다. 적이 비록 1,000척이라 하더라도 우리 배들을 대적하지 못할 테니 일절 동요하지 말고 힘을 다해 적을 쏴라."

이순신은 판옥선의 막강한 전투력을 믿었다. 문제는 조선 병사들이 얼마나 최선을 다해 싸워주느냐는 것이었다. 따라서 급박한 전투 상황에서도 이순신은 부하 장병들에게 우리 함선의 전투력을 믿고 열심히 싸워달라고 당부한 것이다. 초기 해전의 불리한 상황을 수습하고 배 안에 있는 수군 병사들을 설득해 죽기를 각오하고 싸우도록 독려했지만 여전히 전세는 조선 수군에 불리했다. 뒤에 처져 있던 부하 장수들이 합세해야만 어찌해볼 수 있는 급박한 상황이었다. 이순신은 마음이 급했다. 그는 먼저 중군장 미조항 첨사 김응함金應諴을 호출하는 깃발을 올렸다. 그러자 김응함이 도착하려는 사이 거제현령 안위安衛의 배가 먼저 통제사의 배에 다가왔다.

이순신은 이때 상황을 일기에 이렇게 썼다. "중군장 미조항 첨사 김응함의 배가 차츰 내 배 가까이 왔으며, 거제현령 안위의 배가 그보다 먼저 왔다. 나는 배 위에 서서 안위를 불러 '안위야! 군법에 죽고 싶으냐? 네가 군법에 죽고 싶으냐? 도망간다고 어디가서 살 것이냐?' 하니 안위가 황급히 적선 속으로 돌입했다. 또 김응함을 불러 '너는 중군으로서 멀리 피하고 대장을 구원하지 않았으니 죄를 어찌 면할 것이냐? 당장 처형할 것이로되 적세가 급하므로 우선 공을 세우게 한다' 하였다. 그래서 두 배가 적진을 향해 앞서 나갔다."

두 사람의 배가 적진으로 공격하기 시작하자 왜 수군의 공격이 안위의 군선에 집중되었다. 그에 맞서 안위와 부하들은 죽을힘을 다해 싸웠다. 이순신은 곧장 안위의 함선으로 폭풍처럼 진격해 들어갔다. 그러면서 함선의 모든 화력을 모아 한꺼번에 적함으로 날려 보냈다. 포가 작렬하고 화살이 날아갔다. 적함이 가까워지자 속도를 더해 그대로 박아버렸다. 격전의 와중에 이순신의 대포와 화공에 맞아 안위의 배를 둘러쌌던 적장선을 포함한 적선 3척이 녹도만호 송여종과 평산포대장 정응두의 포격으로 침몰했다. 이때 물에 빠져 있던 적장 마다시馬多時(구루시마로 추정)를 끌어내 참수한 뒤 배에 걸어놓았다. 이에 조선 수군의 사기는 하늘까지 치

Point!

초기에 불리한 해전 상황을 수습했지만 새까맣게 몰려오는 일본의 함선에 포위된 조선 수군이 서로 돌아보며 낯빛이 하얗게 질렸을 때 이순신이 그들을 조용히 타일렀다. 적선이 비록 많지만 장갑된 우리 배가 크고 견고하기 때문에 겁먹지 않고 최선을 다해 총통과 활을 쏘며 공격한다면 승리할 수 있다고 설득하였다. 급박한 전투 상황에서도 이순신은 침착하게 부하들을 논리적으로 설득한 것이다.

솟았다. 반면, 전투 중 지휘관이 적군에게 참수되어 토막 난 것을 본 왜 수군의 사기는 떨어졌고, 새삼 조선 수군의 엄청난 화력을 보고 두려움에 몸을 떨었다.

명량해전은 안위와 김응함의 적진 돌격이 승리의 분수령이 되었다. 죽을 것 같은 상황에 놓인 경우 사람은 의외로 냉정함을 되찾게 된다. 그리고 죽기를 각오하고 싸운다. 이것이 살 수 있는 유일한 방법이기 때문이다. 여기서도 이순신의 훌륭한 리더십이 발휘되는 것을 볼 수 있다. '죽기를 각오하고 싸우지 않을 수 없는 상황'을 만들었기 때문이다. 그동안 뒤에서 움찔하던 함선까지 합류한 조선 함대는 명량해협에 가지런히 도열했다. 마침내 조선 전 함대의 총공격이 시작되었다. 조선 수군은 곧장 적진으로 나아갔다.

왜군에 또 하나 악재는 오후 12시경이 되자 점차 조류 방향이 바뀌었다는 것이다. 이번에는 조류 방향이 조선 수군에는 순조가 되고 왜 수군에는 역조逆潮가 되어, 왜 수군에 대단히 불리한 상황이 조성되었다. 역류가 흐르는 상황에서 군선이 첨저선尖底船이었던 왜 수군은 배가 선회하려면 많은 공간이 필요했다. 그러나 좁은 해협에 많은 전선을 끌고 온 왜 수군이 급한 역류가 흐르는 상황에서 배를 움직이며 전열을 정비한다는 것은 매우 어려운 일이었다.

이에 1킬로미터가량 떨어져 있던 전라우수사 김억추의 배까지 합세하여 10여 척이 모두 모인 조선 수군은 당파撞破를 거듭했고,

왜 수군은 조류의 역조와 조선 수군의 당파로 전혀 반격할 수 없었다. 또 군선이 많은 것이 오히려 독이 되어 군선끼리 서로 부딪치기 시작하였다. 그 흐름을 타고 조선 함대 13척은 바람처럼 돌격해 불처럼 들이박았다. 함선 13척에서 일시에 터져 나오는 지자총통, 현자총통 소리가 산천을 진동시켰고 화살이 비 오듯 날아갔다. 순식간에 일본 함선 31척이 명량의 파도에 수장되었다. 결국 왜 수군은 유시酉時(오후 5~7시) 무렵, 물살이 느려지고 왜 수군 쪽으로 부는 바람을 이용해 퇴각하였다.

 ## 이순신이 승리를 거둔 요인

이순신의 명량해전에는 불가사의한 것들이 많았다. 억울하게 옥고를 치르고 백의종군한 이순신은 숨도 돌릴 여유 없이 삼도수군통제사로 임명받아 곧바로 전쟁을 수행해야 했고, 칠천량해전에서 완패한 병사들은 사기가 떨어질 대로 떨어진 상태였으며, 전력도 13척으로 133척을 대적해야 했다. 그런데 실제로 13척으로 133척을 격파했다. 불가능하기도 하고 기적과도 같은 전투였다. 그러나 승전 요인은 과학적이었지 요행이 아니라는 것을 알아야 한다. 승전 이유를 한마디로 표현한다면 이순신의 탁월한 리더십 덕분이다. 승전 요인을 좀 더 구체적으로 살펴보자.

첫째, 판옥선과 무기의 힘이다. 판옥선에 설치된 화약무기 총통은 왜구를 격퇴하기 위해 고려 말에 처음 만들어졌으며, 조선에 계승되면서 기능이 꾸준히 개선되었다. 화약과 화포는 고려 말 최무선崔茂宣(1325~1395)이 개발했는데 왜구 섬멸전에서 크게 위력을 발휘하였다. 조선왕조에 이르러 세종 때 총통의 사정거리가 크게 증진되었다. 중종, 명종 대를 거치면서 왜구의 침입에 대비해 무기의 성능을 꾸준히 향상해왔다. 이순신이 명량해협에서 승리한 데도 이런 선각자들의 노력이 숨어 있었다.

선박 건조 능력 면에서 당시 조선은 일본보다 앞서 있었다. 임진왜란 때 조선을 침략한 왜군이 해상전에서 번번이 패한 것은 이순신의 뛰어난 지휘 때문이기도 하지만 조선 기술이 떨어진 이유도 컸다. 일본의 조선 기술은 작은 범선으로 계절풍을 타고 해상을 왕래하는 수준이었다. 그런 점에서 건국 초기부터 오랜 시간 왜구를 대비해온 조선 수군에 비할 바가 못 되었다. 또 임진왜란 당시 일본은 군선을 자체 제작했지만 대체로 조선 기술은 조선이나 명나라 수준에는 못 미친 듯하다.

둘째, 울돌목의 지형을 잘 이용했다. 울돌목은 좁고 조류가 빠르게 흐른다. 그리고 시간에 따른 조류의 변화를 이용한 이순신의 뛰어난 전술과 잘 훈련된 병사들이 있었다. 게다가 판옥선을 앞세우고 그 뒤에는 백성이 피란하려고 준비한 배를 열을 지어 늘어놓아 배가 더 많이 있는 것처럼 위장전술을 폈다.

셋째, 이순신의 리더십이다. 초기에 불리한 해전 상황을 수습했지만 새까맣게 몰려오는 일본의 함선에 포위된 조선 수군이 서로 돌아보며 낯빛이 하얗게 질렸을 때 이순신이 그들을 조용히 타일렀다. 적선이 비록 많지만 장갑된 우리 배가 크고 견고하기 때문에 겁먹지 않고 최선을 다해 총통과 활을 쏘며 공격한다면 승리할 수 있다고 설득하였다. 급박한 전투 상황에서도 이순신은 침착하게 부하들을 논리적으로 설득한 것이다.

그리고 전쟁 중반 시점에서 안위와 김응함으로 하여금 적진으로 돌격하도록 함으로써 승기를 잡았다. 또 적의 지휘선을 집중적으로 공격하여 침몰시킴으로써 적의 지휘계통을 무너뜨렸다. 탐망선 등 정보획득원을 다양하게 활용했고, 선승구전先勝求戰할 수 있는 최적의 위치를 선택하였다. 전투 해역과 시간을 잘 골라 전장의 주도권을 장악했다.

 ## 당파전술과 함포전술

조선 수군은 백병전 중심의 왜 수군을 상대로 할 때 효과적인 함포전을 펼쳤으며, 다양한 종류와 구경의 화포를 사용하였다. 오늘날 다연장포에 비교할 수 있는 신기전, 박격포에 해당하는 비격진천뢰, 대형 로켓 병기라 할 대장군전 등 신무기도 사용하였다. 왜 수군 역시 함포를 사용하였으나 조선 수군에 비해 서툴렀으며 이들의 함포 적재량이 조선 수군보다 열세였다. 조선 수군은 백병전에 불리했으므로 함포전으로 일본 전선의 접근을 저지했다. 또 판옥선이 적선보다 견고한 점을 활용해 적선과 충돌해서 부서뜨리는 당파전술(충각전술)도 구사했다.

그 결과 유시 무렵 전투가 끝났다. 실제 전투에 참여한 왜 수군의 전선 133척 중 30여 척이 격침되었다. 중형 군선에는 약 60명씩 타므로 최소 1,800여 명이 사망했을 것이다. 반면, 조선 수군의 전선은 단 하나도 격침되지 않았다. 다만, 순천감목관 김탁과 이순신의 종 계생이 전사하였고, 안위 전함의 격군 7, 8명이 물에 빠져 죽었다. 조선군 전함이 총 13척이었던 것으로 볼 때, 전사자는 많아야 100명이었을 것이다. 이순신이 명량해전을 승리로 장식함으로써 조선 수군은 재기에 성공하였다. 그리고 명량해전은 조선이 정유재란을 승리로 이끄는 결정적 전투가 되었다.

당시 왜 수군은 이순신의 파직과 원균의 칠천량해전 대패로 남해안 제해권을 대부분 장악하였다. 왜 육군은 1597년 음력 8월 15일과 19일 남원과 전주성에서 조명연합군을 대파하고 남원과 전주를 함락시킨 뒤 전라도마저 점령하고 충청도 직산까지 진격해 명나라군과 대치 중이었다. 왜 육군과 수군은 수륙병진을 통한 한양 공격을 목전에 두고 있었으나 명량해전에서 패하면서 수

류병진작전이 무산되었다. 그러자 왜군은 남해안 일대에 분산되어 왜성을 쌓고 농성전籠城戰에 들어갔다. 이후 정유재란은 농성하는 왜군을 조명연합군이 수륙 양면에서 협공하는 공성전攻城戰으로 바뀌었다.

 ## 명량해전이 끝나고 나서

명량해전이 끝난 뒤 조선 수군은 재건되었다. 여기에는 이순신의 관리 능력이 폭발적으로 발휘되었다. 전시에 고금도라는 외로운 섬에 주둔한 이순신에게 병력과 함선, 군량미가 제대로 조달될 리 없었다. 이순신은 조정의 도움 없이 극복해나갔다. 이 해전은 이순신 개인의 전략적 승리이기도 하지만 또 한 번 일본의 서진을 막음으로써 조선에도 완벽한 승리였다.

이 전투 이후 일본은 육전에서도 조선과 명나라 연합군의 반격을 받아 더는 효과적으로 진격하지 못했고, 다시 남해안 연안 지역으로 후퇴해 성을 쌓은 뒤 웅거할 수밖에 없었다. 이로써 1597년 12월 말부터 1598년 1월에 걸쳐 조선-명나라 연합군은 이 해전 이후 다시 남해안 제해권을 장악한 이순신 함대의 힘을 바탕으로 사로병진작전四路並進作戰을 펴며 세 방향에서 남하해 왜군을 공격할 수 있는 실마리를 마련할 수 있었다.

05
이순신의
시간사용법

이순신은 시간을 잘 조직하고 잘 사용했다. 그래서 탁월한 성취를 이루었다. 이순신은 시간관리의 달인이었다. 그가 시간을 어떻게 활용했는지 살펴보는 것은 그를 더 잘 이해하는 좋은 단서이자 본보기가 될 것이다. 이순신의 시간사용법을 살펴본다.

 ## 훌륭한 목표를 세워 일관되게 추구하다

목표설정은 시간관리의 첫째 원리다. 목표가 없이는 시간을 관리할 수 없고 시간 사용에 대해 측정도 할 수 없다. 이순신에 관한 증언은 그가 어릴 때부터 목표가 분명했음을 알려준다. 이순신의 멘토 류성룡은 이순신의 꿈이 '대장이 되는 것'이라고 했다. 이 대장 이야기는 〈행록〉에도 몇 차례 나온다. 그는 문신 가문의 아들이었지만 어렸을 때부터 대장이라는 목표가 있었고, 수많은 시련을 겪으면서도 꿈을 포기하지 않고 도전해 수군 제독이 되었다. 무과를 공부한 지 무려 10년 뒤 무과시험에 합격했다.

그러나 그는 대장이라는 직위에 만족하지 않고 더 큰 목표, 즉 나라와 백성을 지키는 것을 목표로 삼았다. 그는 끊임없이 목표에 도전했다. 도전 자체가 그에게 가장 중요한 학습도구였고, 도전을 거쳐 거듭 성장했다. 도전하는 과정에서 이순신은 시련을 겪고 적응하며 변했지만 목표는 포기하지 않았다. 이순신은 요행을 바라지 않고 원대한 목표를 향해 끊임없이 한 걸음 한 걸음 나아갔다.

 ### 중요도에 따라 우선순위를 정하다

이순신은 전략을 세우거나 각종 판단을 할 때 늘 중요도에 따라 처리했다. 1592년 8월 28일 일기 이후의 메모에는 "대저 변방의 중진을 한 번 잃으면 그 해독은 심장부에까지 미치게 되니, 이 것은 실로 이미 경험한 일입니다. 신의 어리석고 망령된 계책으로는, 먼저 전례를 따라 변방의 방어를 견고하게 한 다음 차츰 조사하고 밝혀 군사와 백성의 고통을 구하는 것이 급선무라 생각합니다"라고 했다. 가장 중요한 지역을 먼저 방어해 나라를 지키고, 그다음에 군사와 백성의 고통을 구해주어야 한다는 것이다. 나라를 빼앗긴 뒤에는 군사와 백성도 의미가 없기 때문이다.

그가 일의 우선순위를 중요하게 생각한 것은 무질서가 실수와 판단착오를 가져와 실패를 만드는 원인이라고 여겼기 때문이다. 순서에 따라 집중해서 철저하게 미리 준비하고 대책을 만들어 하나하나 해결하는 것이 그의 일 처리 방식이다. 전투에 임했을 때 이순신은 우선순위, 중요도에 따른 공격 전략을 펼침으로써 왜 수군을 무력하게 만들고 조선 수군을 강하게 만들었다.

리더는 항상 많은 일을 해야 한다. 이 때문에 언제나 우선순위를 판단하는 능력, 집중하는 능력이 뛰어나야 한다. 늘 선택과 집중을 잘해야 효과를 거둘 수 있다. 우선순위를 결정하는 리더의 능력은 부하의 효율성에도 큰 영향을 미친다.

 매사를 치밀하게 계획하다

이순신의 전략과 전술을 보면 그가 얼마나 치밀한 전략가요 계획자인지 알 수 있다. 전략을 수립할 때는 여러 참모와 함께 오랜 시간 열띠게 토론하였다. 그리고 승리할 수 있는 전략을 세웠다.

그는 미리 준비했는데 준비가 곧 계획이었다. 그는 유비무환이라는 신념을 바탕으로 전쟁에 대비했다. 47세에 전라좌수사가 된 그는 바다 건너 일본에서 흘러오는 소문에 귀를 기울였다. 왜국이 병선과 무기를 많이 만들고 있다는 소문을 듣고 곧 그들이 쳐들어올 것을 예측하였다. 그래서 그는 수군이 주둔할 진지를 튼튼히 쌓고, 새로운 화포와 무기를 열심히 만들며 전쟁에 대비했다. 군사훈련을 철저히 하고 왜적에 맞서 싸울 만한 새로운 전투함을 만들었다. 그의 예측대로 거북선이 완성된 지 15일 만에 왜군이 함선 수백 척을 거느리고 부산 앞바다로 침략해왔다.

이순신은 차분차분히 일을 진행했으며 서두르는 것을 몹시 경계했다. 감정을 자제하고 이성적으로 판단해서 일을 추진하였다. 이순신은 "아무리 급해도 하지 말아야 할 것은 하지 않는 것이 더 좋고, 때로는 기다려야 한다"고 말했다. 아무리 부끄럽고 분노가 일어도 당장 치욕을 씻기 위해 무모하게 전투를 해서는 안 되며, 신중하게 관찰하다 기회를 잡아서 싸워야 한다고 주장하기도 했다. 그가 말하는 것처럼 병법에서는 '요행이나 만일'이 계책이 아니기 때문이다. 그는 또한 리더는 급하게 판단하고 행동해서는 안 된다고 했다. 그는 1593년 3월 22일 일기 이후의 메모에서 "대장의 명령은 오히려 신중히 하여 가볍게 내려선 안 되며, 뒷일을 생각하지 않을 만큼 일이 급해도 인심과 형세를 살피고 처리해야 한다"고 했다. 묵묵히 인내할 줄 알았던 것이다. 그가 얼마나

이순신처럼 생각하고 리드하라

탁월한 계획자였는지는 그의 승전, 곧 그가 왜군과 싸워서 23전 23승을 한 것이 웅변한다.

 아주 부지런히 움직이다

《난중일기》에 따르면 이순신은 찾아오는 막하 장령들과 공사를 논의하며 새벽 닭 우는 소리를 들었고, 출전하지 않는 날에는 동헌에 나가 집무를 보았으며, 틈을 내어 막료들과 활을 쏠 때가 많았다고 한다. 그는 잠시도 헛되이 보내지 않으려고 노력했다. 새벽형 인간이었던 그는 언제나 일찍 일어났고 새벽을 늘 새롭게 활용했다.

다음은 이순신이 새벽을 어떻게 보냈는지 알 수 있는 〈행록〉의 내용이다. "계사년(1593, 49세) 공은 매일 밤 잠잘 때도 띠를 풀지 않았다. 그리고 겨우 한두 잠을 자고 나서는 사람들을 불러들여 날이 샐 때까지 의논했다. 공의 정신은 보통 사람보다 갑절이나 더 강해서 이따금 소년과 밤중에 이르기까지 술을 마시고도 닭이 울면 반드시 촛불을 밝히고 혼자 일어나 앉아 혹은 문서를 보기도 하고 혹은 전술을 강론하기도 했다."

새벽에는 황금시간이 존재한다. 새벽에 일하는 습관이 기적을 만든다. 새벽이라는 신성한 시간을 활용해 자신을 단련하는 것은 삶의 기적을 만드는 첫걸음이다. 특히 새벽은 새로운 기적과 새로운 자신을 발견하고 새로운 시작을 할 수 있는 축복의 시간이다. 이 시간대를 생각하고 공부하고 듣고 보는 시간으로 활용한다면 위대한 삶을 창조할 수 있다. 그가 얼마나 부지런했는지는 다음 이야기에서도 충분히 엿볼 수 있다.

이순신은 진영에서 경영자로서 살림살이에도 열심이었다. 전쟁 중에도 임금과 조정에 필요한 각종 진상품을 만들어 제공했다. 《난중일기》에는 자신이 앞장서서 미역을 따고, 무밭을 갈고 무씨를 심었다는 이야기는 물론 반찬 만드는 데 필요한 장을 만들기 위해 메주를 쑤었다는 이야기까지 기록되어 있다. 군사들을 입힐 옷감을 만들기 위해 목화를 사오게 했고, 고기잡이 그물과 전선의 돛, 밧줄과 옷감을 만드는 데 필요한 생마를 사 오게도 했다. 조정에 바칠 종이를 만들어 진상하기도 했다. 이순신의 수군은 자급자족했을 뿐만 아니라 각종 보급품까지 만들었다. 그 과정에서 그는 군사들과 함께 일했고, 전투와 고된 노동으로 힘겨워하는 군사들을 위로하기 위해 술과 떡과 고기로 잔치를 열고, 씨름으로 위로하는 시간을 주었다.

설날과 추석, 동짓날 같은 명절에는 팥죽과 같이 특별한 음식을 먹게 하였다. 이순신은 백성과 함께, 군사들과 함께 된장을 쑤고 씨앗을 뿌리며 땀을 흘렸고, 그들의 노고를 위로하기 위해 잔치를 열었다. 진영을 방문한 고위층의 체면을 살리고, 군사들의 사기를 높이고자 자신이 비축한 식량을 임금 이름으로 풀기도 했다. 함께 땀 흘리는 이순신, 부하들에게 감사하는 이순신이 신뢰를 만들고, 단결심과 충성심을 이끌어낸 것이다.

긴장을 잘 푸는 지혜가 있다

전쟁을 치르는 장수에게 닥치는 스트레스는 상상할 수 없을 정도로 엄청나다. 장수는 스트레스를 잘 푸는 방법을 알아야 한다. 이순신은 산책을 즐겼다. 산책은 몸과 마음의 긴장을 푸는 데 매우 효과적인 방법이다. 걷기는 육체와 두뇌에 좋은 영향을 미치며 기분전환에도 탁월한 효과가 있다. 그는 산책처럼 조금 긴 시간 여유 있게 걷기보다는 짧은 시간 한 장소를 빙빙 돌며 긴장을 풀고 걱정을 털어내는 배회를 자주 했다. "1595년 7월 9일, 이경에 달빛이 수루에 가득 차니, 가을 생각이 매우 어지러워 수로 위를 배회했다."

익숙한 길보다 가보지 않은 새로운 길을 산책하는 것이 새 아이디어를 얻는 데 도움이 되며, 종이와 펜을 준비해 순간적으로 떠오른 생각을 메모해야 잊지 않고 활용할 수 있다. 멀리 갈 수 없으면 이순신처럼 제자리에서 맴돌며 몸과 마음의 긴장을 푸는 것도 좋은 방법이다. 그는 진중생활에서도 술로 마음을 달래며

시가詩歌를 읊었고, 특히 달 밝은 밤이면 감상에 젖기도 하였다. 또 가야금의 줄을 매었고, 음악 감상에 심취하기도 했다.

이순신은 '운주당'을 개방하였다. 운주당은 그의 집무실이자 회의실이었다. 하지만 운주당은 그만의 공간이 아니었다. 한편으로 그곳은 휴게공간이었다. 부하들과 늘 바둑도 두고 술도 마셨다. 군사전략을 논하고 조선 수군을 이야기했으며, 군부대가 어떻게 돌아가고 백성의 삶이 어떤지 온몸으로 들었다. 딱딱하고 격식을 차린 회의가 아니라 자유롭게 바둑도 두고, 술도 마시며 부하들의 고충과 아이디어를 가감 없이 들으면서 조선 수군의 앞날과 백성의 생활을 걱정했다. 운주당은 그래서 항상 열려 있었고, 일반 병사들도 찾아올 수 있는 개방된 공간이었다. 그는 이 운주당을 활용하면서 자신과 부하들의 긴장을 풀었다.

매사에 완벽을 추구하다

이순신은 매사에 철저했다. 지금도 이순신이 활쏘기 연습에 매진했던 한산도 활터에 가보면 그의 완벽성을 추구하는 대비태세를 잘 볼 수 있다. 화살로 적을 명중하려면 적과 거리를 정확히 측정해야 한다. 그러나 바다에서는 거리 감각이 무뎌져 다른 배에 탄 적을 정확히 겨냥하기가 어렵다. 이 문제를 해결하기 위해 이순신은 바닷물을 사이에 두고 활 쏘는 곳과 과녁을 배치할 수 있는 곳을 활터로 개발했다. 이런 활터는 국내에서 유일한 것이다. 그가 완벽성을 추구한 다른 증거는 숫자에 언제나 철저했다는 것이다. 그는 언제나 숫자를 철저하게 파악해서 일기에 기록했다. 그의 일기는 마치 회계장부를 방불케 한다. 그런 노력이 있었기에 자신이 경영하는 5관5포의 재무·조직 상태를 정확하게 진단할 수 있었고 화근을 미리 막을 수 있었다.

 ## 모든 일을 잘 기록하다

기록하는 습관은 좋은 시간관리 습관이다. 이순신은 임진왜란 7년 동안 쉬지 않고 기록해 귀중한 《난중일기》를 남겼다. 조정에 전쟁 상황을 생생하게 보고했는데 이 기록도 오늘날 귀중한 자료가 되고 있다. 그런 기록을 남겨두지 않았다면 후세에 큰 문화유산을 물려주지 못했음은 물론 전투에서까지 혼란과 시행착오를 거듭했을 것이다. 그가 명장으로 추앙받는 이유 가운데 중요한 것이 그의 철저한 기록정신 덕분이었다는 것이다. 《난중일기》와 더불어 시가와 서간문 몇 편이 이순신의 문재文才를 후세에 전하고 있다. 1937년에 간행된 조윤제趙潤濟의 《조선시가사강朝鮮詩歌史綱》에서는 조선 중기 시조문학 시대에 속하는 대표적 인물의 한 사람으로 이순신을 꼽았다.

원칙을 귀중히 여기고 잘 지키다

이순신은 자신의 가치관, 신념, 원칙에 따라 일관되게 행동했다. 그가 하급관리였을 때 상관의 부당한 요구를 거절하여 불이익을 당했지만 결국 이런 행동이 그의 신용도를 높여주는 결과를 가져왔다. 그는 선조 임금의 부당한 요구, 즉 바다에서 싸우지 말고 육지에서 싸우라는 명령에 불복하였다. 자신에게 큰 불이익이 올 줄 알고도 거절했다. 원칙에서 벗어나는 일을 하지 않는 것은 자기 명예를 지키는 일이며 또한 매우 효과적인 시간관리 원리다.

포기해야 할 것을 알고, 자기계발에 힘쓰다

이순신은 어떻게 해볼 수 없는 일은 단념했다. 그는 "참으로 어찌하겠는가?"라는 말을 종종 했다. 극복할 수 없으면 무시하는 것이 시간을 보호하는 좋은 방법이다. 이순신은 자신이 극복할 수 없거나 피할 수 없는 일이라고 생각하면 단념했다. 비방이나 헛소문이 있을 때마다 이순신은 화를 내지 않고 '망령된 짓이니 무

이순신처럼 생각하고 리드하라

슨 상관이 있겠는가?', '한탄
한들 무엇하랴' 하며 단념했
다. 자기 한계를 인정하는 것은
현명한 생각이다. 이순신은 누
가 뭐라고 하든 자기 일에 충실
하고 최선을 다하면 된다는 생각을
먼저 했다.

 이순신은 자기계발에 힘썼다. 열심히
독서하여 올바른 지식과 지혜를 쌓았다. 그
는 '아는 것이 힘'이라는 사실을 일찍 깨달았다. 그가 살아온 시
대는 전쟁의 시대였다. 그런데도 무인들은 병법을 공부하지 않아
늘 패했다. 이순신도 무술을 익혔다. 하지만 거기서 멈추지 않았
다. 지식과 지혜를 얻기 위해 늘 책을 끼고 지냈다.《난중일기》와
〈임진장초〉에는 그가 얼마나 열심히 독서했는가 하는 흔적을 찾
아볼 수 있다.

 그는 마치 과녁에 마음을 집중해 활을 쏘는 것과 같은 자세로
책을 읽었다. 책에서 궁금한 것은 끝까지 해답을 찾았다. 관심이
있는 책은 원서까지 찾아 읽었다. 그는 정신을 차리고 수없이 반
복해 읽어 마음에 저장하였으며, 사색하면서 온전하게 자기 것으
로 만들었다. 그는 당시 명나라의 병법책을 대부분 구해서 읽고
또 읽었다.

06 선조의 실패한 리더십

오래된 초등학교 교과서에는 선조를 "임진왜란을 슬기롭게 극복한 성군"이라고 기록해놓았다. 그런데 이 설명은 완전히 잘못된 것이다. 이순신을 '성공한 리더십'이라고 한다면 선조는 '실패한 리더십'이라고 할 수 있다. 선조는 완전히 실패한 임금이요, 실패한 리더다.

선조는 16세에 왕이 되어 재위 40년 8개월이라는 긴 세월 왕위를 지켰다. 왕위에 오르자 책 읽기를 좋아하고 신하들의 말에 귀 기울여 사람들은 그에게 선망의 눈빛을 보냈다. 그런데 '초년의 성공'이란 저주가 통했을까? 그는 차츰 매사에 왕으로서 위엄을 갖추지 못했고 정치를 그르쳤다. 더욱이 임진왜란이라는 국가 위기를 자초했을 뿐 아니라 이 전란을 슬기롭게 극복하지 못했다. 독선적이고 무능하고 우유부단하고 어리석은 왕이 되었다. 역사가는 조선조가 망하게 된 원인은 선조가 왕권주의에 너무 집착한 때문이라고 말한다.

《징비록》에서는 임진왜란이 일어나기까지, 그리고 전란이 벌어지는 와중에도 잘못된 리더십을 끊임없이 보여준 선조를 그려냈다. 정치적 판단을 제대로 내릴 수 없고, 애초에 그럴 능력조차 없었던 리더, 그래서 실패할 수밖에 없었던 리더를 잘 기술했다. 선조의 실패한 리더십을 살펴봄으로써 이순신의 리더십과 비교해보고자 한다. 선조의 리더십은 이순신의 리더십과 달라도 너무 달랐다. 리더십이라는 말조차 꺼내기 부끄러울 정도다.

 ## 위기를 의식하지 못했다

위기가 닥쳤는데 위기를 의식하지 못하는 사람은 패망할 수밖에 없다. 선조 재위 20년째 되는 해, 조선은 가뭄과 전염병으로 숱한 사람이 죽어갔다. 밖으로는 변방의 시비가 계속되었고 안으로는 토목공사가 많아서 굶주린 백성이 쓰러졌으며 유리걸식자가 태반에 이른 상황이었다. 그런 중에도 고관들은 당파싸움을 하고 사욕을 채웠으며, 지방수령들은 백성을 착취하는 일에 몰두했다. 이런 상황에서 선조정권은 여전히 양반을 군역에서 제외하는 등 안이한 조처를 내렸다.

선조는 위기에 둔감하기 짝이 없는 인물이었다. 1591년 3월 통신사로 일본에 다녀온 황윤길黃允吉(1536~?)과 김성일金誠一(1538~1593)에게 국왕 선조가 질문한 첫마디는 "도요토미 히데요시豊臣秀吉(1536~1598)가 어떻게 생겼더냐?"였다. 이에 황윤길은 "눈빛이 반짝반짝하여 담과 지략이 있는 듯합니다"라며 그가 침략할지 모른다는 뜻으로 말했고, 김성일은 "그의 눈이 쥐와 같아 족히 두려워할 인물이 못 됩니다"라고 안심하라는 뜻으로 말했다(《선조수정실록》). 전쟁 조짐을 파악하고 돌아온 신하들에게 기껏 물어본다는 게 적장 외모였다는 사실은 그가 얼마나 위기에 둔감했는지 잘 보여준다. 설상가상으로 당시에는 서인 세력이 강해서 선조는 서인인 김성일의 말을 믿었다. 그래서 전쟁을 대비하지 못하고 큰 재난을 초래했다.

 ## 위기극복 리더십을 발휘하지 못했다

임진왜란 초기, 왜군이 워낙 파죽지세로 몰고 북진하면서 조선의 국토와 백성은 유린당할 수밖에 없었다. 왜란 초기 조선 관군의 전투 능력을 보면 오합지졸에 가까웠고, 장수들이 잘못 판단하거나 도망자가 속출하는 등 전쟁 수행능력이 한심한 지경이었다. 전쟁이 나기 전에 벌써 그런 조짐이 있었다. 동인과 서인의 분당에 따른 분열이 그랬고, 정보 수집에서나 정세 판단에서 객관적이지 못하고 냉철함이 부족했던 것 등 전쟁이 없는 시기가 지속되면서 조선은 국방력에 커다란 허점을 보였다.

소통하지 못하는 왕이었다

선조는 신하는 물론 백성과도 소통하지 못했다. 이것이 당시 사람들을 크게 좌절하게 한 요인이었다. 사실 선조는 치세를 잘할 수 있는 가장 좋은 여건에 있었다. 그러나 그의 정치운영 방식은 형식적이고 비소통적이었다. 새로 왕이 된 선조를 '조선의 요순'으로 만들어보겠다고 이이가 나섰지만 선조는 그의 말을 듣지 않았다. 퇴계 이황李滉(1501~1570)도 선조에게 적극적으로 조언했으나 공염불이었다. 신하들에게 말을 하게 하고 듣기는 했지만 전혀 답변을 하지 않고 물끄러미 내려다보기만 했다.

선조는 이이, 기대승, 류성룡, 류희춘 같은 인재를 어전으로 불러 대화하기를 즐겼다. 하지만 대화 자체로 끝났을 뿐 인재들의 말을 채택하는 데까지 나아가지 않았다. 선조는 신하들과 토론을 자주 벌였으나 거기서 나온 정책 아이디어를 그냥 흘려버렸다. 의견에 대해 처음에는 찬성하는 뜻을 밝혔지만 마지막에는 채택하지 않은 것도 선조의 우유부단함을 보여주는 예다. 그런가 하면 패배의 책임을 부하에게 떠넘긴 최악의 리더였다.

만약 선조가 이이, 이황, 류성룡을 멘토로 삼아 개혁했다면 임진왜란은 전혀 다른 방향으로 흘러갔을 것이다. 선조는 평소 백성과 대화했다는 기록이 전혀 없다. 신하들과 대책을 의논하기는 했지만 당파인 동인과 서인의 의견이 충돌하자 선조는 갈피를 잡지 못했다. 의사소통이 안 되니 비전을 공유할 수도 없었다.

1592년 임진왜란이 일어났고, 선조의 무능한 리더십은 응분의 대가를 톡톡히 치러야 했다. 실록에는 선조 일행이 궁궐을 탈출하던 날 장졸들은 "이 전쟁은 천재가 아니라 인재다"라고 했고 "이제야 학정에 시달린 보복을 할 수 있게 되었다"는 황당한 반응을 보였다. 선조가 얼마나 정치를 못 했으면 백성의 원성이 이렇게 하늘에 사무쳤을까?

백성은 침략한 왜병에 맞서 싸우기는커녕 왕의 피란 행렬에 돌멩이를 던지기도 했고, 왕비 일행을 몽둥이로 쳐서 말 아래로 떨어뜨리기도 했다. 더 심한 것은 왕자들의 피란 향방을 왜군에게 알려준 것이다. 그렇게 출중한 인물이

Point!

선조 때는 이이, 이항복, 류성룡, 권율 등 조선조에서 뛰어난 인물이 많았던 시기로 꼽히지만, 선조는 이들을 제대로 활용하지 못했다. 선조의 인사는 전혀 공정하지 않았고 무책임하기까지 했다. 이순신이 전사하던 날 선조는 신하의 모함에 빠져 류성룡을 파직했다. 그는 '파리 목숨 날리듯' 수령을 파직하곤 했다. 선조 대신 류성룡이 임금이었다면 어떻게 되었을까? 왜란이 훨씬 빨리 끝났을 것이다.

많았고, 백성의 기대와 지지를 가장 많이 받으며 왕위에 오른 선조가 이런 치욕적인 일을 당할 줄은 아무도 짐작하지 못했을 것이다. 위기는 갑자기 오지 않는다. 위기가 오기 전에 여러 불운한 징후가 나타나기 마련이다. 그것을 빨리 인식해서 그에 대비해야 위기를 극복할 수 있다.

 좋은 기회를 모두 놓쳤다

류성룡의 《징비록》에는 선조가 임진왜란 전후 몇 차례 중요한 기회를 놓쳤다고 지적했다. 첫째, 선조는 전쟁이 일어나기 전 류성룡에게서 당시 명망 높던 장수 이일李鎰(1538~1601)을 경상우병사로 보내라는 건의를 받았다. "변고가 생기면 결국 이일을 보내지 않을 수 없는데, 이왕 보내려면 하루라도 일찍 보내 예비케 해야 한다"는 말이었다. 하지만 선조는 "대답하지 않았고 명장名將은 마땅히 서울에 있어야 한다"는 말에 따라 국왕을 호위하는 일을 맡겼다. 전쟁이 일어난 뒤 이일은 준비도 안 된 상태로 경상도 상주로 내려갔다가 참패하고 말았다.

둘째, 류성룡은 선조에게 방어체제를 개혁해야 한다고 제안했다. 류성룡은 '진관지법'을 주장했는데 이것은 평소 지역 단위 군사들의 독자적 전투능력을 중시하는 진법이다. 지역별로 훈련받은 군사들이 유사시에 현지 상황에 맞게 전투를 전개해 적을 후 방에서 교란하는 방어체제였다. 하지만 선조는 듣지 않았다.

셋째, 류성룡이 볼 때 선조의 가장 큰 실수는 평양을 포기한 것이다. 선조가 서울을 떠난 것과 평양을 버린 것은 엄연한 차이가 있었다. 서울에서는 왕에 대한 민심이 흉흉하였지만 평양은 달랐다. 게다가 평양성은 10만 군사가 두 달 동안 버틸 수 있는 군량을 4만 섬 비축한 막강한 '병마도시'였다. 류성룡은 선조에게 평양을 지키자고 했지만 선조는 왕비와 왕자들을 함경도 쪽으로 보내 왜적을 유인케 하는 한편, 자신은 명나라 국경과 가까운 의주로 피신했다.

 ## 왕권을 무엇보다 우선하였다

선조는 자기정체성이 불안한 왕이었다. 자아정체성이 건강한 사람은 스스로 올바른 결단을 할 줄 알고 다른 사람의 공로를 인정해준다. 그러나 불안정한 리더는 자기 존재를 보호하기 위해 남을 깎아내리고 심지어 해치는 행동까지 서슴지 않는다.

선조는 왜란 승리에 결정적으로 기여한 집단인 의병들에게 "정규군 편제로 들어오라"고 명했다. 정규군이 제 역할을 하지 못하고 참패를 거듭한 것은 물론 장수와 관리들이 도망가기 바쁜 상황에서 백성은 각자 자기 생명을 지키는 길밖에 없었다. 결국 의병들은 목숨을 걸고 왜군과 싸웠다. 선조도 처음에는 의병들의 봉기에 감격했다. 하지만 시간이 지나고 전황이 유리하게 돌아가자 태도가 돌변했다. 선조는 의병을 정규군에 편제시키라고 명했지만 의병들은 반발했다.

이런 소식을 들은 선조는 "나를 능멸하는 것이냐. 내게 칼을 겨누는 역당이 될 것이다"라고 분노했다. 의병이 전란에서 큰 공을 세웠지만 왕권에 반발하자 선조는 그 어느 때보다 분노했다. 사학자들은 왕권을 위협할 수 있는, 사병이 될 개연성이 큰 의병들을 해체하는 수순을 밟은 것으로 본다.

이순신은 살 곳을 잃고 자신을 찾아온 백성에게 둔전을 일구게 했다. 둔전은 군량을 확보하기 위해 군사들이 직접 농사를 짓는 것을 말한다. 선조는 이런 이순신의 행보에 또다시 촉각을 곤두세웠다.

이 소식을 들은 선조는 "유랑민이 한곳에 모이는 것은 위험한 일이다. 쫓아내면 나를 원망할 것이고 놔두면 이순신에 대한 칭송만 커질 것이다"라고 씁쓸해했다. 갈 곳 없는 백성의 고통에 대한 대책이나 옳고 그름보단 자기 왕권에 흠집이 생기지 않을까, 한 장수가 자기보다 더 칭송받지 않을까 걱정부터 한 선조는 졸장부 중 졸장부였다.

우유부단하고 변덕스러웠다

선조는 명나라 망명을 강력히 요청했다가 사실상 거절당하는 굴욕을 겪기도 하고 늘 백성을 지키겠다고 선언했지만 왜군이 다가오면 도망을 생각하는 모습을 보였다. 그는 백성을 버리고 평양으로 도망갔다. 그를 원망하는 일부 중신들의 시선에 선조는 반문했다. "그럼 내가 죽었어야 했나?" 그런 시선을 의식한 듯 선조는 평양을 배수의 진으로 삼아 왜적들에게 반격을 가하고자 준비했다. 군사를 모으고, 자신이 외면한 백성의 환심을 사고자 손수 백성에게 장국을 나눠주는 등 솔선수범하는 리더의 모습을 보이고자 했다. 하지만 군령이 혼란을 겪는 시기였다. 자신이 임명한 군 지도자를 따르지 않는다 하여 소속 군관의 목을 치라는 명령을 내렸다. 그런데 그 군관은 임진왜란 최초로 승리를 거둔 명장수였다. 잘못된 판단으로 명장을 죽임으로써 군인들의 사기를 떨어뜨렸다.

자기명령에 불복하였다는 죄로 이순신을 파직하고 죽이려고 한 그의 판단력은? 원균이 대패했다는 소식이 전해지자 부랴부랴 이순신을 복직시킨 모양새는? 이순신에게 미안하다는 말을 제대로 하지 못하고 얼버무린 모습은? 이순신을 복직시키되 종전보다 품위를 낮춰서 임명한 이유는? 이 모두 이유가 아리송할 뿐이다.

《선조실록》 1598년 11월 27일자에는 다음과 같은 글이 쓰여 있다. "국가를 위하는 충성과 몸을 잊고 전사한 의리는 비록 옛날의 어진 장수라 하더라도 이보다 더할 수 없다. 조정에서 사람을 잘못 써서 순신으로 하여금 그 재능을 다 펴지 못하게 한 것이 참으로 애석하다. 만약 순신을 1596년과 1597년간의 통제사에서 체직시키지 않았다면 어찌 한산의 패전을 가져왔겠으며 전라도와 충청도가 왜적의 소굴이 되었겠는가. 아, 애석하다."

선조는 신하와 백성을 다스리기 전에 자기 자신의 마음조차 제대로 다스리지 못한 인물이었다. 마음 가는 대로 자기가 끌리는 핏줄을 지키기 위해 정치적 모험을 한 인물이었다.

 인물을 제대로 쓰지 못했다

선조 때는 이이, 이항복, 류성룡, 권율 등 조선조에서 뛰어난 인물이 많았던 시기로 꼽히지만, 선조는 이들을 제대로 활용하지 못했다. 선조의 인사는 전혀 공정하지 않았고 무책임하기까지 했다. 이순신이 전사하던 날 선조는 신하의 모함에 빠져 류성룡을 파직했다. 그는 '파리 목숨 날리듯' 수령을 파직하곤 했다. 선조 대신 류성룡이 임금이었다면 어떻게 되었을까? 왜란이 훨씬 빨리 끝났을 것이다.

당시 영의정이었던 류성룡은 통찰력과 인재를 고르는 안목이 뛰어났다. 그는 "바다를 지키지 못하면 왜군에 조선 최고 곡창지대이자 나라 재정의 절반을 대는 호남 지역을 빼앗기리란 사실을 꿰뚫어보고 있었기에 수군을 강화했다"고 설명했다. 육군의 말단 장수였던 이순신을 일곱 계급 승진시켜 호남 지역 수군을 이끌게 한 것도 그런 이유였다. 인재를 등용하기 위해서라면 파격도 서슴지 않은 류성룡의 리더십을 선조가 가졌더라면 얼마나 좋았을까?

논공행상을 잘못했다

임진왜란이 끝난 뒤인 1604년(선조 37) 6월 25일 이루어진 공신 책봉에는 문제점이 많았다. 실제 전투에서 공을 세운 선무공신宣武功臣은 18명인 데 비해 선조의 피란길을 따라나선 호성공신扈聖功臣은 86명이나 선정했다. 전쟁터에서 목숨을 걸고 싸운 장수보다 내관 등 자신을 호종扈從한 인물을 더 많이 공신으로 포상한 것이다. 이것은 임진왜란의 승전 원인을 명나라 군대의 참전으로 간주한 선조의 의식수준이 그대로 드러난 것이었다. 곽재우郭再祐(1552~1617), 정인홍鄭仁弘(1535~1623), 조헌趙憲(1544~1592) 같은 의병장은 포함되지도 않았다. 의병장들은 오히려 전란이 끝난 뒤 조정의 견제를 받아 쓸쓸하게 최후를 맞이한 이들이 많았다.

존재 자체가 재앙인 리더였다

예수는 그를 배반한 제자 이스가리옷 유다Judas Iscariot를 향하여 "차라리 태어나지 않았으면 더 좋았을 사람"이라고 말했다. 유다는 비극적 인물이다. 선조도 차라리 태어나지 않았으면 좋았을 왕이었다. 존재 자체가 재앙이었던 선조가 장수들과 의병들이 왜적을 무찌르는 동안 한 일이라고는 적이 보이기도 전에 서울을 버리고 달아난 것과 아군 장수들을 죽이려 들었던 것밖에 없었다. 의병장 김덕령金德齡(1567~1596)을 죽였고, 류성룡과 이순신과 곽재우를 죽이려고 했다. 그러고는 난이 끝나자 나라를 구한 것은 오직 명나라 덕분이라고 했다. 선조는 이처럼 천방지축인 국왕이었다.

07
류성룡의
명재상 리더십

조선의 명재상 류성룡柳成龍(1542~1607)의 삶을 살펴보면 리더십의 진수를 발견할 수 있다. 용기와 온유함, 해박한 지식과 현명한 판단력, 따뜻한 인간미와 원칙을 버리지 않는 소신, 신분이나 당파보다 능력을 중시한 실용주의, 성리학자이면서도 다른 이론도 수용한 열린 자세 등 지금 우리가 그에게 배워야 할 이유는 충분하다. 그는 이순신의 인물됨을 알아보았고 적극적으로 후원했다. 임진왜란 때 류성룡은 조정에서, 이순신은 바다에서 자기 임무를 충실히 수행함으로써 국난을 슬기롭게 극복하였다.

명재상 류성룡은 1542년(중종 37) 10월 1일, 경상도 의성현 사촌리에서 황해도 관찰사 류중영의 둘째 아들로 태어났다. 본관은 풍산, 자는 이현而見, 호는 서애西厓였다. 본가는 서울 남산 기슭 묵

사동이었고, 세 살 아래인 이순신과 이웃 동네에서 살았다.

4세부터 글을 읽기 시작해 6세에 대학을 배웠고 8세에 맹자를 배웠으며, 14세에 향시에 합격했다. 21세에 이황에게 직접 배웠고 25세에는 문과에 급제했다. 49세에 우의정이 되었고 50세에 대제학을 겸직하였다. 임진왜란이라는 국난을 몸소 체험하면서 이를 극복하기 위해 리더십을 최대한 발휘했다. 임진왜란이 끝날 무렵인 1598년(선조 31) 11월 19일 간신들의 모함으로 파직되었다. 류성룡은 그 이튿날 서울을 떠나 고향 하회마을로 향했다. 그곳에서 《징비록》을 6년 만에 완성하였다. 1607년 5월 6일 66세로 세상을 떠났다.

류성룡은 어릴 때부터 침착했고 바른 행동을 몸소 실천하려고 했다. 그는 19세 때 자신이 이미 배운 바를 좀 더 차분하게 혼자 공부하려고 관악산에 들어가 일부러 절의 조용하고 후미진 곳을 선택해 침식을 잊을 정도로 열심히 공부했다.

그러던 어느 날 밤이 깊어지자 벽을 두드리는 소리가 간간이 들려왔으나, 류성룡은 들은 체도 하지 않고 계속 독서에 열중하였다. 그 절의 스님이 도둑으로 가장하여 류성룡을 시험해보려고 벽을 두드린 것이다. 류성룡의 골똘한 향학 모습과 침착한 행동을 직접 본 스님은 감탄했다. 그러나 그는 공부에만 매달리지 않고, 가끔 친구들과 어울려 고향인 하회마을 앞 낙동강에서 헤엄을 치기도 하고 근처의 산천을 거닐기도 했다.

이순신과 관계를 맺다

류성룡은 이순신의 친구이자 선배이고, 멘토이자 적극적 후원자였다. 류성룡이 없었다면 이순신은 영웅으로 존재하지 못했을 것이다. 류성룡은 이순신과 어린 시절 동네에서 친밀하게 지냈다. 류성룡은 《징비록》에서 "순신은 어려서부터 담력이 컸고 말타기와 활쏘기에 유난히도 능했다"라고 썼다. 류성룡이 이순신을 이렇게 소개한 것은 그가 이순신을 매우 잘 알고 있었음을 암시한다. 이는 두 사람이 한양 한동네에서 철부지 시절을 보내면서 두터운 우정을 쌓았기 때문일 것으로 보인다.

두 사람의 어릴 적 집안 형편은 류성룡이 이순신보다 좀 나았다. 그 이유는 류성룡의 아버지 류중영은 황해도 관찰사(현 도지사)를 지낸 데 반해, 이순신의 부친 이정은 아무런 관직이 없었기 때문이다.

한편, 이순신은 부친 이정이 식구들을 데리고 자신의 처갓집 동네인 충남 아산으로 이사하면서 류성룡과 헤어졌다. 류성룡은 문과 급제를 목표로 과거 준비를 시작했고, 이순신 역시 아산의 시골생활에 적응하면서 결혼도 하고 장인 방진의 권유로 무과시험을 준비했다. 그런 과정에서 두 사람은 자주 만나지 못했을 것이다. 다만, 이따금 안부 편지를 주고받거나 이순신이 상경했을 때 류성룡을 찾아가서 만났을 것이다.

이순신처럼 생각하고 리드하라

1586년 1월, 당시 예조판서였던 류성룡은 이순신을 종6품 관리에서 종4품 벼슬에 추천했다. 계급이 네 단계나 수직상승한 것이다. 1591년 2월 13일, 임진왜란의 전운이 감돌 때 류성룡은 좌의정 겸 이조판서였다. 그는 정읍현감이었던 이순신을 전라좌수사로 발탁하였다. 종6품에서 종3품으로 여섯 단계나 수직상승한 것이다. 이렇게 해서 이순신은 전라좌수사가 되어 임진왜란을 치르게 되었다. 32세라는 늦은 나이로 병과에 급제해 종9품이 된 이순신은 원래 출세와는 거리가 먼 인물이었지만 류성룡이라는 든든한 후원자가 있어서 출세할 수 있었다.

이순신은 자존심이 강하고 성품이 고상해서 생전 누구를 찾아가 자기 안위를 부탁할 줄도 몰랐고, 권세욕에 사로잡힌 잡배들과 어울릴 줄도 몰랐다. 일찌감치 이순신의 자질을 알아본 류성룡은 몇 차례 이순신을 천거했다가 오해를 받기도 했다. 이때 이야기는 류성룡의《징비록》에 담겨 있다.

"조정에서 이순신을 추천해주는 사람이 없어서 무과에 오른 지 10여 년이 되도록 벼슬이 오르지 않았다. 내가 순신을 천거해 차례를 뛰어넘어 전라좌수사로 임명되었으므로 사람들은 그가 갑작스레 승진된 것을 의심하였다." 남인이었던 이순신과 류성룡은 반대파에게는 눈엣가시 같은 존재였다.

1592년 초 류성룡은 인편을 이용해 이순신에게 사적인 편지와《증손전수방략增損戰守方略》이라는 병서를 선물했다. 이순신은

1592년 3월 5일자 《난중일기》에 그 병서가 수륙전과 화공전의 전술을 설명해주는 매우 뛰어난 책이라고 극찬했다.

이순신은 류성룡의 은혜를 보답할 기회가 없었다. 그러나 일본과 해전에서 연전연승함으로써 류성룡의 은혜에 보답했다고 볼 수 있다. 이순신이 모함에 휘말려 해직과 복직을 거듭하는 동안 류성룡 역시 영의정에서 쫓겨났다가 복직되는 파란을 겪었다. 두 사람은 마지막도 비극적이었다. 이순신은 백의종군했다가 노량 해전에서 전사했고, 류성룡은 반대파의 또 다른 모함으로 관직을 버린 뒤 은거하다가 조용히 눈을 감았다.

 ## 류성룡의 탁월한 재상 리더십

식량전쟁 때 발휘된 류성룡의 리더십

류성룡의 뚜렷한 공적은 군량미를 조달한 것이었다. 임진왜란은 사실상 식량전쟁이었다. 적이 워낙 빠르게 밀려왔기 때문에 국왕조차 먹을 것이 없었다. 전쟁이 길어지자 굶주린 백성은 '아이를 서로 바꾸어 먹기에' 이르렀다. 비참하기 이루 말할 수 없는 상황이었다.

이런 상황에서 재상 류성룡에게 맡겨진 중대 임무는 군량이 조달이었다. 조정의 애초 계획은 3일분 식량을 가지고 온 명나라

군대에 세 군데(양책, 용천, 안주)
에서 식량을 조달해 평양까지
도달하게 하는 것이었다. 그러
나 평양성이 일찍 적의 수중에
들어가고, 그 위의 정주성에 곡
식이 없는 것으로 판명되면서 조정
은 곤혹스러운 처지에 놓였다. 설상가
상으로 명나라 장수 양병총이 "군량과 마
초가 보급되지 않기 때문에 회군하겠다"고
위협하기에 이르렀다.

　군사 2,000명을 먹일 수도 없는 열악한 여건에서 류성룡은 먼저 정주 인근 창고의 곡식을 조사해 한곳에 모았다. 다음으로, 전라도와 충청도 아산의 곡식을 해로로 운반하게 했다. 그리고 곡식을 안전하게 운반할 운송책임자를 엄선했다. 공명첩과 면역첩을 발급해 자발적으로 곡식을 내놓도록 한 것도 효과가 있었다. 조명연합군이 치열한 평양성 전투에서 승리할 수 있었던 배경에는 이순신의 서해안 운송로 장악과 함께 전투 식량을 지원하기 위한 류성룡의 헌신적 노력이 있었다.

전란 속에서 백성을 구제한 리더십

　1593년 10월 6일 류성룡은 정예 직업군인을 양성하는 훈련도

감을 설치하고, 조선 조정에 등을 돌린 백성의 마음을 사로잡는 개혁을 실시했다. 이는 조선 개국 후 200년 동안 유지해온 신분제 사회질서의 근간을 흔들 수 있는 파격적 조치였다.

첫째, 백성의 세금 부담을 크게 줄여주는 조세개혁을 추진했다. 기존의 공납제도는 가호단위로 부과되는 조세로서 백성의 고혈을 짜내는 역진세였다. 그는 땅 소유 면적에 따라 세금을 차등 부과했고, 세금 역시 쌀로 내게 했다. 이것이 바로 대동법의 효시인 작미법作米法이다.

둘째, 병역의무는 백성의 몫이었고 양반은 제외되었다. 류성룡은 병역법을 개정해 양반에게도 병역의무를 부과했다. 그런 다음 양반과 백성이 같은 부대에서 근무하게 했다. 그렇게 해서 탄생한 부대가 속오군束伍軍이다.

셋째, 천인도 전투에 참여해 군공을 세우면 천인신분에서 구제해주는 면천법免賤法을 시행했다. 본래 천민은 양반 사유물이라서 병역의무를 부과하지 않았다. 그러나 면천법이 알려지자 천인 가운데 전투에 스스로 참가하는 사람들이 많아졌고, 이는 조선 군대의 전투력 향상으로 이어졌다.

백성은 류성룡의 개혁조치에 지지와 환호를 보냈다. 그리고 이런 백성의 지지가 임진왜란에서 승리하는 데 큰 역할을 했다. 그러나 북인, 서인, 동인의 생각은 백성과 달랐다. 특히 이이첨李爾瞻(1560~1623)을 비롯한 북인의 눈에는 류성룡이 양반의 기득권을

이순신처럼 생각하고 리드하라

박탈하고, 신분제 사회질서를 파괴한 주범으로 비쳤다. 선조 역시 마음이 불편하기는 마찬가지였다. 자신의 인기는 하한가인 데 반해 류성룡의 대국민 인기는 상종가를 치고 있었기 때문이다.

공익보다 사익을 우선으로 했던 사이비 선비들이 그런 정치적 틈새를 놓칠 리 만무했다. 그들은 류성룡을 무너뜨리기 위해 힘을 합쳤다. 그들은 '명나라의 과도관주사 정응태의 무주사건'을 정치적 덫으로 활용했다. 즉 그 사건을 명나라에 해명하기 위한 사신으로 류성룡을 지목했는데 그가 거절했다는 것을 빌미로 삼았다. 류성룡에 대한 그들의 탄핵 상소는 집요했다. 선조도 포커페이스를 유지하면서 전란 극복의 일등공신인 류성룡을 영의정 자리에서 내쫓았다. 그때가 임진왜란 종전일인 1598년 11월 19일 아침이었다.

 임진왜란을 슬기롭게 극복한 리더십

1592년(선조 25) 4월 13일 임진왜란이 일어났다. 200년 동안 태평성대를 누리던 조선조는 졸지에 망국의 위기를 맞았다. 이때 류성룡은 조정에서 영의정과 도체찰사로 국가를 보존하기 위해 비상한 리더십을 발휘했다. 밖에서는 류성룡이 천거한 이순신이 수군통제사로 제해권을 장악해 나라를 구했다.

류성룡은 임진왜란 직전 좌의정으로 홍문관 대제학을 겸임하다가 전란이 일어나자 병조판서를 겸임하고 군무를 총괄하는 도체찰사에 임명됐다. 파천 도중 영의정이 됐다가 반대파의 탄핵으로 그날 저녁 해임됐다. 그는 직책이 없었지만 굴하지 않고 백의종군하면서 명나라 원군을 맞이해 반격작전을 세웠다.

선조는 도성 함락이 목전에 이르자 한양을 뒤로한 채 북쪽으로 피란길에 올랐다. 전세가 불리해지자 압록강을 건너 요동 망명까지 고려했다. 이때 이를 반대한 사람이 류성룡이었다. 류성룡은 "임금께서 우리 땅을 단 한 걸음이라도 떠나신다면 조선 땅은 우리 소유가 되지 못합니다"라며 눈물로 호소했다. 국가 위기 상황일수록 임금과 신하와 국민이 하나로 뭉쳐야지 국가 리더가 신하와 민을 버리는 일을 해서는 안 된다는 호소였다.

1593년 11월 선조가 환도한 뒤 류성룡은 다시 영의정에 오르고 경기·평안·황해·함경 4도 도체찰사를 겸임했다. 이때부터 그는 전쟁이 끝나기까지 중책을 한 몸에 지고 외교, 군사, 민정에 힘을 쏟았다. 큰 위기 속에서도 맡은 일을 흔들리지 않고 수행해내는 뛰어난 재상의 면모를 보여줬다.

첫째, 인재등용의 혜안을 가지고 있었다. 이순신이나 권율을 기용한 것은 다 알려진 사실이다. 그는 인재를 구할 때 폭넓은 시각으로 그 사람의 장점을 부각하고 인재를 적재적소에 배치해야 한다고 강조했다.

둘째, 천심과 민심을 아울러 헤아릴 줄 알았다. 하늘의 순리와 인심이 가는 방향을 세심히 살펴 전란기에 애민정신을 실천해 백성을 심리적으로 안정시키려 했다.

셋째, 외교적 명분과 실리를 동시에 취하는 탁월한 리더십을 발휘했다. 그는 명나라에 원군을 청할 때 구걸하지 않고, 임진왜란의 원인이 명나라를 치러 가는 길을 내달라는 일본 요구를 조선이 거절해 일어났다고 주장하면서 명과 의리를 지키려다 일본의 침략을 받았으니 명이 조선을 지원해야 한다는 주장을 펼쳤다.

넷째, 충효 중심의 리더십을 가졌다. 이 점에서도 류성룡은 이순신과 일치한다. 그는 언제나 어떤 판단, 어떤 결정에도 나라 사랑을 우선으로 했다. 사심을 버리고 살신성인하는 대의명분의 자세로 펼친 그의 애국심은 역사에 길이 남을 것이다.

 조용히 조화로 돌아가다

임진왜란을 일으킨 원흉 도요토미가 죽고 왜군이 물러가기 시작하자 선조는 기다렸다는 듯 류성룡을 파직했다. 류성룡의 탄핵 사유는 종계변무宗系辨誣를 위한 명나라 사신행을 자원하지 않았다는 것이었다. 종계변무는 '태조 이성계가 고려 말의 권신 이

인임의 아들로 고려 말기 네 왕을 시해했다'고 잘못 기록된 명나라의 법전이자 역사서인《대명회전大明會典》의 내용을 고쳐달라고 명에 요청하는 일이었다. 이는 1394년(태조 3) 시작돼 200년을 끌어온 사안으로, 류성룡을 탄핵할 사유가 아니었다. 설득력이 약하자 서인과 북인 반대파에서는 류성룡이 왜와 강화를 주장했다는 혐의를 뒤집어씌웠다. 그러나 류성룡은 7년 전쟁 내내 강화를 주장한 적이 한 번도 없었다.

늙고 병들고 지친 류성룡은 모든 것을 뒤로하고 쉬고만 싶었다. 1598년(선조 31) 11월 19일 파직된 류성룡은 이튿날 한양을 떠나 고향 하회마을로 향했다. 그런데 청백리였던 류성룡은 여비가 없었다. 길을 떠난 지 이틀도 안 돼 노자가 떨어져 하인을 고향집으로 보내 양식을 구해오도록 시킬 정도였다. 1601년(선조 34) 12월 선조가 다시 벼슬을 주려고 불렀지만 가지 않았고 이듬해 청백리에 선정됐다고 했지만 사양했다. 그 이듬해에는 부원군에 복귀시켰으나 상소를 올려 사면을 요청했으며, 호성공신으로 책봉했으나 공신록에서 이름을 지워달라고 상소했다. 1604년 63세가 된 류성룡은 저술해오던 《징비록》을 완성했다. 1607년 병이 깊어진 류성룡은 "이제 편안하고 조용히 조화造化로 돌아가고 싶다"라고 말하고 그해 5월 6일 세상을 뜨니 향년 66세였다. 이듬해 2월 선조도 죽었다.

류성룡이 죽은 뒤 개혁입법은 모두 폐기되고 나라가 다시 양반

세상이 되자 백성은 낙담했다. 임진왜란이 끝나고 30년 뒤 일어
난 정묘호란과 병자호란 때 백성이 아무도 나라를 위해 일어나지
않은 것이 그런 까닭이었다. 민심은 천심이다. 역사의 교훈을 무
시하거나 망각하면 안 되는 이유가 여기에 있다.

《징비록》은 류성룡이 지은 임진왜란 회고록이자 경세서다. '징
비'는 '내 지난날을 반성하고 훗날에 근심이 없도록 한다'는 뜻으
로 《시경詩經》〈소비小毖〉 편에서 따온 말이다. 현재 국보 제132호
로 지정돼 있으며, 사료적 가치는 물론 뛰어난 문장으로 문학적
가치까지 인정받고 있다.

08

원균의
패전 리더십

원균은 부정적인 이미지를 갖고 있는 장수다. 질투에 눈이 멀어 이순신을 음해한 인물, 임금의 명령이라며 이길 수 없는 싸움이라는 것을 알면서도 부산 공격을 시도한 무모한 인물, 부하들의 목숨과 백성의 안위는 안중에 없고 오직 자기 명예만 탐한 인물, 리더십이 부족하여 유능한 장수들을 떠나게 한 인물, 윗사람에게는 벌벌 떨고 할 말도 못하면서 백성은 한없이 무시한 인물, 권율에게 곤장을 맞았던 부끄러운 인물 등으로 생각하게 마련이다.

영화 〈명량〉에서는 원균을 매우 부정적으로 다루었다. 그래서 영화제작자는 원균 후손에게서 항의를 받기도 했다. 그를 좀 더 객관적으로 살펴보려는 노력이 필요하다. 그도 요즘 해군참모총

장격인 삼도수군통제사를 지냈다. 거저 최고 지위에 오르는 법은
없다. 그는 임진왜란을 치르느라 고생도 많았다. 이순신, 선조, 류
성룡과 함께 그의 리더십을 살펴보는 것도 의미가 있다.

 ## 원균은 누구인가

원균元均(1540~1597)은 본관은 원주이고, 자는 평중平仲이다. 무
과에 급제한 뒤 조산만호를 거쳐 부령부사를 지냈다. 1592년(선조
25) 경상우도 수군절도사에 임명되어 부임한 지 3개월 뒤 임진왜
란이 일어났다. 왜군이 침입하자 박홍이 지휘하던 경상좌수영은
저항도 못해보고 궤멸하고 말았다. 원균도 맞서 싸우지 못하다가
전라좌도 수군절도사 이순신에게 원군을 요청하였다.

이순신은 자신의 경계 영역을 함부로 넘을 수 없음을 이유로
원군 요청에 즉시 응하지 않다가 5월 2일 조정의 출전 명령을 받
고 지원에 나섰다. 원균은 5월 7일 옥포해전에서 이순신과 합세
하여 적선 26척을 격침했다. 이후 합포해전, 적진포해전, 사천포
해전, 당포해전, 당항포해전, 율포해전, 한산도대첩, 안골포해전,
부산포해전 등에 참전해 이순신과 함께 왜군 수군을 무찔렀다.

1597년(선조 30) 이순신이 수군통제사에서 파직되어 투옥되었
을 때 원균이 그의 후임으로 수군통제사가 되었다. 그해 6월 가

덕도해전에서 패하였으며, 7월 칠전해전(칠천량해전)에서 왜군의 교란작전에 말려 참패하고 전라우도 수군절도사 이억기李億祺 (1561~1597) 등과 함께 전사하였다. 그가 죽은 뒤 백의종군하던 이순신이 다시 수군통제사에 임명되었다. 임진왜란이 끝난 뒤인 1603년(선조 36) 이순신, 권율과 함께 선무공신 1등에 책록되었고, 숭록대부 의정부좌찬성 겸 판의금부사 원릉군이 추증되었다.

 ## 원균은 원래 용감한 장수였다

원균은 무과에 급제한 후 비교적 빠르게 승진을 거듭했다. 함경도의 조산만호가 되어 오랑캐를 토벌한 공로로 부령부사로 몇 단계 승차했으며 이어 종성부사가 되었다. 원균은 주로 육군의 관직을 맡으면서 북쪽 오랑캐를 상대해 전공을 많이 세웠다. 원균보다 다섯 살 어린 이순신은 미관말직을 전전했는데 이순신이 정읍현감이 된 것은 거의 50세가 되었을 무렵이다. 원균과 이순신은 서울 건천동 한마을에 살았다. 류성룡과도 이웃하고 있었다. 사실 이순신에게 원균은 군대의 대선배다. 품계 역시 원균은 이순신보다 한참 높았다.

1591년 2월 이순신은 류성룡의 천거로 무려 전라좌수사로 임명되었다. 당연히 반대 여론이 비등했다. 이에 원균은 뒤늦게 경상우수사로 임명되었다. 물론 서열은 경상우수사가 한 단계 위였으나 경상우수사 직전까지는 오히려 이순신보다 한 단계 낮은 종성부사였으니 원균에게 섭섭한 감정이 없을 수 없었다.

원균이 동래에 부임한 것은 전쟁이 일어나기 3개월 전이었다. 원균 역시 전열을 재정비하는 데 힘썼지만 이순신과 달리 원균은 주위의 협조를 제대로 받지 못했다. 이순신이 백의종군할 때 원균은 삼도수군통제사를 다시 맡았고 도원수 권율과 견해 차이로 곤장까지 맞는 모욕을 당하다가 출전하여 전사했다. 원균은 한산도에서 패하고 육지로 도망하다가 왜적 칼에 죽었다고 한다. 그럼에도 오늘 우리는 원균과 이순신을 모두 장군으로 기억한다. 이순신은 분명 국난을 극복한 훌륭한 장수다. 원균 역시 군인의 사명을 충실히 이행하려고 한 것만은 분명하다.

원균을 좀 더 이해하려는 마음이 필요하다. 첫째, 그의 주특기가 육군이어서 자신에게 맞지 않는 해군을 지휘하다가 패전했다. 둘째, 이순신이 너무 출중하기 때문에 그와 비교하여 형편없는 평가를 받고 있다. 셋째, 인물을 과도하게 깎아내리려는 우리 민족성향이 작용한 것 같다.

원균은 열악한 여건에서도 주저함이 없었고, 항상 앞장서서 임무를 다하는 용맹스러운 장군이었다. 공과를 탐하여 다투기를 삼갔으며 왜군과 싸우다 장렬하게 전사했다. 그런데 전체적으로 보면 그는 '공功'보다는 '과過'가 많다. 그의 실패 원인을 살펴보는 것은 오늘날 우리에게 반면교사가 된다.

원균의 리더십

원균의 리더십을 살펴보려면 이순신과 비교해보는 것이 필요하다.

첫째, 이순신은 치밀하고 세심한 성격인 데 반하여 원균은 자신이 옳다고 생각하는 바를 무조건 밀고 가는 무장 스타일이었다. 이순신은 깊이 생각하고 용의주도하게 행동한 반면, 원균은 그러질 못했다. 이런 면에서 이순신은 여우 같았고 원균은 곰 같았다고 할까.

이런 스타일의 차이로 이순신과 원균은 갈등을 많이 빚으며 살았다. 특히 임진왜란 초기에는 전라도와 경상도, 충청도의 지휘권이 일원화되지 못했다. 따라서 전장에서 지휘권에 혼란이 있었으며, 그 와중에 두 사람의 불화가 심화되었다.

두 사람의 불화로 조정에서도 골머리를 앓았는데, 결국 원균을 충청도로 발령함으로써 임시방편으로 삼고 삼도수군통제사라는 새로운 직책을 만듦으로써 지휘권을 일원화해 혼선을 없애고자 했다. 그러나 통제사라는 새 직책은 장점이 많았지만 두 사람의 불화를 더욱 심화하는 또 다른 계기가 되었다. 이순신과 원균은 달라도 너무 다른 사람이었다. 이런 차이로 이순신은 실수가 적었고 원균은 실수가 많았다.

둘째, 이순신은 소통에 능하였지만 원균은 소통에 능하지 못했다. 이순신이 쓴 《난중일기》에 세 번째로 많이 나오는 문장은 "부하들과 밤새 의논했다.", "장군은 자주 한산도 운주당에 부하들을 불러 술을 마시면서 의논을 했다"는 말이다. 이 점이 원균과 가장 큰 차이점이다. 이순신은 아랫사람 이야기에 귀를 기울일 줄 알았고, 이 시간에 부하들의 지혜를 배웠다. 그리고 그들의 참여의식과 협조를 끌어낼 수 있었다. 전쟁 중에도 틈만 나면 활을 쏘며 스스로 다스렸다.

이순신이 자기계발에 잠시도 게으르지 않았고 항상 일기에 아프다고 썼을 만큼 불안과 고통 속에서도 국가를 구하려는 강한 의식의 소유자라는 점이 원균과 다른 부분이다. 그러나 원균이 그렇게 했다는 기록은 찾아볼 수 없다. 그는 혼자 생각하고 혼자 결정을 내렸다. 기분에 너무 좌우되었다. 이런 원균의 불통 스타일은 부하들의 협조를 얻어내지 못하게 하였다. 원균은 자연히 부하를 통솔하는 데 힘이 들 수밖에 없었다.

셋째, 이순신은 물러날 때 물러날 줄 알았지만 원균은 전시 상황 판단에 둔감했다. 이것이 두 사람의 리더십 측면에서 근본 차이다. 나아갈 때와 물러날 때를 안 이순신은 23전 23승이라는 전무후무한 기록을 역사에 남겼다. 그러나 원균은 칠천량해전에서 대패하여 조선의 운명을 위태롭게 하였다.

넷째, 이순신은 불리하면 왕명이라도 거역할 용기가 있었다. 그러나 원균은 앞을 바라보지 못하고 상관의 명령에 복종하다가 전투에서 대패했다. 원균은 패전에 대해 변명할 수 없었다. 자기가 그 전투의 최고 지휘관이었으니 말이다. 이순신 같았으면 이원익과 권율이 출전을 강요했다고 해서 출전했겠는가? 이순신은 임금의 명령도 잘못되었으면 목숨을 걸고 따르지 않았다. 그것이 부하 장병들을 살리고 중요한 국가자원을 지키는 지름길이라고 판단했다. 칠천량해전에 패한 결과 원균은 이순신이 몇 년 동안 애써 만든 전선 150여 척과 약 2만 명에 가까운 정예 수군을 칠천량 차가운 바다에 수장했다. 칠천량해전에서 패한 1차 책임은 당연히 원균에게 있다.

다섯째, 원균이 거느린 군사는 이순신이 거느린 군사와 비교할 때 실력이 떨어졌다. 그 사실은 원균과 이순신의 합동작전에서 보여준 모습으로 알 수 있다. 이순신은 평소 부하들을 잘 훈련했지만 원균은 그러지 못했다. 이것도 부하를 다루는 리더십의 중요한 요소다. 그뿐만 아니라 원균의 군대는 기강도 문란했다. 1597년 5월 5일 《난중일기》에서 이순신은 이렇게 썼다. "저녁 나절 충청 우후 원유남이 한산도에 와서 원균의 흉측하고 패악한 짓을 많이 전하고, 또 진중의 장병이 배반해 이탈하고 있어 장차 일이 어찌 될지 헤아리지 못하겠다고 한다."

여섯째, 이순신은 자기를 다스릴 줄 알았고, 원균은 자기를 다스리지 못했다. 원균의 실책은 《징비록》에서 "좋아하는 첩을 데려다가 그 집에서 살며"라고 한 것에서도 드러난다. 이순신은 전쟁 중이라며 아내도 거의 만나지 않는 절제된 모습을 보였다. 그러나 첩을 두는 것이 보편화된 당시 상황을 고려한다 해도 원균은 전임자 이순신과 비교되어 부하들에게 손가락질을 당할 수밖에 없었다.

원균이 자초한 실책은 "날마다 술주정과 성내는 것을 일삼았다"라는 기록에 분명하게 드러난다. 군대의 총책임자라면 그에 맞는 품위와 절도를 갖추어야 하는데 원균은 방탕해서 기강이 무너지고 있었다. 부하들은 원균의 잘못을 자기들끼리 비웃고 상관인 그를 두려워하지 않았다. 아예 원균의 호령도 제대로 지키지 않았다. 더 심하게는 부하들이 "만일 왜적을 만난다면 오직 도망가는 수만 있을 뿐이다"라고 공모했을 지경이다. 원균도 그런 분위기를 감지하고 최후 방법으로 상부에 보고해 문제를 해결하려고 했으나 허사가 되고 말았다.

Point!

원균은 열악한 여건에서도 주저함이 없었고, 항상 앞장서서 임무를 다하는 용맹스러운 장군이었다. 공과를 탐하여 다투기를 삼갔으며 왜군과 싸우다 장렬하게 전사했다. 그런데 전체적으로 보면 그는 '공功'보다는 '과過'가 많다. 그의 실패 원인을 살펴보는 것은 오늘날 우리에게 반면교사가 된다.

일곱째, 원균의 실책은 선조와 조정 대신들에게도 책임이 있다. 원균은 이순신이 삼도수군통제사로 임명된 1593년 8월 1일부터 자신이 충청도 병마절도사로 자리를 옮기게 된 1594년 12월 1일까지 '전쟁 중 하극상'을 저질렀다. 이순신이 삼도수군통제사로 취임한 이상 원균은 그의 부하장수에 불과했다. 그런데도 원균은 1년 4개월 동안 직속상관 이순신에게 온갖 험담을 일삼고 방해를 했다. 원균이 크게 잘못한 것이다. 그러나 원균이 넉살 좋게 이런 행동을 할 수 있었던 것은 믿는 구석이 있었기 때문이다. 선조와 조정 대신은 원균 편을 들었고 원균이 직속상관에게 하극상을 했어도 방치하였다.

09
우리는
어디로 가야 하나

일찍이 신채호申采浩(1880~1936) 선생은 "역사를 망각한 민족은 희망이 없다"는 말을 했다. 그런데 바로 우리가 역사를 잘 잊는 민족이다. 한국은 이스라엘과 닮은 점이 아주 많다. 예를 들면 외세의 침입을 많이 받은 것이나, 교육열이 대단한 것이나, 장유의 위계질서가 뚜렷한 것 등이다. 그러나 한 가지 아주 다른 점이 있다. 이스라엘 백성은 과거를 결코 잊지 않는데 반하여 한국 민족은 과거를 너무 빨리 잘 잊는다. 그래서 우리는 똑같은 비극을 되풀이하고 있다. 임진왜란부터 국가가 위기를 당한 사건을 살펴보자.

1592년 임진왜란 때 보름 만에 서울이 함락되었고 전쟁을 7년 끌어오면서 국토의 80퍼센트가 왜군에 유린당하였다. 당시 인구의 절반이 왜군 손에 죽임을 당했다. 그 비참함은 표현할 길이 없었다. 1627년 정묘호란 때 후금 군대가 압록강을 넘은 지 11일 만에 평양이 점령되자 조선은 휴전협상에 응하여 형제의 맹약을 하였다. 1636년 병자호란 때 후금의 후신後身인 청군이 압록강을 건넌 지 열흘 만에 서울이 점령되었고 인조는 남한산성으로 피했다가 견디지 못하고 40일 만에 항복했다. 임진왜란에 대비하지 못한 조선은 그 35년 뒤 정묘호란을 당하였고, 그 9년 뒤 다시 병자호란을 허용하였다. 대비하지 않은 상태에서 강경론을 펴고 과거 실수에서 배우지 못했기 때문이다.

1910년 한일합병도 역사의 실패에서 배우지 못하여 조선조가 멸망하고만 사건이다. 1950년 6월 25일 기습 남침을 당했지만 불행 중 다행히 미국 트루먼 대통령의 파병 결단으로 나라가 망하지 않았다. 분명코 우리 선조는 역사의 교훈에서 실패를 반복하지 않는 지혜를 배우지 못했다. 역사의 교훈을 아주 무시하였기 때문에 계속 더 큰 재앙을 부르고 말았다. '소 잃고 외양간 고치기'가 반드시 뒤늦은 어리석은 행위는 아니다. 우리 선조들은 소 잃고 외양간을 고치지 않아서 계속되는 재앙을 막아내지 못했다.

임진왜란 당시 이순신에게 참패한 일본 사람들은 메이지유신 이후 해군을 획기적으로 강화하기 위해 세계 제일을 본받으려는 벤치마킹에 많은 노력을 기울였다. 따라서 이순신의 정신과 전략을 깊이 연구했으며 그를 존경해 마지않았다.

이순신처럼 생각하고 리드하라

일본 도고 헤이하치로東鄕平八郎 함대의 한 함장은 러시아의 발틱함대와 싸우기 위해 출항하기에 앞서 이순신 장군의 영혼에 도와달라고 빌기도 했다. 일본은 이순신을 연구해 청일전쟁과 러일전쟁의 해전에서 승리했을 뿐 아니라 궁극적으로 우리나라를 합병했다. 우리는 이순신 장군의 전략을 연구하지도, 활용하지도 않아 일본인에게 나라를 빼앗기고 말았다. 참으로 부끄러운 역사의 아이러니가 아닐 수 없다. 지금도 일본은 우리에게 정말 성가신 존재다. 우리가 그들의 국력을 능가하는 힘과 지혜를 갖추어야 예전의 비극을 되풀이하지 않을 수 있다. 이순신의 정신과 지혜와 역량을 본받으면 가능하다.

 오늘도 국가의 흥망성쇠는 계속되고 있다

필자는 이집트를 1990년대 후반에 다녀왔고 그 후 15년이 지난 2010년대 초반에 또 다녀왔다. 두 번째 방문에서는 그 나라 상황이 더 나아졌을 것으로 기대했다. 그런데 기대와 달라서 많이 실망했다. 호텔, 거리 질서, 관광상품 등 도무지 나아진 게 거의 없었다. 오히려 퇴보한 듯했다. 시민들이 쓰레기를 마구 버려 카이로 시내 수로에서는 악취가 진동했다. 그런데 이집트에서 국경을 넘어 이스라엘로 들어오니 완전히 다른 세상이 펼쳐졌다.

먼저 이스라엘은 청결하고 질
서가 잡혀 있었다.

이집트는 옛적에 어떤 나라
였는가? 이집트는 고대 4대 문
명지의 하나다. 강국이었고 문화
가 발달했다. 하지만 지금은 그때
그 찬란했던 모습은 거의 다 사라졌다.
거대한 피라미드에 가보니 침략자들이
피라미드를 쌓은 거대한 돌을 많이 뜯어가
흉물스러운 모습을 하고 있었다. 영국박물관에 가보면 이집트에
서 약탈해온 조형물과 미라를 많이 볼 수 있다. 영국은 선조들의
침략행위가 부끄러운지 박물관 입장료를 받지 않는다.

지금부터 3,500년 전 요셉이라는 총리가 이집트를 다스렸다.
그는 지혜롭게 나라를 다스렸고 강국으로 키웠다. 이집트에는 그
뒤 그런 명석한 통치자가 나오지 않았다. 지금은 관광수입과 유
전에 의존해 살아가고 있지만 피라미드를 비롯한 많은 유적이 자
연 붕괴되고 있다.

대부분 축구를 잘하는 나라로 알고 있는 아르헨티나는 남아메
리카 중앙에 있는 국토 면적이 넓은 국가다. 20세기 초 아르헨티
나는 최고 선진국이었다. 넓은 영토에 농업이 발달했고 인프라가
잘 갖춰져 있어 유럽인은 꿈이 있어 보이는 '미래의 나라 아르헨

티나'로 이주했다. 수도 부에노스아이레스는 프랑스 파리보다 더 화려했다. 하지만 군사독재, 페론 정권의 인기주의, 여야 갈등에 국가부도를 일곱 차례 겪으며 후진국으로 몰락하고 말았다. 지금도 수도 부에노스아이레스는 파리보다 더 화려한 건물만이 옛 시절의 영광을 말해주고 있다.

풍차의 나라, 히딩크의 나라로 잘 알려진 네덜란드는 면적이 우리 국토의 2분의 1도 채 되지 않지만 국가 경쟁력이 높고, 세계 최고를 자랑하는 목록이 매우 많다. 그런데 16세기 네덜란드는 역사상 최악의 상황에 놓여 있었다. 80년간 독립전쟁을 벌여 당시 최강국 스페인에서 독립했지만 정세는 여전히 불안했다. 나라의 반은 물에 잠겨 있었고 스페인이 소속된 신성로마제국 국가들로 둘러싸여 있었다. 이때 네덜란드 리더들은 중요한 결단을 내렸다. 불가능한 문제를 가능한 문제로 재해석하는 순간 문제는 단순해진다고 믿었다.

유럽대륙이 막혀 있으니 바다로 나아가 세상과 무역을 하기 시작했고, 잠긴 지역은 댐과 둑으로 보호했다. 공장 지을 땅이 모자라면 땅이 필요 없는 은행과 금융을 키우면 되고, 사람이 부족하면 국적, 인종, 종교, 성적 취향을 무시하고 세계 최고 인재들이 능력을 발휘하도록 하면 된다고 생각했다. 실질적 해결을 추구한 네덜란드 리더들의 실용주의 리더십이 돋보인 것이다.

우리의 미래는 달라지지 않으면 위태해질 것으로 보인다. 대형 사고나 재난이 꼬리를 물고 일어나지만 우왕좌왕하는 리더를 보면 실망감이 저절로 밀려온다. 추락하는 수출액, 꼬이는 정치, 말로는 세상 최고지만 사실은 실속이 없는 현실, 중국, 일본, 북한, 노령화, 빈부 격차, 2차 산업혁명……. 하나하나 만만치 않은 문제를 풀어야 하지만 어느 문제 하나 제대로 풀기가 어렵다. 그 어느 때보다 리더의 탁월한 리더십이 필요하고 백성의 지혜를 모으는 일이 중요하다. 그리고 모두 한마음이 되어 어둠을 뚫어야 살길이 보일 것이다.

◆ 서해어룡동 맹산초목지誓海漁龍動 盟山草木知

"바다에 맹세하니 어룡이 감동하고 산에 맹세하니 초목이 아는구나."

《이충무공전서》중 15권에 실린 '진중음'으로 임금의 피란 소식을 접한 뒤 나라의 앞날을 근심하면서 충신의 굳센 의지와 장부의 기개, 충혼을 표현한 말이다. 원문은 "임금은 서쪽으로 멀리 가시고, 왕자님은 북쪽에서 위태한 오늘, 외로운 신하가 나라를 걱정하는 날이여! 이제 장사들은 공을 세울 때로다. 바다에 맹세하니 어룡이 감동하고 산에 맹세하니 초목이 아는구나. 이 원수 왜적을 모조리 무찌른다면, 비록 내 한 몸 죽을지라도 사양치 않으리라!"이다.

◆ 물령망동 정중여산勿令妄動 靜重如山

"가벼이 움직이지 마라. 침착하게 태산같이 무겁게 행동하라."

1592년 5월 7일, 임진왜란 중 처음으로 출전한 옥포해전을 앞두고 경상좌우도 수군과 육군의 패배 소식으로 긴장하고 당황한 군사들에게 공격에 대한 세부사항을 지시한 뒤 공포심과 전쟁경험 부족을 극복하고 전장에서 여유와 냉철함을 가질 수 있도록 한 말이다.

◆ 금신전선 상유십이今臣戰船 尙有十二

"이제 제게는 아직도 전선 12척이 있으니."

칠천량해전 이후 이순신이 통제사 재임명 교서를 받고 수군을 재정비한 결과 전선 12척에 군사 120명이 있었다. "수군을 폐하고 육전에 참가하라"는 임금의 밀지에 수군을 없애서는 안 된다고 조정에 강력히 건의한 내용이다. 원문은 "이제 제게는 아직도 전선 12척이 있으니, 죽을힘을 다해 항거해 싸우면 오히려 할 수 있는 일입니다. 비록 전선은 적지만 제가 죽지 않는 한 적이 감히 우리를 업신여기지 못할 것입니다"이다. 이는 수군의 존속과 가치, 효용론을 강력히 주장한 이순신의 뛰어난 소신 발언이다.

◆ 필사즉생 필생즉사死必卽生 必生卽死

"싸움에서 죽고자 하면 반드시 살고 살고자 하면 죽는다."

왜선 133척을 상대로 전선 12척으로 싸워야 하는 명량해전을 앞둔 9월 15일, 전투력의 절대 열세를 정신력으로 극복하기 위해 장수들의 전투 의지

분발과 '결사구국'의 각오를 나타낸 말이다. 원문은 "병법에 이르기를 '죽고 자 하면 살고, 살려고 하면 죽는다'고 하였고, 또 '한 사람이 길목을 지키면 천 명도 두렵게 한다'는 말이 있는데, 이는 오늘 우리를 두고 이른 말이다. 너 희 장수들은 살려는 생각을 하지 마라. 명령을 조금이라도 어긴다면 군법으로 처단할 것이다"이다.

- 차수약제 사즉무감此讐若除 死卽無憾
  "이 원수를 무찌른다면, 지금 죽어도 여한이 없겠습니다."
  임진왜란 중 최후의 결전인 노량해전을 앞둔 1598년 11월 18일 밤 12시가 지날 무렵, 함상에서 손을 씻고 무릎을 꿇어 향불을 피우면서 겨레의 생명과 나라를 보존하기 위한 최후의 염원을 담아 하늘에 빌었던 내용으로 이순신의 '결사보국' 정신이 담긴 말이다.

- 전방급 신물언아사前方急 愼勿言我死
  "싸움이 한창 급하다. 내가 죽었다는 말을 하지 말라."
  1598년 11월 19일 아침, 노량해전에서 대격전을 벌이던 중 갑자기 날아든 총탄이 뱃머리에서 독전하던 이순신의 왼편 겨드랑이를 맞춰 이순신이 전사하는 순간 마지막까지 왜군의 격퇴를 염려한 '애국의 유언'이다.

- "안 된다. 절대로 안 된다. 아무리 좌수사 명령이라 하더라도 나라 물건을 마음대로 자를 수는 없다."
  전라좌수사가 사람을 보내어 거문고를 만들게 감영 내의 오동나무를 잘라오라고 고흥지방의 만호(좌수사보다 낮은 벼슬) 이순신에게 청하자 이렇게 말하며 거절했다.

- "장부가 세상에 나서 나라에 쓰이면 목숨을 다해 충성을 바칠 것이요, 만일 나라에 쓰이지 않으면 물러가 농사짓고 공부하면 되는 것이다."
  이순신이 백의종군의 어명을 받고 한 말이다.

- "장군님, 황명이 아니라 하늘의 명이라 해도 적에게 길을 내줄 수는 없소."
  일본의 유혹에 빠져 전쟁을 끝내려는 명나라 수군도독 진린에게 한 말이다.

Part **3**

리더의
자아실현 방법

01
리더의 자아혁신

옛날 어른은 일일신우일신日日新又日新이라고 가르쳤다. 이 말은 '날마다 새롭게 또 새롭게'라는 뜻이다. 개인이나 기업이나 국가의 생존 비결은 바로 날마다 새로워지는 데 있다. 무사안일, 구태의연, 타성, 복지부동의 자세로는 생존하기조차 어려운 시대다.

분재는 주기적으로 뿌리를 잘라주지 않으면 죽어버린다. 식물은 화분 속에서 뿌리 성장을 계속한다. 그러다보니 어느 정도 시간이 지나면 화분 속이 뿌리로 꽉 찬다. 화분과 닿은 부분의 뿌리는 갈색으로 변하며 굳는데, 이런 뿌리는 물과 양분을 잘 빨아들이지 못한다.

전문가들은 분갈이를 할 때 굳은 뿌리를 낫이나 가위로 깨끗이 잘라낸다. 그렇지 않으면 식물이 시름시름 앓다가 죽는다. 언뜻 잔인해 보이는 뿌리 잘라내기는 놀라운 효과가 있다. 옮겨 심은 식물이 새 뿌리를 내리면서 '회춘'하고 수명까지 길어진다. 분갈이를 주기적으로 해주는 분재식물이 자연 상태의 동족 나무보다 훨씬 오래 산다. 관리만 잘해주면 무제한으로 살 수 있다고 전문가는 말한다.

분재의 수명 연장 비법은 인간에게도 좋은 교훈을 준다. 낡은 생각을 주기적으로 잘라내야 새롭고 창의적인 생각의 뿌리가 돋는다. 오래된 생각과 아집을 버리지 못하는 사람은 젊은이라도 늙은이나 다름없다. 사람들은 '개혁', '창조'라는 말을 외치지만 변하기 싫어하는 습성을 지니고 있다. 그러나 매일 조금만이라도 변하면 삶이 크게 달라질 것이다.

 ## 리더의 자아성찰

리더는 자신을 알아야 한다

'나는 누구인가?'에 대한 리더의 답은 자신의 행동과 그 결과 그리고 미래에 결정적 영향을 미친다. 리더는 자기 자신을 잘 알아야 정체성이 분명해진다. 소크라테스가 '너 자신을 알라'는 말을 즐겨 사용하였는데 이 말은 누구에게나 진리다. 자기가 자기 자신을 잘 아는 것 같지만 실상 그렇지 못한 경우가 너무 많다. 안타까운 것은 많은 리더가 시간을 투자해서 자아성찰을 하지 않는다는 것이다. 다음과 같은 명언은 진정 자기를 아는 것이 얼마나 어려운지 말해준다.

- 나는 나 자신을 빼놓고는 모두 안다. – 비용
- 자기 자신을 현명하다고 생각하는 인간은 그야말로 바보다. – 볼테르
- 나 자신의 무식을 아는 것은 지식으로 나아가는 첫걸음이다. – 바이런
- 자기 자신을 아는 것은 참된 진보이다. – 안데르센
- 미련한 자는 자기 행위를 바른 줄로 여긴다. – 성서

자기 자신을 알려면

첫째, 겸손하지 않으면 안 된다. 프랭클린이 추구했던 덕목 중 제일 마지막에 두었던 '겸손'이 리더가 추구해야 할 가장 위대한 덕목이라고 생각한다. 겸손하지 않으면 다른 사람의 충고를 듣지 않는다. 겸손하지 않으면 자기가 부족함을 깨닫지 못한다. 겸손하지 못하면 배우려고 들지 않는다. 겸손하지 못하면 사람을 깔보거나 비난한다. 겸손하지 못하면 다른 사람들에게서 배척당한다. 다음 명언을 살펴보자.

- 위대한 사람은 모두가 겸손하다. –레싱
- 겸손은 모든 미덕의 근본이다. –P. J. 베일리
- 겸손은 신이 인간에게 내린 최고의 덕이다. –브하그완
- 겸손은 육체의 양심이다. –H. 발자크
- 겸손이 없다면 당신은 인생의 가장 기본적인 교훈도 배울 수 없다. –존 톰슨

리더가 전천후로 늘 취해야 할 태도는 겸손하게 자기 자신을 돌아보는 것이다. 공자는 일일삼성—日三省이라고 했는데 세 번은 고사하고 한 번만이라도 자신을 살펴보면 자기 삶이 많이 발전할 것이다. 아시아 최고 부자인 리카싱李嘉誠 청쿵그룹 회장이 세계적 부호 반열에 오르도록 자신을 이끈 성공 비결을 말했다. 그는 성공 비결의 핵심이 늘 겸손함을 유지하는 것이라고 했다.

그는 늘 이렇게 자신에게 질문한다고 했다. "내가 자부심이 지나쳐 교만해진 것은 아닌가? 내 잘못을 지적하는 사람들의 말을 들으려 하지 않았는가? 내 행동과 결정이 어떤 결과를 낳았는지를 따져보려고 하지 않았는가? 예상되는 문제나 결과나 해법에 대해 미리 계획을 세우는 것을 게을리하지 않았는가?" 그는 또한 "겸손한 마음은 모든 지식의 출발점이다"라고 말하며 결코 교만에 사로잡히지 말 것을 강조했다.

둘째, 실패나 시련을 통해서 자기를 안다. 실패나 시련은 인생

의 스승이다. 실패나 시련을 겪어보지 않은 사람은 무지하거나 교만하기 쉽다. 미국 연방 하원의원에 세 번이나 당선되었던 김창준 씨는 입지전적 인물이다. 그런데 그가 몇 년 전에 비참하게 몰락하였다. 그는 참담한 심정을 〈조선일보〉에 기고하였다.

나는 미국 연방 하원의원에 세 차례나 당선됐다. 국내에서도 큰 화제가 됐다. 그러나 추락은 갑자기 찾아왔다. 미국 언론들이 연일 정치자금 의혹을 제기하면서 결국 의원직을 잃었다. 결혼생활은 이미 파탄 났다. 애써 키워온 회사도 망했다. 내게 남은 것은 아무것도 없었다. 호주머니엔 달랑 200달러가 있었다. 정말 죽으려 해도 총을 살 돈조차 없었다. 화려한 정상에서 하루아침에 생의 절망 한가운데로 내려앉았다. 어디에도 빛은 보이지 않았고 구원의 손길을 내밀 곳도 없었다. 생의 의욕마저 잃었다. 그런 사람이 마지막으로 갈 수 있었던 곳은 결국 고국과 고향이었던 것 같다. 한국행 비행기를 탔다. 그리고 어릴 적 살았던 인왕산 골목길을 찾았다. 그 골목길에 들어서자 지난날이 주마등처럼 스쳐 지나갔다. 그런데 내 기억 속에 남아 있지 않은 꽃들이 눈에 보이기 시작했다. 나는 봄꽃이 피어나고 있는 골목길을 아주 천천히 걸었다. 성공에 대한 집착과 욕망을 모두 털어버리고 세상을 겸허하게 바라볼 수 있게 되었을 때 마음의 평화가 내게로 찾아왔다. 이제 또 곧 봄이다. 봄이 되면 또 고국을 찾을 것이다.

화려한 성공의 가면을 벗어버리자 새로운 세계가 보이고 자기 진면목과 대면할 수 있었던 것이다.

셋째, 자신을 계속해서 객관적으로 평가해야 자신을 알 수 있다. 사람들은 대부분 자기 자신을 잘 평가하지 못한다. 주관적 평가에 치우치기 때문이다. 될 수 있는 한 자기를 객관화해서 평가하도록 노력해야 한다. 그리고 가족, 친구, 멘토의 지적을 들으며 진정한 자기 모습을 깨달아야 한다. 독단적이고 독선적인 사람은 다른 사람의 말을 듣지 않다가 일이 잘못되어도 그 사실을 깨닫지 못한다. 그러다가 위기를 맞게 되고 당황하게 된다. 여행에서도 자신을 객관화할 수 있다. 매일 일기를 쓰는 것도 자기발견을 위해 좋은 수단이 된다.

 ## 벤저민 프랭클린의 자아혁신

미국의 위인일 뿐 아니라 세계적 위인인 프랭클린의 일생은 신비와 기적으로 가득 차 있다. 그는 어린 시절 너무 가난해서 초등학교도 제대로 졸업하지 못했다. 고작 초등학교에서 1년간 그리고 개인선생에게서 약간 지도받은 것 외에는 모두 독학으로 글을 깨우치고 지식을 쌓았다. 하지만 미국에서는 그의 장례를 국장國葬으로 치를 만큼 모든 사람이 우러러보는 삶을 살았다. 그는 정치가, 외교관, 과학자, 저술가, 신문사 경영자로서 많은 업적을 남겼다. 또 5개 국어에 통달했다. 삶이 따분하다고 여겨지는 사람은 프랭클린의 생애를 살펴보면서 자극받을 필요가 있다.

그의 성공은 피나는 노력의 결과다. 그가 가장 중요하게 관심을 두고 힘쓴 것은 인격도야였다. 그는 22세 되던 해 자신이 평생 지켜야 할 13가지 덕목을 선정하였다. 그는 이런 덕목을 정하고 매일매일 자신이 이 덕목을 얼마나 준수했는지 작은 수첩에 표를 만들어 점검했다. 일주일마다 13가지 덕목 중 한 가지를 집중적으로 실천하려고 노력했고 스스로 끊임없이 검토했다. 그는 나중에 "내가 목표한 것만큼은 도달하지 못했지만 이런 결심이라도 했기 때문에 많이 발전할 수 있었다"고 말했다. 그가 수행한 덕목은 다음과 같다.

- 절제Temperance: 과식과 과음을 하지 않는다.
- 침묵Silence: 불필요한 말을 하지 않는다.
- 질서Order: 모든 것을 제자리에 두고 주어진 일을 제때에 한다.
- 결단Resolution: 내가 해야 할 일은 꼭 하겠다고 결심하고 반드시 실천한다.
- 검약Frugality: 다른 사람 혹은 나에게 유익한 것 외에는 돈을 쓰지 않는다.
- 근면Industry: 시간을 헛되이 보내지 않고 항상 유익한 일만 하며

불필요한 행동 역시 삼간다.

- 진실Sincerity: 남을 속이지 않으며 순수하고 정당하게 생각한다.
- 정의Justice: 다른 사람에게 손해를 입히지 않고 나의 유익함도 놓치지 않는다.
- 온유Moderation: 극단적인 것은 피하고 매사에 중용을 유지한다.
- 청결Cleanliness: 몸, 의복, 생활을 깨끗이 한다.
- 평상심Tranquility: 사소한 일로 마음을 산란하게 하거나 혼란스럽지 않게 한다.
- 순결Chastity: 건강이나 후손을 두는 목적 이외의 성생활을 절제하며 자신과 상대방의 인격을 해치지 않는 범위에서 건전하게 유지한다.
- 겸손Humility: 예수와 소크라테스의 겸손을 본받는다.

그는 본래 12개 덕목을 작성하여 친구에게 보여줬다. 그랬더니 친구가 '겸손'이라는 덕목이 있어야 한다고 해서 '겸손'을 추가하였다.

리더의 성품 개발

리더 밑에는 팔로어가 많다. 이 사회에는 리더가 많다. 일개 부서장에서 시작하여 대통령에 이르기까지 각계각층에 리더가 있다. 추종자들은 근면하고 성실하게 자기 임무를 수행하기만 하면 되지만 리더는 반드시 리더십 훈련을 받아야 한다. 그것이 자기도 살리고 기관도 살리고 구성원도 살리는 길이다.

성공하는 리더가 갖추어야 할 성품은 무엇인가? 갖추어야 할 필수 성품이 다양하나 기본은 첫째는 강함이요, 둘째는 부드러움이다. 강함은 용기와 인내를 뜻하고 부드러움은 인간적으로 자상한 면을 뜻한다.

강하게 훈련하다

리더는 먼저 강해야 하고 카리스마가 있어야 한다. 그래야 믿음직하다. 어려서부터 미약하게만 자라서는 훗날 리더가 되기 힘들다. 독수리가 새끼를 훈련하는 방법을 생각해보자. 태어난 독수리 새끼들은 안전하고 포근한 둥지에서 꿈같은 나날을 보낸다. 그러다가 어느 날 갑자기 어미 독수리는 거대한 날개로 보금자리를 어지럽혀 놓는다. 그러면 새끼들은 견디고 견디다가 결국 둥지 밖으로 나온다. 그것은 어미 독수리가 일부러 하는 행동이다.

새끼 독수리들이 밖으로 나오면 어미 독수리가 그중 한 마리를 날개 위에 얹고서 높은 곳으로 올라간다. 그러고는 갑자기 그 새끼를 까마득한 땅 아래로 떨어뜨린다. 그때 새끼 독수리는 정신없이 떨어진다. 그러다가 거의 땅바닥에 닿을 즈음 어미 독수리가 쏜살같이 떨어지는 새끼를 떠받쳐 오른다. 잔인하게 느껴질 정도지만 이 훈련은 새끼가 떨어져 자기 힘으로 다시 솟구칠 수 있을 때까지 반복된다. 그렇게 강훈련을 받은 그 새끼는 반드시 날게 된다.

그런데 독수리 새끼일지라도 병아리하고 함께 지내면 결국 닭밖에 되지 않는다. 새끼 독수리가 수없이 반복훈련을 해서 날개에 힘을 얻는 것처럼 사람도 시련과 역경을 거치면서 리더로서 날갯짓을 할 수 있다. 이에 대한 적절한 예를 구약성서에 나오는 다윗이란 인물에서 찾을 수 있다. 다윗은 이스라엘 민족이 가장 숭배하는 영웅이다. 이스라엘 군인들은 제1차, 제2차 중동전쟁을 치르는 동안 언제나 다윗의 별이 새겨진 깃발을 들고 전쟁터에 나갔다. 성서에서 가장 많은 지면을 할애해 설명한 인물이 바로 다윗이다. 윌스Garry Wills는 《시대를 움직인 16인의 리더Certain trumpets: the call of leaders》라는 책에서 다윗왕을 '카리스마적 지도자'로 다루었는데 그는 한 면만 본 것이다. 다윗은 강하면서 동시에 부드러운 리더였다.

그의 강함을 나타내는 행적은 성서 여러 곳에 나와 있다. 그는 소년 시절 양치기였다. 그가 양을 칠 때 사자나 곰이 나타나 양을 잡아먹으려고 하자 그는 막대기를 가지고 사자나 곰과 대항하여 그 짐승들을 죽였다. 정말 대담무쌍한 행동이 아닐 수 없다. 우리는 양치기를 목가적으로 생각하는데 양치기는 쉬운 직업이 아니다. 더위, 추위와 싸워야 하고, 배고픔과도 싸워야 하며, 무엇보다 사나운 동물과 싸워야 한다. 다윗은 그 과정을 통과했다.

다윗은 양치기 소년 시절 자기 나라와 블레셋 나라(현재 팔레스타인)가 전쟁하는 곳으로 갔다. 왕은 다윗에게 투구와 갑옷을 입고 나가 싸우라고 했지만 다윗은 평소에 하던 익숙한 옷차림과 익숙한 무기로 적장 골리앗 대장과 맞섰다. 그래서 다윗은 평소 입었던 목동의 옷에 막대기 한 개, 작은 돌 5개를 가지고 나왔다.

적장 골리앗은 웬 소년 하나가 막대기를 들고 자기와 싸우러 오는 것을 보고 "네가 나를 개로 여기느냐?"고 꾸짖었다. 골리앗은 다윗에게 다가왔다. 다윗은 막대기에 달린 줄에 돌을 한 개 장전하여 골리앗을 향해 힘껏 던졌다. 날아간 돌이 골리앗의 이마를 정통으로 맞혔다. 그러자 그 장군이 땅에 쓰러졌다. 다윗의 통쾌한 승리였다.

후대인은 불가능한 싸움을 '다윗과 골리앗의 싸움'이라고 한다. 이 시골 소년이 나중에 왕이 되었다. 양 치던 목동이 장군도 되고 한 나라의 왕도 되었다. 그는 일생 많은 전쟁을 치르면서 대부분 승리하였다. 그의 용기가 성공에 절대적 영향을 미쳤음을 부인할 수 없다.

1986년 미국기업가협회는 기업가 신조를 발표하였다. 이것은 기업활동에 참여하고자 하는 모든 리더에게 용기 있는 선언문이었다.

나는 평범한 사람이 되기를 거부한다. 능력에 따라 비범한 사람이 되는 것은 내 권리다. 나는 안정보다는 기회를 택한다. 나는 계산된 위험을 단행할 것이고 꿈꾸는 것을 실천하고 건설하며 또 성공하고 실패하기를 원한다. 나는 보장된 삶에 대한 도전을 선택한다. 나는 유토피아의 생기 없는 고요함이 아니라 성취의 전율을 원한다. 나는 어떤 권력자 앞에서도 굴복하지 않을 것이며, 어떤 위험에도 굽히지 않을 것이다. 자랑스럽고 두려움 없이 꿋꿋하게 몸을 세우고 서는 것, 스스로 생각하고 행동하는 것, 내가 창조한 결과를 만끽하는 것, 그리고 세상을 향해 '하느님의 도움으로 내가 이 일을 달성했다, 이것이 기업가다'라고 힘차게 말할 수 있는 것이다.

훌륭한 리더는 오랜 세월에 걸쳐 자신을 성장시킨 경험이라는 저력이 있다. 그는 도전과 위험을 기꺼이 받아들이는 자신감이 있다. 많은 시련과 역경을 거쳐 최악의 조건에서도 헤쳐나갈 수 있는 자신감을 얻는다. 그는 경쟁을 즐긴다. 위험을 감수하고라도 도전할 가치를 인식하고 때로 실패할 수 있다는 사실을 인정한다. 또 실패하면 아주 망하는 것이 아니라 더 많이 배울 기회를 가져다준다는 사실을 안다. 작은 일에 성공하면 더 큰일에도 성공할 수 있다는 것을 믿게 된다.

리더가 되려면 처음부터 안전한 길을 택해서는 안 된다. 자기 키보다 깊은 물에서 헤엄칠 용기가 있어야 하며 고달픈 길을 기꺼이 택해야 한다. 그리고 다양하게 경험해야 한다. 이런 가운데 강인한 인격의 소유자가 된다.

부드럽게 훈련하다

리더가 갖추어야 할 또 하나는 부드러운 성품이다. 2015년 6월, 미국에서 20대 백인의 총격으로 흑인 9명이 희생되는 사건이 있었다. 이들을 추도하는 자리에 6,000여 명이 모였다. 이곳에 오바마Barack Obama 미국 대통령이 와서 추모연설을 하기 전에 〈어메이징 그레이스〉라는 찬송가를 불렀다. 대통령이 노래를 부르자 연단 위아래에서 모두 일어나 따라 부르기 시작했다. 대통령의 바리톤 키에 맞춘 파이프오르간과 합창단도 뒤따랐다. 장내는 금세 '어메이징 그레이스'로 가득 찼다.

오바마는 희생자 가족을 위해 위로가 넘치는 추도사를 해서 그들 마음을 위로했다. 오바마가 선택한 찬송가는 평범한 추도사에 그쳤을 연설을 완전한 소통의 매개로 바꿔놓았다. 미국 언론은 일제히 이 장면을 '재직 기간 최고의 순간'이라고 칭찬했다. 오바마는 과연 뛰어난 정치가다. 그는 부드러운 태도로 추도식에 참석한 사람들의 마음을 적절히 위로해주었다.

리더는 권력을 가지고 일한다. '권력이 없는 리더'는 없다. 그런데 애석하게도 권력에 대한 열망이 모든 악의 뿌리다. 권력은 사람을 세우기도 하고 무너뜨리기도 한다. 권력은 인간의 약한 부분으로 스며드는 전염성 있는 바이러스다. 그러므로 권력을 남용하는 것을 조심해야 하고 늘 온유하고 겸손한 마음을 갖도록 힘써야 한다.《삼략三略》에는 "부드러움은 능히 단단함을 이긴다"는 말이 있다.

용맹스러운 다윗왕을 평하여 부드럽고 온유하고 겸손하다면 이상하게 여겨질 것이다. 그러나 그는 대단히 부드러운 사람이었다. 인간애가 철철 넘치는 사람이었다. 다윗은 30세에 왕위에 올라서 40년간 재위했는데 왕위에 오른 뒤에는 과거를 회상하며 자기의 잘난 점을 한마디도 언급하지 않았다. 신앙심이 투철한 그는 오직 "주의 온유함이 나를 크게 하셨나이다"(시편 18장 35절)라고 고백하였다.

그는 자기 부하들에게 부드러운 리더였다. 그는 사울왕을 피해 다닐 즈음 아둘람굴에 갇혀 있을 때 심한 갈증 때문에 이렇게 호소했다. "베들레헴 성문 곁 우물물을 누가 나로 마시게 할꼬?"(역대상 11장 17절) 이 말을 듣고 충성스러운 용사 셋이 목숨을 걸고 적군 블레셋의 진을 뚫고 들어가 우물에서 물을 길어 다윗에게 바쳤다. 다윗은 그들의 사랑과 충성에 감격하여 그 물을 마시지 않고 하나님께 제물로 부어드렸다. 그 물은 그 부하들의 핏값이었다. 다윗과 같은 엄한 장군의 가슴에 이토록 부드러운 마음이 있을 줄 누가 생각했겠는가? 그는 나중에 자신을 배반하고 왕위를 빼앗은 아들 압살롬이 죽자 대성통곡을 하며 죽음을 슬퍼했다. 그는 자애가 많은 아버지이기도 했다.

부드러움은 리더십을 시험하는 한 기준이요, 리더가 지녀야 할 필수 성품이다. 남들을 다스리기 전에 자신을 다스릴 줄 아는 리더십 훈련이 되어 있어야 한다. 강하기만 한 리더는 부하의 공포 대상이 되고 부드럽기만 한 리더는 부하의 이용물이 된다. 강함과 부드러움이 융합된 인격이야말로 가장 바람직한 리더의 성품이다.

재미있게 훈련하다

사람은 재미있는 사람에게 끌린다. 유머가 풍부한 사람은 재미있는 사람이다. 리더는 유머를 만들고 자주 사용하는 것이 좋다. 유머를 아는 사람은 인생을 아는 사람이다. 인생을 폭넓게 이해할 줄 안다. 삶의 어려움을 잘 알며, 모순된 점과 사람의 부족함을 잘 인식한다. 누구나 올바른 방법으로 힘써 노력함으로써 훌륭한 유머 감각을 얻을 수 있다.

유머의 본질은 여유와 관용이다. 유머는 그냥 '우스운' 것이 아니라 '정신적 여유' 또는 '인생을 대하는 너그러운 태도'까지를 포함하는 말이다. 긴박할 때나 절망적일 때는 물론 분노 속에서도 웃을 수 있는 기질이 바로 유머다. 유머는 마음에서 나온다. 유머는 단순한 웃음이 아니라 의미가 깊은 웃음이다.

서구 사회는 유머와 위트가 많다. 그런데 우리 사회는 그렇지 못하다. 한국인의 성격 중 1위가 '조급함'이다. 조급한 사람이 무슨 여유가 있으며 유머 감각이 있겠는가. 세련된 유머를 잘 구사했던 루스벨트 대통령은 재임 시절 단 한 번도 초조해하거나 낙담하지 않은 것으로 유명하다. 어느 신문기자가 루스벨트 대통령에게 이런 질문을 했다. "걱정스럽다든가 마음이 초조할 때는 어떻게 마음을 가라앉히십니까?" "휘파람을 붑니다." "그렇지만 대통령께서 휘파람을 부는 소리를 들었다는 사람이 없던데요." "당연하지요. 아직 휘파람을 불지 않았으니까요." 유머로 능히 자기 마음을 다스릴 수 있었다는 것을 암시한다.

딱딱하게만 보이던 '철의 여인' 대처Margaret Thatcher(1925~2013) 영국 수상이 유머 한마디를 던져서 지도자 600명이 모인 만찬장을 웃음바다로 만들었다. "홰를 치며 우는 건 수탉일지 몰라도 알을 낳는 건 암탉입니다."

사상 최초로 남미 출신으로 교황에 선출된 프란체스코 1세Jorge Mario Bergoglio는 교황에 당선되자마자 "나를 교황으로 선출한 추기경들의 잘못을 용서해달라"고 했다. 거기에 넘치는 유머가 있다. 자신을 뽑은 것은 잘못이니까 하느님께 사과해야 한다는 뜻도 있고, 당신들 때문에 괜히 고생하게 생겼다는 뜻도 있다.

유머 감각이 있으면 마음도 건강해지고 삶도 풍요로워진다. 분위기도 즐겁게 할 수 있고 문제도 손쉽게 해결된다. 무엇보다도 멋있는 사람이 된다. 고소·고발이 넘쳐나는 사회, 뇌물을 주고받는 사회보다는 웃음을 주고받는 사회가 훨씬 효율적이다.

리더가 우선 유머감각을 키우고 가정, 직장, 사회, 국가에 웃음이 넘쳐나게 해야 한다. 유머가 없는 인생은 너무 메마르고 고단하고 힘겹다. 사막을 타박타박 걸어가는 인생과도 같다. 유머가 풍부한 리더가 되어야 한다.

리더는 어떻게 난관을 극복하나

어두운 시기를 잘 극복하라

리더는 늘 위기에 대응할 수 있게 준비해야 한다. 뜻하지 않은 사건, 사고, 실패 등 여러 상황이 일어난다. 가장 중요한 것은 그런 일이 언제 닥칠지 모른다고 가상하고 있어야 한다는 것이다. 예기치 않은 일이 닥칠 때 누구나 두려움을 느낀다. 그러나 리더는 중심을 잡고 셀프 리더십을 발휘해야 한다. 인생 전체를 살펴볼 때도 일이 잘 풀리는 시기는 20퍼센트에 불과하다는 것을 알아야 한다.

등산할 때 올라가면서도 조심해야 하지만 내려오면서 더욱 조심해야 한다. 리더도 올라갈 때보다 내려올 때 더 조심하지 않으면 안 된다. 낙심하고 절망하는 것은 리더의 어두운 그림자다. 역발산기개세力拔山氣蓋世라고 하는 초나라 항우項羽(기원전 232~기원전 202)는 패전한 뒤 낙망하여 자살했다. 많은 기업가가 절망하여 스스로 목숨을 끊었다. 그런데 이 시기를 잘 넘겨야 한다. 밀려오는 패배의식을 과감히 물리쳐야 한다. 이런 시기가 진짜 자기 잠재력을 시험할 수 있는 최고 실험실이라는 것을 인식하고 위기를 절실한 기회로 인식하는 발상의 전환이 필요하다.

문학가 헤세Hermann Hesse(1877~1962)는 조국 독일의 전쟁에 반대했다는 이유로 독일 내에서 출판이 금지되었다. 그는 스위스로 가서 그곳에서 묵묵히 글쓰기를 계속했다. 아내가 유대인이었기 때문에 독일 나치정부로부터 수시로 위협을 당했다. 그가 히틀러의 정치노선에 협조했더라면 훨씬 쉽게 성공할 수 있었을 것이다. 하지만 그는 전쟁에 반대하는 글을 끊임없이 썼고, 히틀러 정부에 협조하는 동료들과 인연을 끊었다. 그는 글쓰기를 계속해서 《데미안》이라는 위대한 작품을 탄생시킬 수 있었다.

닉슨Richard Milhous Nixon(1913~1994)은 미국 역사상 최초로 임기 중 불명예스럽게 물러난 대통령이다. 그가 워터게이트사건 Watergate Affair(1972)의 주모자로 지목되었기 때문이다. 혹독한 낙인이 찍힌 채 대통령 자리에서 물러났으니 얼마나 죽고 싶었을까? 그럼에도 그는 그 후 19년을 잘 관리해서 명예를 완전히 회복했다.

그는 대통령직에서 물러난 후 칩거해 책과 씨름하며 역사연구에 몰두했다. 그는 미련 없이 아무것도 가진 것 없던 시절로 돌아가 바닥에서부터 놀라운 의지로 자신을 달랬다. 그 뒤 그는 자신의 회고록을 포함해 권위 있는 책을 여러 권 펴냈다.

클린턴Bill Clinton은 대통령에 당선되자 닉슨을 데탕트detente의 주역으로 백악관에 초청했다. 이렇게 닉슨은 자기 명예를 하나하나 회복해갔다. 그리고 그런 노력은 평생 지속되었다. 그의 좌우명은 "뒤를 돌아보지 않는다"였다. 그가 죽었을 때 미국의 거의 모든 신문이 그의 죽음을 애도하는 특집기사를 실었다. 대다수 미국 국민 역시 그의 죽음을 '국가적 자산의 상실'이라며 깊이 애도했다.

누구나 실패하기 쉽고 누구나 갑자기 망하기도 쉽다. 그러나 그런 상황을 어떻게 대하느냐가 중요하다. 패배의 늪에서 허우적거리지 않는다면 언제든 재기할 수 있다.

리더들도 종종 실패한다

"이제껏 보았던 세계의 통치자 중 가장 위대한 인간통치자가 있다. 그는 모든 세대에 속해 있다." 이것은 누구에 대해 한 말일까? 카이사르? 나폴레옹? 알렉산더대왕? 아이젠하워? 맥아더? 그가 누구였든 위대한 리더, 유능하고 설득력 있는 인물임에는 틀림없다. 그의 일생을 살펴보자.

그가 7세 때 그의 가족은 법적 문제로 살던 집에서 떠나야 했다. 그는 가족을 부양하기 위해 일해야 했다. 9세 때 내성적이고 수줍은 소년인 그를 두고 어머니가 세상을 떠났다. 22세 때 상점의 경리 일자리를 잃었다. 법률학교에 가고 싶었지만 환경이 받쳐주지 않았다.

23세 때부터 한 아가씨와 4년 동안 연애하면서 청혼했지만 보기 좋게 거절당했다. 더 젊었을 때 한 아가씨와 나눈 청춘의 사랑은 그녀가 갑자기 죽음으로써 가슴 아프게 끝났다. 37세 때 세 번째로 도전해 마침내 하원의원에 당선되었다. 2년 뒤 다시 출마했으나 낙선했다. 이때 그는 신경쇠약에 빠졌다.

41세 때 이미 불행한 그의 결혼생활에 비통한 일이 덧붙여졌는데, 네 살 난 아들이 죽은 것이다. 이듬해 그는 국유지관리국장에 출마했으나 실패했다. 45세 때는 상원의원에 출마했으나 실패했다. 2년 뒤 부통령 지명전에서 패배했다. 49세 때 상원의원에 다시 출마했으나 또 실패하고 말았다. 이뿐 아니라 비난과 오해, 추한 거짓 소문 그리고 깊은 좌절의 시간이 끊임없이 밀려왔다.

그러나 그는 50세 때 미국 대통령에 당선되었다. 재선에도 성공했지만 업무 수행 도중 암살되었다. 그가 총탄을 맞은 거리의 맞은편에 있는 작은 하숙집에 누워 죽어갈 때, 전에는 비방에 앞장섰던 스탠턴Edwin McMasters Stanton이 "세계가 이제껏 보았던 통치자들 중 가장 위대한 인간통치자가 여기에 누워 있다. 그는 모든 세대에 속해 있다"고 찬사를 보냈다. 이는 링컨Abraham Lincoln (1809~1865) 이야기다.

리더가 눈부신 조명, 대중의 박수갈채, 성공의 광채에 둘러싸여 있는 까닭에 우리는 부서지기 쉽고 덧없는 정점에 이르기까지 발자취, 즉 험난한 역경을 지나쳐버리고 만다. 부당한 대접과 비난, 고독과 상실, 수치스러운 실패, 무력하게 만드는 좌절의 순간, 밑바닥에서 꼭대기까지 이어진 계곡과 절벽에서 겪은 상상할 수 없는 고통이 있었다. 그것은 최고 리더가 되기 위해 치르는 대가다. 그는 자기 그늘을 극복한 것이다. 링컨이 이 모든 어두운 면을 극복할 수 있었던 비결은 무엇일까? 첫째는 목표를 향한 끊임없는 도전이었고, 둘째는 특유의 유머감각이었으며, 셋째는 겸손함이었다.

이순신 장군의 일대기를 살펴보면 그는 온갖 역경의 산과 골짜기를 수도 없이 넘었다. 그는 이런 모든 것을 극복하고 승리할 수 있었다. 그래서 성웅 이순신이 될 수 있었다. "만일 우리에게 겨울이 없다면 봄은 그렇게 즐겁지 않을 것이다. 우리가 이따금 역경을 맛보지 않는다면 성공은 그토록 환영받지 못할 것이다."(앤 브래드스트리트, 영국 시인)

실패할 때는 이렇게

인생의 앞길에는 장애물과 실패가 가로놓여 있다. 어떻게 전략을 세울 것인가? 정면 돌파가 능사인가? 때로는 후퇴하고 어느 경우에는 돌아가야 한다. 후퇴가 패망을 초래할 수 있다. 그러나 실패의 개념을 바꾸면 해결의 실마리가 보인다. 한 번 실패했다고 해서 인생이 실패한 것은 아니다. 어떤 특정한 시기에 특정한 노력에 성공하지 못했을 뿐이다. 실패는 성공으로 향하는 징검다리다. 실패 개념을 이렇게 정리하면 마음이 가벼워진다. 역사상 위대한 인물 치고 실패하지 않은 사람이 어디 있는가.

실패에 대처하는 전략을 평소에 익히면 실패했을 때 큰 도움을 얻을 수 있다. 실패에 대처하는 전략을 정리한다.

첫째, 실패에 용감히 직면하라. 실패하면 술이나 마약, 퇴폐적인 오락에 빠지는 사람이 있다. 실패를 회피하면 상황을 변화시킬 수 없다. 용기 있게 대처해야 한다.

둘째, 반드시 해결할 길이 있다고 확신하라. "이젠 글렀다.", "끝장이다"라고 생각한다면 해결할 방법은 보이지 않는다. 그러나 "이 문제를 해결하는 길이 반드시 있다"라고 믿으면 이상하게 자신감이 생기고 그 방법도 발견하게 된다. 사물은 믿는 대로 되는 경향이 있다.

셋째, 한 발 물러서서 곰곰이 생각하라. 실패를 한다면 그 충격 때문에 해결방법을 볼 수 없는 경우가 많다. 문제와 시간적·공간적으로 일정한 거리를 두어보는 것이 바람직하다. 여행, 음악 감상, 산책, 낮잠, 전문가와 상담, 친구와 대화 등을 해보라. 그러면 새로운 기분이 든다. 그 뒤 다시 한 번 문제에 도전하라.

넷째, 사물의 좋은 면을 바라보라. 모든 상황에는 좋은 면과 나쁜 면이 있다. 좋은 면을 바라보면 낙담과 패배감은 자동으로 없어진다.

다섯째, 실패를 연구하라. 이는 아주 어려운 일 중 하나다. 매사에는 원인이 있고 결과가 있다. 실패한 원인은 대개 잘못된 판단, 빈약한 계획, 정보 불충분, 노력과 인내 부족과 같은 것들이다. 특히 사업에 실패했을 때는 계획에 치명적 결함이 생긴 것이다. 즉 시간 부족, 자금 부족, 인원 부족, 부적절한 장비, 장애물에 대한 대처 부족, 부정확하거나 시의적절하지 못한 정보, 인간 사이의 갈등 등이 원인일 것이다. 이런 실패를 가능케 하는 원인을 깊이 살펴보라. 마음이 안정되고 여유를 찾은 뒤 실패 원인을 곰곰이 점검하라.

여섯째, 건설적인 자기 비판가가 돼라. 이것은 용기가 있어야 가능하다. 자기 결점을 찾아 과감히 교정해보라. 이것이 전문가가 되는 비결이다. 보통 사람은 실패 원인을 타인이나 환경 탓으로 돌린다. 그것은 좋지 않은 방법이다. 자기 자신을 객관적으로 살펴보라. 언제나 반성은 유익하다.

일곱째, 불운을 한탄하지 마라. 실패한 이유로 '재수 나빴다', '운이 나빴다', '도대체 되는 일이라고는 없다'라고 말하는 한 해결할 길은 막힌다. 불운을 원망하는 대신 자기 자신을 탓해야 한다. 운을 탓하면 크게 성장할 기회를 잃게 된다.

여덟째, 새로운 방식으로 해보라. 인내력도 중요하지만 다른 방

이순신처럼 생각하고 리드하라

식으로 해보는 것도 필요하다. 한 번 마음먹은 목표를 견지하는 것도 좋지만 계속 상처받는 어리석음을 피해야 한다.

아홉째, 할 수 있는 만큼 문제를 이용하라. 자기 분수와 역량에 맞춰라. 바다에서 파도를 타는 사람은 파도를 잘 이용한다.

열째, 인내하라. 인내를 하지 못해서 거의 완성된 일이 하루아침에 물거품이 되는 경우가 얼마나 많은가. 어떤 사람은 이렇게 말했다. "이 세상의 모든 일에서 마무리하기 1분 전에 중단한다면 완성되는 일이라고는 없다."

열한째, 여유와 융통성을 발휘하라. 실패했을 때 무엇보다도 여유가 필요하다. 흐르는 물처럼 어떤 상황에도 대처할 수 있는 유연성이 필요하다. "급할수록 돌아가라"는 옛말은 우리에게 여유가 필요함을 강조한 것이다. 개인과 단체의 갈등을 해결하는 비결은 서로 유머를 갖는 것이다. 쌍방이 조금만 더 여유를 가지면 불행한 사태를 예방할 수 있다.

열두째, 같은 실패가 재발하지 않도록 조심하라. 누구나 실패한다. 그러나 똑같은 실패가 거듭되지 않도록 노력해야 한다. 개선할 여지를 살피고 늘 끊임없이 자기 일을 평가해야 한다.

《삼국지》에 나오는 조조曹操(155~220)는 평생 지는 싸움만 한 것처럼 보인다. 적벽대전에서 참패한 일은 누가 봐도 가엾을 정도로 처절하다. 그러나 조조는 진 싸움에 대해 철저히 반성했다. 그는 누구보다도 많이 실패했지만 그 허다한 실패에도 같은 경험을 두 번 되풀이하지 않았다. 그만큼 그가 자신을 객관적으로 보고 실패에서 많은 것을 배우려 했기 때문에 지면서도 결코 망하지는 않았다. 많은 사람이 조조에 대해 부정적 이미지를 갖고 있다. 하지만 조조에게는 뛰어난 참모들도 많았지만 거의 혼자서 주유, 손권, 제갈량, 유비, 관우, 장비를 상대한 위대한 영웅이다.

위인이 되기 위해서는 철저한 자기성찰이 필요하다. 자신이 실패한 사실과 그 원인을 분명히 기록해보는 것은 실패 예방에 도움이 된다. 한번 실패를 교훈으로 삼고 그것을 기회로 만들어야 한다.

비도덕적이고 비윤리적인 행동은 미리 막아라

구약성서 사무엘상 8장에 보면 왕이 없었던 시대에 이스라엘 백성은 사무엘이라는 최고 지도자에게 왕의 제도를 갖게 해달라고 요청한다. 왜 그런 요청을 했을까?

첫째는 사무엘이라는 최고 지도자가 늙어서 지도력을 행사하기 어려웠고, 또 하나는 그의 두 아들이 거룩하고 신실했던 아버지의 행위를 따르지 않고 이익을 따라 뇌물을 받고 판결하는 못된 리더가 되었기 때문이다. 사무엘은 민족 지도자로 사랑받고 명성을 쌓아갔지만 늙어서 리더십이 약해졌고, 아들들을 잘 교육하지 못해 그들이 패륜아가 되었다.

여기서 리더의 어두운 그림자를 보게 된다. 즉, 늙음과 자녀 교육 실패다. 훌륭한 리더일지라도 가정이나 자녀에게 소홀하기 쉽다. 리더가 가족의 부정행위로 리더십을 제대로 발휘하지 못하는 경우도 허다하다. 리더의 가정이 평안치 못하면 그것이 리더에게 어두운 그림자를 드리운다.

아무리 훌륭한 리더라도 내면에는 어두운 그림자가 있기 마련이다. 리더에게도 '속사정'이 있고 '위기'가 있다. 어두운 그림자가 에워싸기 전에 리더는 그 그림자의 정체를 분명히 알고 현명하게 대책을 강구해야 한다.

리더가 실패한 이야기는 역사상 무수하게 많고 아직도 계속되고 있다. 성적 타락, 재정 횡령, 사기, 직권남용 등으로 리더가 속절없이 넘어지고 있다. 부정에 연루된 수많은 정치인, 경제인, 성직자 그리고 다른 사회적 리더가 법의 심판을 받으며 때로는 교도소를 들락거린다. 도덕적·윤리적으로 옳지 않은 일은 냉정하게 거절하는 것이 상책이다. 이렇게 하는 것이 당장에는 어리석고 손해 같지만 장기적으로는 매우 유리하며 마음의 평화도 갖게 해준다. 이순신 장군이 불이익을 감수하면서도 신념을 지킨 일들은 후대인에게 좋은 본보기가 된다.

이 세상은 너그럽지 않다. 죄와 허물이 없어도 일부러 조작해 모함하는 세태다. 하물며 명백한 결점이 드러난다면 피하기가 쉽겠는가? 사소한 행동 실수, 말실수도 지도자에게는 용납되지 않는 시대다. 말 한마디 잘못해서 장관직이나 국회의원직에서 물러나는 일도 생긴다. 평범한 인간에게는 문제가 되지 않는 것도 리더에게는 문제가 되는 경우가 허다하다. 국회 인사청문회를 보면 이 사실을 잘 알 수 있다.

문제 될 소지가 있는 일은 미리 차단하는 것이 최선의 방책이다. 나에게는 예외일 수 있다는 안이한 생각이 바로 자신을 파멸로 이끈다. 누구나 치명적 약점을 한두 가지 지니고 있다. 누구나 유혹받을 수 있다. 이런 것들을 방치할 경우 리더는 큰 곤혹을 치르게 된다.

약점을 살펴보고 그 약점을 잘 다루라

역사상 위인들을 살펴보면 그들의 인격에는 밝고 명랑한 면이 있는가 하면 침침하고 어두운 구석도 있었다. 다윗은 용감한 왕이었으나 이성관계가 깨끗지 못했다. 솔로몬은 지혜로운 왕이었으나 말년에는 어리석은 왕이 되었다. 한신韓信(기원전?~기원전 196)은 유방劉邦(기원전 247?~기원전 195)을 도와 천하를 통일한 위대한 장군이지만 말년에 처신을 잘못해서 토사구팽兎死狗烹되었다.

세종대왕은 현명한 왕이었으나 말년에 병고에 시달렸고 후계자를 세우는 데 실패했다. 처칠은 위대한 정치가였으나 인도의 독립을 반대한 편협한 민족주의자였다. 이렇게 위인들의 인격에는 언제나 어두운 그늘이 자리 잡고 있어서 고귀한 명성에 먹칠을 한다.

어떤 리더라도 자기 그림자에서 자유로울 수 없지만, 대부분 그것을 적당히 포장하거나 숨기려고 하며, 아예 깨닫지 못하는 경우가 많다는 데 심각함이 있다. 리더는 늘 자기 결점에 대해 자성하는 시간을 가져야 한다. 그리고 자기에게 닥쳐오는 어두운 그림자를 직시하고 용감하게 대처해나가야 한다.

고독, 자기연민, 자화자찬 등을 잘 다루라

고독은 인간의 말 가운데 가장 쓸쓸한 말이다. 그것은 너무 무거워서 마음이 견디지 못하게 된다. 고독이 절망의 수위를 높여주기도 한다. 나 외에는 아무도 없다는 그 적막함과 무력감은 여간해서 견디기 어렵다. 파직당한 대학교수, 교도소에서 복역하는 기업체 사장, 평생 반려자를 잃은 정치가, 불과 몇 표 차로 국회의원 선거에서 실패한 정치인, 기러기 부부가 되어 아내와 자녀를 해외에 보내고 한국에서 혼자 지내는 중소기업 사장, 실패했는데 위로해줄 사람이 아무도 없는 사람. 이들은 고독이 어떤 것인지 잘 알 것이다. 이순신 장군도 모함에 빠져 옥살이를 하고 백의종군했을 때 깊은 고독을 느꼈을 것이다.

리더가 외로울 때 두 발을 힘 있게 지탱해주는 의지가 필요하다. 리더가 외로울 때는 이해심 깊은 친구가 필요하다. 이때 가족도 힘을 북돋아줄 수 있다. 그리고 어떤 일에 몰두하는 것이 고독을 해소하는 해독제가 될 수 있다. 모임에 능동적으로 참여하는 것도 고독을 물리치는 좋은 방법이다.

그런데 고독을 긍정적으로 생각해볼 필요가 있다. 모든 리더는 고독한 위치에 있다. 그 자리에는 냉엄하고 쓰라린 고통이 따른다. 24시간 그가 겪어야 하는 스트레스와 긴장은 크게 수지맞는 것이라고 할 수 없다. 그러나 달리 생각해보면 그 이상 보람 있고 즐거운 직무가 어디에 또 있겠는가?

자기연민은 자기가 스스로 불쌍히 여기는 심정을 말한다. 리더가 자신은 훌륭히 일을 수행했는데 올바로 인정받지 못하고 부당한 대우를 받을 경우, 재능이 있으나 인정받지 못할 경우, 머리는 뛰어나나 주위로부터 소홀히 취급될 경우 종종 자기연민에 빠지게 된다. 자기연민이라는 진흙에 덮이게 되면 매우 고통스럽다. 자기연민은 실패한 기업가에게 "이제 더는 기회가 없다"고 말한다. 배우자와 사별한 사업가에게 "희망은 없다"라고 말하며, 역경을 당하고 있는 리더에게 "이제 진퇴양난이다. 나아갈 곳은 전혀 없다"라고 말한다. 나이가 든 리더에게는 "나는 늙었다. 이제 볼장 다봤다"라고 탄식하게 만든다. 이때 리더의 눈은 안으로만 향하고 밖을 내다보지 못한다. 더 넓게 바라보지 못하는 것이다.

나 자신이 가련하게 느껴질 때가 종종 있는가? 그럴 때는 우선 충분히 휴식을 취하는 것이 필요하다. 훌륭하게 균형 잡힌 식사를 해서 원기를 회복해야 하고, 앞으로 성취해야 할 목표를 분명히 정하고 나가야 한다.

자화자찬에 대해 생각해보자. 이것도 리더의 어두운 그림자다. 속담에 "자화자찬은 고약한 냄새가 난다"는 말이 있다. 요리에 비유한다면 자화자찬은 잘된 요리를 망치는 것이다. 쉴 새 없이 자기자랑을 늘어놓는 리더를 보았을 것이다. 자화자찬은 자기기만과 같다. 사람은 저 잘난 멋에 산다는 말이 있지만 아무리 성공해도 자기 입으로 자기를 칭찬하는 것은 결코 좋지 못하다.

자화자찬을 극복하는 방법은 하루 동안 자기 입으로 '나'라는 말을 얼마나 많이 하는지 살펴보면 된다. '나'라는 말이 들릴 때마다 그것이 자신을 높이려는 단서라고 생각하라. 그리고 사무실 벽에 걸린 모든 학위증이나 업적을 과시하는 것은 무엇이든 다른 데로 치워라.

제자리에 존재하라

삶이 균형과 조화를 이루려면 모든 것이 '제자리'에 있어야 한다. 미인의 특징은 이목구비가 모두 제자리에 적당한 비율로 배치된 것이다. 집 안이나 사무실 정리정돈을 잘하면 보기 좋다. 왜 그럴까? 모든 물건을 제자리에 배치했기 때문이다.

자기 자신이 불만스럽거나 다른 사람이나 환경이 불만스러운 사람은 '제자리'를 이해하지 못한 것이다. 내가 인간이 된 것, 남자나 여자로 태어난 것, 김씨나 이씨 집안에서 태어난 것, 한국 사람으로 태어난 것을 받아들이지 않고 그런 것들을 원망하고 탄식하고 슬퍼한다면 행복은 찾을 수 없다.

현재 자기 모습을 긍정해야 행복한 삶을 시작할 수 있다. 지나치게 자아에 집중하는 것, 이른바 '자아편집증'에 빠져 있는 사람은 불행하게 된다. 제퍼슨Thomas Jefferson(1743~1826)은 "지나치지 않고 알맞게 행동해서 후회하는 일은 없다"라고 하였다. 중용 혹은 중도를 지키는 것이 최상의 행동이다.

중국의 철학자 노자老子는 '물'의 성질을 닮으라고 가르쳤다. 물은 꼭 비어 있는 자리를 찾는다. 가득 차 있는 그릇에는 물도 들어가지 않는다. 그러나 조금이라도 비어 있는 자리가 있으면 반드시 찾아 들어간다. 자아에 집착하는 사람, 욕망과 이기심으로 가득 차 있는 사람에게 사랑과 희망, 기쁨, 만족이 찾아들지 않는다.

오늘날 우리 사회는 극단적 이기주의에 빠져 있다. 적지 않은 사람이 이웃과 공동체, 나라와 민족이 없어도 살 것처럼 착각하고 오직 자신만 생각하는 사회 구조 속에서 허덕이며 산다.

물은 낮은 곳으로 모여 시내를 이룬다. 낮은 곳일수록 더 많은 물줄기가 모여들어 드디어 큰 강을 이룬다. 그러므로 '비어 있고' '낮아지

Point!

부드러움은 리더십을 시험하는 한 기준이요, 리더가 지녀야 할 필수 성품이다. 남들을 다스리기 전에 자신을 다스릴 줄 아는 리더십 훈련이 되어 있어야 한다. 강하기만 한 리더는 부하의 공포 대상이 되고 부드럽기만 한 리더는 부하의 이용물이 된다. 강함과 부드러움이 융합된 인격이야말로 가장 바람직한 리더의 성품이다.

이순신처럼 생각하고 리드하라

면' 자연히 수많은 물줄기가 흘러들 것이다. 이것이 자연의 법칙이요 질서다. 이것이 아름다움이요 선함이다.

마음을 비우고 겸손해지면 모든 것을 극복할 수 있게 된다. 높은 언덕, 즉 욕망이 팽창하고 교만한 언덕에는 강물이 흘러 올라가지 않는다. 욕망이 과도한 자, 교만한 자는 물기 없는 사막처럼 되어 결국 메말라 죽는다. 불행이 필연적으로 따라오게 된다.

물은 저항하지 않는다. 싸우지도 않는다. 물은 언제 어디서나 양보한다. 저항하지 않고 가로막은 것이 있으면 돌아간다. 돌아갈 수 없을 때는 가로막은 것을 부드럽게 넘어갈 수 있을 때까지, 가득 고이기까지 기다린다. 즉, 자기가 커질 때까지 노력하고 다투지 않는다. 물은 모든 것을 있는 그대로 받아들인다. 리더도 물에서 교훈을 얻어 별로 가치 없는 일에 목숨을 걸어서는 안 된다. 양보할 것은 대폭 양보하라.

물은 적응력이 대단히 뛰어나다. 물은 모든 상황에서 어떠한 형체라도 취할 수 있다. 세모꼴 그릇에서는 세모꼴이 되고 둥근 그릇에서는 둥근 물이 된다. 형체를 고집하지 않는다. 그러나 자기 본질을 고수하며 부드러운 성질을 지켜나간다. 물은 평상시에는 액체이지만 더우면 기체인 수증기가 되어 날아가고, 추우면 고체인 얼음이 된다. 자기 적응력이 뛰어난 것이다. 물은 인간의 생명을 유지하는 고귀한 액체다. 물은 농사를 짓게 하며 수력발전을 하게 한다. 물은 모든 동물과 식물을 생존하게 한다. 물은 항상 필요한 자리를 찾아가서 인간에게 유익을 준다. 우리도 물과 같이 필요한 역할을 해야 한다.

톨스토이Lev Tolstoy(1828~1910)가 말했듯이, 가장 귀중한 시간은 현재이며, 가장 중요한 사람은 현재 대하고 있는 사람이며, 가장 중요한 일은 지금 하고 있는 일이다. 올바른 현실감각을 지닐 때 평정심을 유지할 수 있고, 환난의 폭풍이 닥쳐올 때도 피할 수 있다. 리더가 본연의 자리를 지키고 있는 것이 안전하다.

2,000년 전 활동했던 사도 바울은 편지에 이런 말을 기록하였다. "나는 어떤 처지에서도 스스로 만족하는 법을 배웠습니다. 나는 비천하게 살 줄도 알고, 풍족하게 살 줄도 압니다. 배부르거나, 굶주리거나, 풍족하거나, 궁핍하거나, 그 어떤 경우에도 적응할 수 있는 비결을 배웠습니다."(빌립보서 4장 11~12절) 모든 리더도 바울과 같이 '인생 9단'이 되면 모든 난관을 극복할 수 있을 것이다.

 신뢰를 훈련하다

신뢰의 중요성

신뢰가 없이는 일상생활이 불가능하다. 식구들에 대한 신뢰, 매일 먹는 음식물에 대한 신뢰, 교통수단에 대한 신뢰, 더 나아가 국가에 대한 신뢰가 있기 때문에 안심하고 살아간다. 그러므로 신뢰는 인간관계, 사회관계의 근간을 이루는 기반이다. 신뢰는 개인 차원을 떠나서 사회 자본이고 국가 자본이다. 이 말은 신뢰가 얼마나 유용한지 보여주는 증거다.

공산주의 체제에서는 신뢰가 별로 중요하지 않다. 서로서로 못 믿는 사회이기 때문에 서로 감시하는 삶을 살 수밖에 없다. 신뢰는 회사, 단체, 국가를 결속하게 하고 원활히 움직일 수 있게 한다. 신뢰는 조직의 목표를 이루기 위한 협력과 협동행위를 증진한다. 신뢰는 조직 구성원의 행복과 안정에 없어서는 안 될 요소다. 민주주의가 잘되려면 신뢰도를 높여야 한다.

6·25전쟁 직전 이승만 대통령이 "이북에서 전쟁을 일으킨다는 정보가 있는데 우리는 어떻게 대처할 작정이오?"라고 국방부 장관에게 물었다. 이 말에 그 장관은 "각하, 염려없습니다. 북한에서 쳐들어오면 우리가 곧 반격해서 점심은 평양에서 먹고 저녁은 신의주에서 먹겠습니다"라고 했다. 그 국방부장관의 말이 신뢰성이 있는가? 그는 전쟁의 실상조차 파악하지 못한 무능한 장관이었다. 전쟁은 어린애 장난이 아니다. 목숨 걸고 싸우는 행위다. 전쟁에 지면 국가와 국민이 모든 것을 잃는 것이다.

이순신과 원균을 비교해보면 이순신이 인격과 능력에서 모두 월등했다. 신뢰도가 높은 이순신에게는 부하들이 모여들고 신뢰도가 땅에 떨어진 원균에게는 부하들이 모여들지 않았다. 아산 정주영 현대그룹 창업자는 사업 초기부터 신용을 생명처럼 지켰다. 그는 신용을 바탕으로 사업을 확장해나갔다. 그는 이렇게 말했다. "일상생활에서부터, 아주 작은 일에서부터 바른 생각으로 성실하게 자기 인생을 운영해나가다 보면 신용은 저절로 싹이 터 자라기 시작해서 부쩍부쩍 크게 되고, 그러다보면 어느 날엔가는 말하는 대로 의심 없이 믿어주는 커다란 신용을 갖게 된다."

리콴유는 싱가포르 국부로 존경받는 위대한 정치가다. 그는 30여 년간 독재정치를 했다. 그것이 가능할 수 있었던 것은 그가 청렴결백했을 뿐 아니라 그의 정책이 대부분 탁월한 성과를 얻었기 때문이다. 따라서 그는 신뢰성을 갖춘 권위가 있었다. 싱가포르항공 여객기에서 1등석에 앉은 리콴유가 기내 간식 서비스를 가장 마지막에 받았다는 일화는 유명하다. 그의 아버지는 특권 없이 평생 시계수리공으로 일했다.

리콴유는 자신부터 사심 없는 반부패개혁을 시작했고 이해관계에 민감한 고위공직자들에게 높은 연봉을 제시함으로써 세계 최고 수준의 청렴도를 현실화했다. 그럼에도 공직자의 비위가 확인되면 단 하나의 예외 없이 일벌백계했다. 당연히 시장은 높은 자유도를 유지하면서 그만큼 공정성도 함께 갖게 되었다.

반부패개혁을 위한 권위에는 리콴유 본인은 물론 친인척도 예외가 없었으며, 오히려 부패조사국 관리들에게 국가위정자들에 대한 비위감찰을 장려했다. 싱가포르 국민에게 유전무죄, 무전유죄 따위의 법 감정은 존재하지 않는다. 정치 최고 지도자가 갖추어야 할 가장 중요한 덕목은 바로 신뢰임을 리콴유가 증명하고 있다.

신뢰에 관한 명언

- 사업의 세계에서도 신의는 상품 이상의 가치가 있다. 그 가치를 워낙 신뢰하기 때문에 그 밖의 다른 일에 대해서는 아주 관대하게 넘어가는 경우가 많다. - 그라시안
- 신뢰받는 것이 사랑받는 것보다 더 큰 찬사이다. - 조지 맥도널드
- 신용을 잃어버리면 설 땅이 없게 된다. - 공자
- 사람은 다른 사람으로부터 믿음과 신뢰를 잃었을 때 가장 비참해진다. - 프랭클린
- 사람을 신뢰할 만한 사람으로 만드는 유일한 길은 그를 신뢰하는 것이다. 그를 신뢰하지 못할 사람으로 만드는 가장 확실한 길은 그를 불신하여 그대의 불신을 그에게 보여주는 것이다. - 스팅슨
- 신용을 잃은 사람은 더 잃을 것이 없다. - 시루스

 나의 신뢰도는? 한국의 신뢰도는?

자기 신뢰도를 점검해보려면 먼저 지금까지 자신이 어떻게 살아왔는지 검토해보아야 한다. 신뢰는 어느 날 갑자기 하늘에서

주어지는 것이 아니다. 다만 자기 삶에서 신뢰가 조금씩 쌓이고 또 쌓이는 것이다. 젊은 날을 어떻게 보내느냐에 따라 신뢰할 만한 사람이 되느냐, 아니면 무책임한 사람이 되느냐가 결정된다. 우리 인생의 봄에 무슨 일을 하고 무슨 일을 하지 않느냐가 우리 인격과 체력을 형성하고 신뢰도도 형성한다.

젊어서부터 작은 일이라도 책임을 성실히, 탁월하게 수행해온 사람은 성년이 되어서도 그 습관을 유지할 수 있다. 젊었을 때 방탕하고, 시간을 낭비하고, 학업에 힘쓰지 않고, 임무를 적당히 얼버무리고, 싫으면 때려치우고, 항상 최선을 다하지 않고, 작심삼일하고, 실수를 거듭하며 살아왔으면 그때는 편한 것 같으나 이런 행동이 사실은 미래를 망치는 일이 된다. 젊은 날 책임을 감당하고, 어렵고 힘든 일도 참으며 봉사정신을 발휘한다면 그때는 힘든 것 같으나 훗날 강인한 사람이 되고 신뢰받는 인격자가 될 수 있다.

우리나라 청소년 교육의 큰 문제점 중 하나는 유치원 때부터 너무 많은 것을 가르치려고 하는 것이다. 그 결과 무엇 하나 철저하게 성취하지 못하게 된다. 신뢰할 수 있는 사람이 되는 것이 매우 중요하다. 무엇이 신뢰하게 만드는 요소일까? 신뢰도를 스스로 어떻게 평가할 수 있을까? 이를 위해 다음 세 가지 중요한 질문을 자신에게 던져야 한다.

- 내 인격은 훌륭한가?

- 내 역량은 충분한가?

- 나의 소통능력은 탁월한가?

그러면 우리 국가의 신뢰도를 생각해보자. 밝은 면과 어두운 면이 각각 있다. 한국은 피지배국이었고 전쟁의 참화를 겪은 나라다. 최근 40년간 피나게 노력하여 세계 10위권의 경제대국이 되었다. 우리나라를 부러워하는 나라가 많다. 미국 청년 중에는 한국의 삼성에 취업하는 것이 꿈이라는 사람도 있다.

그런데 우리는 단시일에 선진국이 되려다보니 무리를 해서 많은 부작용을 낳았다. 자살률 세계 최고, 교통사고 세계 2위 등을 비롯해 부정적 지표가 무척 많이 생겨났다. 그런가 하면 국민성도 원만하지 못한 점이 많다. 매사를 빨리빨리 하려는 조급성, 높은 부패지수, 각종 사고에 대처하는 능력 부족, 발전하지 못하는 민주주의, 배금사상 등 신뢰도를 떨어뜨리는 요인이 많다.

우리는 일본에 피해의식을 가지고 있으며 그들을 혐오한다. 그러나 전 세계적으로 보면 일본인의 신뢰도가 한국인의 신뢰도보다 상당히 높다. 그래서 우리가 외교적으로 어려움을 많이 겪고 있다. 일본인은 정확하다. 청결하다. 약속을 철저히 지킨다. 감정을 잘 다스릴 줄 안다. 독서열이 매우 높다. 무척 검소하다. 일본은 우리가 너무나 싫어하는 나라이지만 일본 국민에게서 배워야 할 점이 적지 않다. 우리 국민 한 사람 한 사람의 신뢰도를 높이는 것이 애국하는 길이고 세계무대로 진출하는 데 강력한 힘이 된다는 것을 명심해야 한다.

신뢰도를 높이는 것이 살길

리더가 가장 중요하게 여겨야 할 요소가 바로 신뢰다. 신뢰받지 못하는 리더는 리더가 될 자격이 없다. 세계 각 분야 리더들은 한목소리로 지금 가장 심각한 문제는 '신뢰와 믿음 부족'이라고 강조했다. 어떤 분야에서든 진정한 성공을 이뤄내려면 반드시 사람들의 신뢰를 얻어야 한다. 자신이 바뀌어야 세상을 바꿀 수 있다. 신뢰가 없으면 영향력이 사라진다. 신뢰가 없으면 리더는 부하를 잃는다.

인기에 영합하여 국민에게 거짓 약속을 하는 정치적 리더를 국민이 신뢰할 것인가? 국민은 이솝우화에 나오는 '양치기 소년'처럼 한두 번은 속을지 몰라도 그다음에는 속지 않는다. 신뢰는 빠른 시일 안에 쌓이지 않는다. 그러니 천천히 신뢰를 쌓아가는 것 외에 달리 방법이 없다. 신뢰를 쌓는 방법을 생각해보자.

첫째, 책임을 성실히, 탁월하게 완수해야 한다. 리더는 제너럴리스트가 되어야 하고 스페셜리스트가 되어야 한다. 적어도 여러 가지를 할 줄 알 돼 그중 한 가지 특기는 살려야 한다. 그래야 자신만의 브랜드를 만들 수 있고 사람들이 기억하며 신뢰할 수 있

이순신처럼 생각하고 리드하라

다. 탁월한 성과를 내면 신뢰도를 높일 수 있다. 회사나 단체에 기여하는 가장 빠른 방법은 좋은 성과를 내는 것이다. 그리고 좋은 성과를 내야 신뢰를 받으며 자리를 유지할 수 있다. 일의 결과가 신뢰도를 증명한다. 이순신 장군이 전투만 하면 이겼기 때문에 부하들이 그를 신뢰할 수 있었다.

둘째, 진정성이 있어야 한다. 우리 마음이 가장 근본적인 것이다. 마음이 어떠하면 그 인격도 그러하다. 어떤 경우든 변덕스럽지 말고 감정에 치우치지 말아야 한다. 그리고 진정성을 유지해야 한다. 적어도 성품 가운데는 태산과 같은 묵직한 그 무엇이 있어야 한다. 경박스러우면 안 된다. 진정성이란 한 사람의 생각과 말, 행동에서 일관되게 나타나는 품성을 뜻한다.

우리 인격에 도덕성이 묻어나야 한다. 올바른 성품을 갖추려면 오랜 시간 의지를 가지고 자기 이익을 버릴 줄 아는 훈련을 해야 한다. 많은 리더가 성공가도를 달리다가 진정성과 도덕성이 부족해 밑바닥까지 떨어졌다. 결국 말과 행동이 일치할 때 신뢰가 쌓인다. 위대한 리더는 말과 행동이 일치하며 책임을 회피하지 않는다. 그들은 쉬운 일보다 옳은 일을 찾아서 한다. 좋은 성품을 갖추면 신뢰를 얻고 훌륭한 리더가 될 수 있다.

훌륭한 성품은 꾸준하게 열심히 노력하고 실천하는 가운데 형성된다. 그중에서도 가장 좋은 방법은 스스로에게 근본적 질문을 던져보는 것이다. "지금 나는 옳은 일을 하고 있는가?" 옳은 일을 하려면 노력이 반드시 필요하다. 옳은 일인지 고민한 뒤 그렇다고 판단되면 선택해야 한다. 상대방에게서 "저 사람은 믿을 수 있어"라는 소리를 듣게 하라. 진정성이 있으면 그런 소리를 들을 수 있다. 살아가면서 누구를 만나든 신뢰를 쌓고 믿음과 존경을 얻을 수 있는 단순한 원칙이 하나 있다. 입으로 내뱉은 말을 반드시 실천하는 것이다.

셋째, 다른 사람을 존중하고 신뢰해야 한다. 그러면 자신도 존중받게 되고 신뢰를 얻게 된다. 우리가 가진 모든 것보다 중요한 것은 바로 사람이다. 어떤 상황에서도 사람이 먼저다. 이 원칙을 숙달하고 가치관으로 삼는다면, 더욱 두터운 신뢰를 얻게 될 것이다. 자동차 왕 포드Henry Ford(1863~1947)는 "성공 비결이 하나 있다면, 그것은 다른 사람의 관점을 파악하고 자기 관점뿐 아니라 다른 사람의 각도에서 세상을 바라볼 줄 아는 능력일 것이다"라고 말했다.

넷째, 매사에 정확해야 한다. 명료성이야말로 신뢰도를 평가하는 데 가장 중요한 척도가 된다. 단체에서 팔로어에게 재정을 투명하게 공개하면 신뢰를 얻는다. 어물어물 넘어가면 오해가 생기고 신뢰가 떨어진다. 말도 명료하게 해야 한다. 애매함은 거짓의 사촌이라는 말이 있다. 말을 할 때는 자기 생각을 담아 분명하게 표현해야 한다. 글도 마찬가지다. 아무리 장황하게 썼어도 자기 의견이 명료하게 나타나지 않으면 모호하게 되고 상대방에게 불신을 준다. 계산과 회계도 명확해야 한다. 약속도 잘 지켜야 한다. 지키지 못할 약속은 하지 않는 편이 훨씬 낫다. 시간도 엄수해야 한다. 매사에 흐리멍덩하여 앞을 내다볼 수 없다면 그를 신뢰할 수 있겠는가? 평소 정확성을 연습하는 것이 유익하다.

다섯째, 겸손한 사람은 신뢰를 얻게 마련이다. 거만한 사람이 신뢰를 얻는 경우는 없다. 새로운 생각을 겸허히 받아들이지 않는 사람은 정체된 삶을 살게 되며, 신뢰도 잃게 된다. 누구에게서나 배울 게 있다고 인정하는 것이 겸손을 유지하는 비법이다. 쓸데없이 자화자찬하는 것을 조심하라.

여섯째, 끊임없이 배우고 익히는 리더를 팔로어는 신뢰한다. 의사도 끊임없이 새로운 기술에 도전하여 최신 수술법을 익혀야 믿음이 간다. 이처럼 신뢰는 역량에 뿌리를 두고 있다. 따라서 끊임없이 학습하고 성장해야 신뢰를 쌓을 수 있다. 워렌Rick Warren은 "배움을 멈추는 순간 당신의 지도력도 멈추게 된다"라고 말했다. 요즘 시대는 메가 미디어와 최첨단 오락물이 넘쳐나서 잠시도 무언가에 주의를 집중하기 어려운 세상이다. 그래서 더욱 사고하고 학습하며 성찰하는 시간을 가져야 한다. 또 세상 변화에 민감히 대응하며, 겸허하고 열린 마음을 가지는 것은 물론 유연한 사고를 견지해야 한다. 그래야 학습을 지속할 수 있다. 끊임없이 배우고자 하는 열정을 지녀라. 매일 의식적으로 시간을 내어 책을 읽는다면 얼마나 많은 것을 배울 수 있을까? 맥스웰John C. Maxwell은

"모든 독서가가 리더는 아니지만 모든 리더는 독서가다"라고 말했다.

일곱째, 헌신하는 사람이 신뢰를 얻는다. 우리는 위인들을 존경하고 사랑한다. 그 이유는 그들이 숭고한 이상에 몸과 마음을 다 바쳤기 때문이다. 그들은 말이 아니라 행동으로 위대함을 보여주었다. 역사상 가장 강인한 지도자들은 극심한 역경에도 굴복하지 않는 의지를 보여주었다. 따라서 대의명분을 따르는 지지자들을 규합할 수 있었다. 이 같은 리더들은 거룩한 사명을 수행하기 위해 몸과 마음을 바쳤다. 그들은 결코 방관자가 아니었다. 오늘날 성공한 리더들은 사명을 위해 헌신했기 때문에 성공을 이룩했다. 사명감을 발휘할 때 신뢰는 더욱 두텁게 쌓인다.

여덟째, 매력이 있고 호감을 얻는 사람이 신뢰를 얻는다. 어떤 유형의 태도를 보이든 자석처럼 사람들의 관심을 끌 줄 아는 사람이 신뢰를 얻기 쉽다. 대개 사소한 행동과 태도가 사람의 마음을 사로잡는다. 사람을 끌어들이는 성품에는 '감사하는 태도'가 숨어 있다.

행복을 결정짓는 가장 큰 요소는 '감사하는 마음'이다. 감사하는 태도가 사람들을 매료한다는 사실을 명심하자. 매일 몇 분이라도 시간을 내어 우리 삶에서 감사히 여겨야 할 것이 무엇인지 생각해보자. 전문가들은 매일 아침 서너 가지 정도 감사 목록을 만들어보라고 권한다. 이를 실천한 사람들은 잠깐 시간을 냈을

이순신처럼 생각하고 리드하라

뿐인데도 하루가 달라지고 감사하는 습관이 생겼다고 한다. 자신이 당연하게 여기며 누리고 있는 것들을 의식적으로 생각해보자.

아홉째, 일관성을 유지하면 신뢰를 유지할 수 있다. 회사나 단체가 일관된 서비스를 제공하면 브랜드와 평판을 탁월하게 구축할 수 있다. 일관성이라는 신뢰의 기둥은 인내심을 가지고 쌓아야 하며, 더욱 주의 깊게 유지해야 한다. 일관성이 깨지면 의심과 불신이 생길 수 있고, 자칫 인간관계가 틀어질 수도 있다. 신뢰를 잃기 전까지는 누구도 의심의 눈길을 보내지 않는다. 그러나 한번 신뢰가 깨지면 과거의 신뢰는 다 무효가 되며 늘 의혹의 눈길이 따라다닌다.

열째, 소통을 원활히 하면 신뢰도를 유지할 수 있다. 가정이나 단체의 삶에서 의사소통이 되지 않으면 많은 문제와 갈등을 일으킨다. 리더가 소통 능력이 뛰어나고 팔로어와 정기적으로 소통하는 시간을 갖는다면 상호신뢰가 보존된다. 특별한 안건이 없어도 정기적으로 만나는 것이 매우 중요하다. 서로 만나 이야기하면 상대방을 이해할 수 있고 정도 두터워질 수 있으며 문제를 예방할 수 있다. 가정이나 사회에 폭력이 일어나는 중요한 원인은 소통이 제대로 되지 않기 때문이다. 말로 할 수 없으니까 폭력이 튀어나오는 것이다. 리더는 항상 의사소통 능력을 길러야 한다.

신뢰에 관해서는 지름길도, 횡재도 없다. 사소한 것부터 충실히 실천해가는 것이 중요하다. 신뢰에 관한 한 인생에서 엄청난 기회는 절대로 오지 않는다. 수많은 작은 기회가 올 뿐이다. 사람들은 그 사람이 주위 사람들의 시선과 환경에 상관없이 일관된 성품과 능력을 보여주는지에 주목한다. 일관된 태도를 유지하는 사람에게는 기회가 열려 있다. 늘 한결같은 사람들이 영향력을 얻고 신뢰를 쌓는다.

이순신처럼 생각하고 리드하라

02

리더의 역량을 개발하라

리더십을 발전시키는 것은 자기 자신의 가능성을 최대한 이끌어낸다는 점에서 리더 자신에게 한없이 유익한 일이다. 우리는 무엇인가 가치 있는 일에 도전해야 한다. 그것이 나 자신이 존재하는 이유다. 리더십의 변화는 자기 인격뿐만 아니라 자신이 몸담고 있는 조직을 변화시킬 수 있다. 산업과 국가, 세계까지도 변화시킬 수 있다. 전 세계적으로 새로운 형태의 리더십이 요구되고 있다. 그 이유를 학자들은 다음과 같이 말하고 있다.

첫째, 구심과 원심운동으로 세계가 하나의 지구촌으로 변모하면서도 민족, 종족, 종교 분쟁으로 산산조각 나는 오늘의 현실에서 인류가 한 가족으로 공존, 공영할 수 있도록 하려면 큰 비전을 가진 세계적 리더들이 있어야 한다.

둘째, 지식이 폭발하면서도 그에 반비례하여 사람들의 지혜는 점점 감소되는 이율배반적 현상을 바로잡기 위해 리더십이 요청된다.

셋째, 세계 각처에서 나타나는 미래주의와 복고주의를 잘 조화해 새로운 국제질서를 수립하기 위해서는 지적으로 수준 높은 리더들이 각 분야에서 나타나야 한다.

넷째, 모든 면에서 진보하는 것 같으면서도 각종 범죄와 도덕의 타락으로 퇴보하는 역사적 현상을 바로잡으려면 올바른 정신을 소유한 리더와 올바른 리더십이 필요하다.

다섯째, 인간이 만물의 영장으로 세계를 지배하려면 팀워크를 수행할 수 있는 리더십이 필요하다.

 ## 리더의 선택과 결정의 기술

인생은 선택과 결정의 연속

모든 성공과 행복은 올바로 선택하고 결정하는 능력에 따라 좌우된다. 오늘의 모습은 과거 우리가 내린 선택과 결정의 결실이며 내일의 모습은 현재 우리가 어떤 선택과 결정을 하느냐에 따라 달라진다. 우리는 살아가면서 반드시 선택과 결정을 해야 한다. 직장 선택, 배우자 선택, 종교 선택은 매우 중요한 사안이므로 신중하게 해야 한다.

우리는 반드시 선택해야 한다. 우유부단한 사람은 선택과 결정을 하지 못한다. 그는 불완전한 인격자다. 잘못 선택하는 사람은 생각이 모자란 사람으로서 매사에 손해와 후회만 불러온다. 그런데 많은 사람이 올바로 선택하지 못한다. 그 이유는 사람이 불완전한 존재이고, 현 시대에 정보가 너무 많기 때문이며, 각자 가치관이 다르기 때문이다. 여자는 결정할 때 대개 좋고 나쁨을 기준으로 삼는다. 남자는 대개 옳고 그름을 기준으로 삼는다. 감정에 치우쳐 선택하면 잘못되기 십상이다.

쉽게 결정할 수 있는 문제도 많다. 그러나 결정하기 어려운 문제도 많다. 예를 들면 전쟁 결정, 외교정책과 경제정책의 결정 등 국가의 흥망을 좌우하는 문제는 결정하기가 매우 어렵다. 올바로 선택하고 결정하려면 합리적이고 상식적이며 보편타당한 생각을 해야 한다. 하지만 고차원적 문제에서는 전문적·과학적 사고 과정을 거쳐 선택과 결정을 해야 한다.

철학자 칸트는 자신이 결혼해야 하나 하지 말아야 하나 하는 생각을 오랫동안 하였다. 드디어 결혼하는 것이 좋다는 판단이 섰다. 결혼하려고 했으나 그때 나이가 이미 49세여서 그와 결혼하겠다고 나서는 여자가 없었다. 칸트는 평생 독신으로 지냈다. 선택과 결정을 할 시기를 놓치면 기회도 잃는다.

삼전도비가 말해주는 것

국가 지도자는 국가 위신보다 안보를 택하는 것이 더 슬기롭다. 조선조 인조 조정은 할 필요도 없는 전쟁을 불러들였다. 1636년 청으로 이름을 바꾼 후금은 조선에 대청황제大淸皇帝라고 불러달라고 요구했다. 조선조는 명에 사대하고 있으므로 의리상 그렇게 못하겠다고 버티었다. 이때 명나라는 이미 망해가고 있었고 청은 떠오르는 세력이었다.

인조 조정은 명 황제 이외의 누구도 황제라 부를 수 없다는 명분론을 굽히지 않았다. 명분론은 청군의 침입을 부르는 초대장임이 확실했다. 그렇다면 명분론자는 전쟁 준비를 철저히 했어야 했다. 그런데 그게 아니었다. 전쟁도 반대했다. 전쟁을 하지 않으려면 청이 요구하는 대로 그들 황제를 대청황제라고 불러주면 되지만 그것도 하지 않았다. 말 한마디 했으면 전쟁을 피했을 텐데 얄팍한 자존심을 지키려다가 온 국가가 치욕을 당하다니 정말 어처구니없는 일이 아닐 수 없다.

몇 달 전 잠실 석촌 호숫가를 거닐다가 '삼전도비'를 보게 되었다. 거기에 쓰여 있는 글자를 유심히 보았다. 마음속에 분노가 차올랐다. 치욕비(삼전도의 욕비辱碑)라고도 불리는 삼전도비는 만들 당시 이름이 대청황제공덕비大淸皇帝功德碑였다. 내용은 청나라가 조선에 출병한 이유, 조선이 항복한 사실, 항복한 뒤 청 태종이 피해를 끼치지 않고 곧 회군한 사실을 기록하였다. 청나라 조정의

명으로 조선에서 1637년 건립하였다. 만주어, 몽골어, 중국어 세 나라 말로 기록되었는데 이 비석은 지금도 말없이 조선이 청나라 황제에게 당한 치욕스러운 역사를 보여주고 있다.

리더가 올바로 선택하고 결정하려면

리더는 자기 단체의 미래를 위해 올바로 선택하고 결정해야 한다. 잘못 결정하면 수십 년 쌓아온 공적을 하루아침에 무너뜨리게 된다. 신속하고 정확하게 결정할 수 있다면 얼마나 좋을까? 그러나 사소한 일도 올바로 결정하기가 쉽지 않다. 누구나 선택과 결정을 할 때는 마음이 설렌다. 그렇다고 우유부단하면 안 된다. 심사숙고하되 무작정 끌어서는 안 된다. 선택과 결정을 할 때 리더에게 필요한 기술을 몇 가지 소개한다.

첫째, 어느 경우든 우유부단하지 말자. 사소한 일은 빨리 결정하고, 중대한 일은 심사숙고한 뒤 결정하며, 때로는 전문가 도움을 받는다.

둘째, 개인감정에 이끌려서 결정하면 안 된다.《삼국지》에 나오는 유비는 의형제 관우의 원수를 갚기 위

Point!

우리 삶이 보편적으로 풍성해지려면 인맥관리를 잘해야 한다. 사람과 사람이 서로 어울리고 유기적으로 활동하면서 경제가 돌아가기에, 사람들과 멋진 인연이 중요하다. 모든 사업은 인맥으로 시작해 인맥으로 끝난다고 해도 지나친 말이 아닐 만큼 인맥은 사업의 핵심이다.

해 무리한 전쟁을 일으켰다가 결국 패하였다. 기분 나쁠 때 중요한 결정을 하면 반드시 일을 그르친다. 몸과 마음의 상태가 가장 좋을 때 결정하라.

셋째, 독단으로 결정해서는 안 된다. 물론 최고 리더는 최종결정을 해야 한다. 그러나 많은 과정을 거쳐야 한다. 팔로어의 의견을 들어보고 결정과정에 그들을 참여시키기도 해야 한다. 그래야 일이 잘못되었을 때 책임도 공동으로 질 수 있다. 리더가 늘 조심해야 할 것은 독선과 교만이다.

넷째, 여러 대안을 놓고 토의하면서 하나씩 줄여간다. 최종 두 가지만 남겨서 그중 한 가지만 택하는 것이 순리다.

다섯째, 지금은 손해가 되더라도 장기적으로 이익이 되는 것을 택한다. 이런 방식이 지금은 이익이 되어도 장기적으로 손해 보는 것보다 낫다. 회사의 경우 가장 중요한 것은 회사의 장기 비전이며 주요 목표다. 여기에 초점을 맞춰 결정하는 것이 바람직하다.

여섯째, 기회비용을 생각하면서 결정하면 대개 올바로 결정할 수 있다. 기회비용이란 어떤 하나를 선택할 때, 그 선택으로 포기해야 하는 다른 것의 가치를 말한다. 기업의 의사결정자들은 최소한의 기회비용보다는 큰 수익이 기대되는 의사결정을 하거나, 기회비용을 최소화하는 의사결정을 해야 회사가 이익을 볼 수 있다. 이런 경우 상반된 기회비용을 비교하면서 기회비용이 적은, 즉 이익과 편리함이 더 큰 쪽을 선택하는 것이 바람직하다.

일곱째, 자기 가치관을 늘 새롭게 하고 견문과 지식을 넓혀라. 그래야 올바른 결정을 내릴 확률이 높아진다.

 ## 리더의 바람직한 학습습관

훌륭한 리더는 학습을 게을리하지 않는다. 학습은 리더에게 필수조건이다. 세종대왕도 늘 경연을 열어 신하들과 의견을 나누고 공부했다. 세종대왕은 뛰어난 리더가 되기 위해 독서를 소홀히 하지 않았다. 독서를 통해 조선 초기의 문화를 꽃피울 수 있었다.

한재권 회장의 학습습관

국내 1위 계란 유통회사 '조인'의 한재권 회장이 학습한 이야기다. 그는 1979년 직원 3명과 함께 서울 내곡동에서 병아리 부화장을 시작했다. 초등학교 졸업이 정규 학력의 전부였다. 그러나 2005년 300억 원대이던 매출액이 2014년 2,000억 원이 돼 9년 새 700퍼센트 정도 성장했다. 2014년 세전 당기순이익을 175억 원 냈고 2015년엔 2,800억 원 매출을 자신할 정도로 성장세가 가파르다. '조인'은 전국 20여 개 농장에서 하루 200여 만 개의 계란을 생산해 연간 7억 개 정도를 대기업과 대형마트에 주로 공급하고 있다.

그의 경영능력과 지혜는 어디서 나왔을까? 그는 숱한 한계를 돌파하고 우뚝 선 입지전적 인물이다. 위장 보호 기능을 함유한 기능성 계란, 자연 방사 유정란처럼 연구개발로 탄생한 제품과 병아리 부화, 산란계 사육, 계란 생산을 잇는 전 과정을 일관공정화한 생산 시스템 등이 있지만 핵심동력은 다른 곳에 있다.

한 회장이 꼽는 최고 원동력은 다름 아닌 '학습의 힘'이다. 10년 넘게 매월 7,000킬로미터씩 직접 운전하며 전국을 돌던 그는 40세 때 '배움에 대한 갈증을 심하게 느껴' 운전기사를 고용했다. 그러고는 자동차 뒷좌석을 독서실 삼아 하루 4~5시간씩 경영, 경제, 회계, 미래 서적을 탐독했다. 그는 피터 드러커와 일본항공인터내셔널 회장 이나모리 가즈오稻盛和夫의 저서는 모조리 밑줄을 그어가며 읽고 또 읽었다. 해당 부분을 회사 업무에 어떻게 적용할지 직원들과 토론하기도 했다. 이렇게 정독한 책만 1,000권이 넘는다.

매일 아침 5시 이전에 일어나 조찬, 만찬 학습 프로그램에 참석해 경영 노하우와 세계 흐름에 눈을 떴다. 그의 휴대전화 일정표에는 새벽과 저녁 시간을 이용해 매월 15~20회씩 듣는 강연과 강좌 이름이 빼곡히 적혀 있다. 그는 좋은 강의와 동영상을 구해 본사와 농장 직원들이 함께 돌려보도록 하며 도서 구입비는 전액 지원하고 있다.

한 회장은 "당기순이익의 10퍼센트를 직원들과 나누는 '이익공

유제'를 10여 년 전부터 하고 있는데 이것도 학습을 통해 동기부여의 중요성을 깨달았기 때문이다"라고 했다. 휴대전화 앱 강좌로 대학원생 뺨치는 외국어와 인문학 식견도 갖췄다. 이런 노력을 20년 계속한 2010년 매출 1,000억 원이 넘는 '기적'이 찾아왔고, 다시 4년 만에 그 배가 됐다.

경기 용인시 신갈의 본사 외벽에는 3층 건물 높이의 대형 황금알 조형물이 붙어 있다. 그는 "황금알을 낳는 기업이 되자는 뜻이다"라고 했다. "앞으로 뚝심 있게 밀고 나가면 매출 조兆 단위 회사도 못 만들 것 없지 않습니까. 세상은 꿈꾸는 자들이 바꾸고 그 꿈은 쉼 없는 학습을 통해 스스로 키워나가는 것입니다."

손정의 회장의 학습습관

일본 소프트뱅크는 '학습의 힘'으로 세계를 제패한 기업이다. 손정의 회장은 《손자병법》을 비롯한 고전 4,000여 권을 독파한 뒤 가로 5자, 세로 5자, 총 25자로 이뤄진 '제곱병법'이라는 독자 경영전략을 창안했다. 그는 자신이 읽은 모든 책 중에서 《손자병법》을 최고의 책으로 꼽았다. 그는 젊은 시절 중증 만성간염으로 6개월밖에 더 살지 못한다는 판정을 받았는데, 당시 기분을 묻자 이렇게 대답했다. "나는 울었다, 기도했다, 책을 읽었다." 지금도 그는 사업을 전환할 때나 난관에 봉착할 때 《손자병법》을 읽으면서 지침을 찾고 있다.

강윤선 대표의 학습습관

100여 개 직영 매장에 직원 2,500여 명을 둔 한국 미용업계 최강자 준오헤어 강윤선 대표의 비밀 병기 역시 '학습'이다. 대학 진학은 꿈도 못 꾼 채 기술고등학교를 졸업한 뒤 미용실을 연 그는 책에서 인생과 경영을 배워 종업원 5명이던 동네 미용실을 세계적 헤어그룹 웰라가 뽑은 '세계 10대 미용기업'으로 만들었다. 21년째 전 직원을 상대로 독서 경영을 하는 강 대표는 "독서를 통해 생각이 깊어지면 창의력이 생기고 손놀림까지 유연해져 업무 능력도 향상된다"고 말했다. 준오헤어 헤어디자이너 1,000여 명 가운데 200여 명이 1억 원 넘은 연봉을 받는다.

야나이 다다시 회장의 학습습관

야나이 다다시柳井正 유니클로 회장은 피터 드러커의 '고객 창조' 아이디어를 응용해 전 세계에서 1억 장 넘게 팔린 슈퍼 히트 상품 '히트텍'을 내놓았다. 야나이 회장은 1984년 일본에서 유니클로 1호점을 개설한 이후 30여 년 만에 유니클로를 세계적 의류 브랜드로 키워냈다. 미국 경제잡지 〈포브스〉는 그를 2009년부터 2년 연속 일본 최고 부자로 선정하기도 했다. 그는 한 인터뷰에서 "실패하면서 학습을 하고, 학습을 해서 성공을 추구하는 것이 사업이다. 중요한 것은 도전하는 것이다"라고 말했다.

마오쩌둥의 학습습관

국공내전國共內戰에서 승리한 마오쩌둥毛澤東(1893~1976) 곁에는 전쟁 중에도 언제나 끼고 다니던 두툼한 책 뭉치가 놓여 있었다. 역대 황제와 제후장상의 통치내력을 담은《사기》와《자치통감》, 그리고 중국어 어휘사전과 어원사전이 그것이었다. 역대 어느 황제보다 강력한 통치자로 부상한 마오는 세계에서 가장 큰 나라와 그 인민을 다스리는 기술을 연마하는 것이 공산주의 사상을 학습하는 것보다 더욱 시급했던 것이다. 베이징 중난하이에 거처를 정한 뒤에도 마오는 그 고전들을 언제든 손이 닿는 침실에 두고 필요할 때마다 꺼내 읽었다.

그 밖에 위인들의 학습습관

베트남의 국부 호찌민胡志明(1890~1969)은 우리나라 정약용이 쓴《목민심서》를 거의 매일 탐독했다고 한다. 미국의 인권운동가 마틴 루서 킹Martin Luther King Jr.(1929~1968) 목사는《성경》과 플라톤의《공화국》을 애독했다. 출중한 리더십을 보인 사람들은 대개 엄청난 분량의 책을 읽었다. 제대로 훈련받은 리더다운 리더가 되기 위하여 항상 연구하고 고민하며 스스로 자기 생각에 도전하는 자세를 지녔다.

언제 학습의 즐거움을 깨닫게 되느냐는 사람에 따라 각기 다르지만, 영국의 수상으로서 노벨문학상을 수상한 처칠의 경우에는 상당히 나이를 먹고 난 뒤 깨달았다. 그는 만 22세가 되어서야 처음으로 향학심이 생겼다고 했다. 그 뒤 그는 엄청난 양의 책을 읽었다. 그 덕분에 연설도 능하게 되고 글도 잘 쓰게 되었다.

리더십에 관한 책을 읽고 리더십 훈련을 받으라

과거의 위대한 리더들이 행했던 것과 같이 리더십에 관한 책을 부단히 읽고 연구하라. 그리고 리더십 향상을 위한 각종 세미나에 적극적으로 참석해 견문을 넓혀라. 리더십에 관한 책이 참 많이 나와 있다. 《손자병법》 같은 책은 무수히 반복해서 읽어야 하고, 어떤 책은 폭넓게 읽어야 한다. 이순신이 그랬던 것처럼 리더십에 관한 한 통달해야 한다.

오명 장관이 쓴 《30년 후의 코리아를 꿈꿔라》라는 책을 흥미롭게 읽었다. 오명 장관에 대해 좀 들어보았지만 그 책을 읽으면서 우리나라에 이런 인재가 있었나 하는 감탄사를 연발할 수밖에 없었다. 오명 장관은 진념 장관과 함께 직업이 장관이라고 할 만큼 역대 대통령으로부터 러브콜을 많이 받은 대표적 인물이다. 경기고등학교, 육군사관학교, 서울대학교 공대, 뉴욕주립대학교 공학박사, 체신부 장차관, 건설교통부장관, 과학기술 부총리, 대전엑스포조직위원장, 동아일보사 사장, 아주대학교 총장, 건국대학교 총장 등 화려한 경력의 면면을 보아도 평범한 인물이 아님을 쉽게 알 수 있다.

공학박사 출신으로 다양한 조직을 성공적으로 관리해온 비법은 무엇일까? 저자는 소신 있게 일한 것이 비결이라고 겸손하게 이야기했다. 매사에 철저하고 치밀한 사전준비, 원만한 인간관계, 칭찬과 부하직원에 대한 신뢰, 리더로서 비전 제시, 전체 상황을 파악하고 핵심을 꿰뚫어보는 지혜, 30년 후 미래를 보고 준비하는 자세 같은 것들이 저자를 이끌어온 버팀목이었다고 느껴진다.

그는 책에서 '장관하기, 참 쉽다'고 썼다. 그는 장관이 꼭 해야 할 일만 자신이 처리하고 세부적인 것은 실무자에게 다 맡겼다고 한다. "장관이라는 직책이 무척 어렵지만, 아랫사람들을 믿고 일을 맡기면 그다음부터 모든 것이 쉬워진다." 위임의 중요성과 기술을 터득한 리더였다.

 ## 여성 리더십의 기술

각광받는 여성 리더십

우리나라 역사를 보면 여성이 왕이 된 경우가 세 번 있었는데 그것도 신라시대에만 있었던 일이다. 신라시대에는 선덕여왕, 진덕여왕, 진성여왕 세 여왕이 있었다. 봉건주의 시대, 남존여비 사상이 팽배했던 과거 우리 사회에서 여성이 국가나 사회의 지도자가 되는 것은 꿈도 꿀 수 없는 일이었다. 여성은 유교의 그릇된 사상과 사회 관습의 최대 피해자였다. '현모양처賢母良妻'라는 그럴싸한 감언의 명칭으로 여성을 가정에 가두어놓았다. 그래서 지도자가 될 기회를 원천봉쇄해버렸다. 그런데 자유민주주의 시대가 도래하자 전혀 다른 세계가 열렸다. 정계, 경제계, 법조계, 언론계, 종교계 등 다양한 분야에서 여성들이 약진하고 있으며 여성 대통령 시대를 구가하고 있다. 이런 현상은 남성이 여성보다 우월한 존재라는 과거 편견을 깨는 데 일조하고 있으며, 사회구조에서 수직화 현상을 평균화 현상으로 전환하는 데 큰 힘을 보태고 있다.

21세기는 감성의 시대다. 친인간적 감성리더십은 21세기를 이끄는 키워드가 된다. 여성에게는 감성이 뛰어나기 때문에 감성리더십을 발휘할 좋은 기회를 맞이한 것이다. 혁신은 감성에 호소하는 부분에서 일어난다. 철의 여인이라고 불리던 전 영국 수상 대처는 강력한 리더십과 더불어 감성리더십을 소유하고 있었다. 그녀는 영국이 포클랜드 영유권을 두고 아르헨티나와 벌인 전쟁에서 승리해 '전사 여왕'의 신화를 낳았지만 한편으로는 아군 전사자 가족 255명에게 일일이 자필로 위로 편지를 보내 감동을 주었다.

미국인이 꼽은 최고 퍼스트레이디는 루스벨트의 부인 엘리너 루스벨트Eleanor Roosevelt(1884~1962) 여사다. 그녀는 "멀어지기 쉬운 백악관과 국민 사이를 이어준 최고 매개자였다"고 평가받는다. 그녀는 위대한 리더였다. 소아마비로 다리가 불편한 루스벨트 대통령을 대신해 직접 기자회견을 열어 정부 입장을 적극 대변했다. 그녀는 임기 초 정부와 배상문제로 갈등관계에 있던 미국 참전 용사들을 직접 찾아가 함께 식사하고 노래를 부르며 설득했다. 그녀도 감성리더십으로 국민 마음을 움직였다.

유리천장을 깨라

한국 여성이 CEO로 진출할 수 있는 시대가 왔지만 아직도 사회 곳곳에서는 유리천장이 가로막고 있다. 유리천장Glass Ceiling이란 여성들의 고위직 진출을 가로막는 회사의 보이지 않는 장벽을 뜻하는 말로, 여성 직장인들이 회사에서 인정받고 승진할 수 있는 상한선을 의미한다. 이 외에도 여성이 CEO로 진출하는 데 장애가 되는 요인들이 있다. '여자가 뭘'이라는 여성 자신의 자기비하, 남성들의 편견, 출산과 육아 등이 주원인이다. 여성이 남성들과 같은 노력을 하는데 공정하게 평가받지 못하는 경우도 적지 않다.

한국 CEO 중 여성이 차지하는 비율은 1퍼센트도 되지 않는다는 현실은 여성이 CEO가 되기에는 한국의 풍토가 열악하다는 것을 보여준다. 그럼에도 소수 여성은 모든 난관을 극복하고 CEO 자리에 올랐다. 그 비결을 두 가지로 설명하면 첫째는 큰 꿈을 갖는 것이고, 둘째는 그 꿈을 이루기 위해 남다른 노력을 하는 것이다. 여성 CEO가 되려는 사람은 우선 큰 꿈을 품고 선배 여성 CEO들이 겪은 경험을 자신도 배우고 실천해야 한다. 그리고 자기만의 장점을 최대한 발휘해야 한다.

성공한 여성 CEO들에게서 얻는 통찰

성공한 여성 CEO 이야기는 색다른 감명을 자아낸다. 그들은 거의 불가능한 상황에서 CEO 자리에 올라 꿈을 이루었기 때문이다. 그들의 발자취에서 귀중한 통찰과 교훈을 얻자. 어떻게 하면 여성이 CEO가 될 수 있을까.

첫째, 큰 꿈을 품는다. 큰 꿈을 품게 되면 마음이 달라지고 행동도 변하게 된다. 눈동자도 빛이 나고 걸음걸이도 민첩하게 된다.

둘째, 회사 환경이나 자기 처지에 대해 불평불만을 하지 말고 확신을 가지고 일한다. "나도 할 수 있다"고 다른 사람에게 힘차게 말한다. 자아확신을 가지고 당당하게 말하는 만큼 기회도 많아지게 된다. 여자는 못할 거라는 편견을 걷어낸다. 더 나아가 상사에게 적극적으로 일을 시켜달라고 얘기한다. 그래야 다양한 경험을 할 기회가 생긴다.

셋째, 자신만의 전문성을 키운다. 남과 다르지 않으면 성공하기 힘들다.

넷째, 자기 업무에 대해서는 누구보다도 훤히 알아야 한다. 자기 업무를 잘 아는 것이 기본이다. 능력 있는 사람이라고 인정받고 능력으로 남성과 경쟁해야 한다.

다섯째, 여성만의 장점을 최대한 발휘한다. 여성은 칭찬과 배려를 잘한다. 특히 남성들에게 배려를 잘해야 한다. 역지사지易地思之나 언더스탠딩Understanding은 참 좋은 단어다. 이 말들의 뜻을 알고 대인관계에 적용한다. 소통하면서 신뢰를 쌓고 사람의 마음을 얻는 것이 매우 중요하다. 아무래도 여성이 감성적으로 소통하는데 강점이 있다.

여섯째, 부조리한 일을 당해도 꿈을 바라보고 인내한다. 여성으로서 최초로 은행장 자리에 오른 권선주 기업은행장은 은행장 비서에서 출발해 35년 동안 노력과 오기로 '유리천장'을 뚫었다. 그녀는 남자들보다 승진이 늦을 때마다 자신은 나이가 어려 기회가 더 많을 것이라고 생각하며 인내했다. 입사해서 결혼·출산·육아 부담이 엄청나지만 이것을 극복하고 한 우물만 파야 한다. 힘들어도 견뎌내야 한다.

일곱째, 폭넓은 시야를 가진다. 회사 전체의 목표와 유익을 생각해야 하고 부서 이기주의에 빠지지 않아야 한다. 동료들과만 지내지 말고 다른 부서 사람들과도 활발히 교제하는 습관을 들일 필요가 있다. 그래야 정보도 얻을 수 있고 견문도 넓힐 수 있다.

여덟째, 다른 사람의 도움을 적절히 받는다. 가족과 주변의 도움을 받아야만 직장생활과 가정생활을 다 잘할 수 있다. 일에서 능력을 인정받고 마음을 사야 상사를 비롯해 다른 직원과의 관계도 원활해져 어려울 때 도움을 받을 수 있다.

아홉째, 자기계발에 계속해서 투자해야 한다. 자신의 전문성 향상은 물론 폭넓은 교양을 얻기 위해 기회를 만들어 계속 공부해야 한다.

열째, 아주 짧은 시간도 유용하게 사용하는 습관을 들인다. 권선주 은행장은 집에서 요리할 때 음식이 완성되는 짬을 이용해 보고서와 책을 읽었다고 한다.

국가와 사회가 여성 CEO를 양성하려면 제도적으로도 크게 개선해서 '친親여성 근무 환경'을 만들어야 한다. 국가와 기업이 고급 여성 인력을 확보하려면 그들이 눈치 보지 않고 직장일과 가정일을 병행할 수 있는 제도, 관행, 분위기를 만들지 않으면 안 된다. 재택근무제 또는 탄력근무제를 잘 활용해야 한다. 돋보이는 경력과 자격을 갖춘 여성 인재들이 공무원이나 교사를 선호하고 외국계, 다국적 기업으로 몰리는 이유는 직무차별이나 경력 단절의 위험이 적고 출산·육아에 발목 잡힐 확률이 낮기 때문이다.

 리더의 의사소통 기술

리더는 의사소통 기술이 탁월해야 한다. 대화도 능해야 할 뿐 아니라 연설도 잘해야 한다. 리더는 즉석에서 소통하고 대화하며 자신을 잘 표현할 줄 알아야 한다. 리더가 의사소통 기술을 향상하는 방법을 설명한다.

첫째, 메시지가 간결하고 명확해야 한다. 광고 문안이나 선거구호를 보라. 얼마나 간결하고 명확한가. 말할 때는 메시지를 잘 다듬어 간결하고 명확하게 뜻을 전달하려고 해야 한다.

둘째, 말하기보다 듣기를 더 잘해야 한다. 의사소통 요소는 두 가지인데 이야기하기와 듣기다. 그런데 이야기하기보다 듣기가 훨씬 중요하다. 미네소타대학교의 한 연구에 따르면 일하는 하루 시간 중 70퍼센트는 의사소통에 사용하는데 그중 45퍼센트는 듣기에 사용한다고 한다. 플라톤은 "듣는 것을 알라. 그렇게 하면 욕하는 사람에게조차 배울 수 있다"라고 했다. 현명하게 듣는 법을 아는 사람은 시간을 현명하게 이용하는 사람이다. 사장이 직원의 말을 듣지 않고 자기 이야기만 한다면 소통이 이루어지지 않는다. 이야기 도중에 상대 말을 중단시키지 마라. 인내하면서 끝까지 들어라.

셋째, 직접 만나 대화해야 한다. 그래야 공감을 얻을 수 있다. 소규모 사람, 부서 단위의 인원을 수시로 만나 직접 의견을 주고받는 것이 좋다. 이렇게 할 때 직원들은 사장의 의지와 열정을 피부로 느낄 수 있으며, 이를 다른 사람에게 전달할 수 있다.

넷째, 중요한 사항, 설득해야 할 사항은 적절한 수단을 활용해 반복해야 한다. 중요한 사항이라면 100번이라도 반복해야 한다.

다섯째, 상대방 처지를 생각하며 말해야 한다. 상대의 기분을 읽어라. 의사소통은 입과 귀로만 하는 것이 아니다. 정서 소통이 더욱 중요하다.

여섯째, 상대방의 무언의 언어, 즉 몸짓이 무엇을 이야기하는지 잘 파악해야 한다. 말보다 제스처로 상대방의 뜻을 잘 파악할 수 있다.

일곱째, 낭비하기 쉬운 시간들을 잘 다뤄야 한다. CEO들을 상대로 조사한 바에 따르면 시간을 가장 낭비하는 공통 요인은 전화, 잠깐 들르는 방문객 그리고 회의였다고 한다. 그러나 이런 것들을 피할 수는 없다. 이런 시간들을 능숙하게 다루어 유효하게 쓴다면 시간을 아주 잘 활용하는 것이다.

여덟째, 늘 정중한 태도로 대화 상대자를 대한다. 예를 들면 예기치 않은 방문객을 대할 때라도 귀찮아하는 표정을 보이거나 시계를 보거나 책상 위의 서류를 만지작거리면 안 된다. 상대방의 유쾌하지 않은 요구에 부정적 반응을 나타내지 않는다. 무척 유쾌하지 않은 이야기라도 요긴한 사항일 경우가 있다. 상대방을 비하하는 태도로 말하지 말아야 한다. 자기 말만 옳다고 우기지 마라. 공감을 일으키는 말을 하라.

아홉째, 모든 공문이나 보고서를 주의 집중해서 잘 읽는다. 모르는 내용은 물어서라도 완전히 파악한다.

이순신처럼 생각하고 리드하라

열째, 주요한 핵심, 즉 일시, 숫자 등은 반드시 메모하며 들어야 한다. 직원이나 고객이 상세한 점을 이야기할 때는 메모한다.

열한째, 항상 주의해야 할 것은 말투다. 대화 결과를 결정하는 것은 무엇을 말했느냐가 아니라 어떻게 말했느냐에 달려 있다. 오해를 일으켜 몇 시간이나 허비하는 이유는 이야기 자체에 원인이 있는 것이 아니라 말투와 말하는 방법에 있다. 어떤 경우라도 상대방에게 욕을 해서는 안 된다. 아무리 하급직원이라도 절대로 욕을 하면 안 된다.

열두째, 하루 언어생활을 잘 살펴보고 말하는 데 얼마나 많은 시간을 소비하는지 기록한다. 그다지 가치 있지도 않은 일 때문에 하루 업무시간 중 상당한 시간을 쓰는 데 놀랄 것이다. 좋은 관계를 형성하기 위해 여러 대화를 하는 것은 중요하지만 가치 없는 말을 많이 하는 것은 시간낭비다. 말의 양보다 가치 있는 내용이 중요하다.

열셋째, 지키지 못할 약속은 하지 마라. 그리고 사소한 약속이라도 반드시 기록하여 지켜라. 약속한 사람은 곧 잊을지 몰라도 상대방은 오래 기억한다.

리더의 글쓰기 기술

글쓰기는 삶을 풍성하게 한다

글쓰기는 글 쓰는 모든 사람의 삶을 풍성하게 한다. 글은 그 글을 쓰는 사람의 마음을 가장 잘 표현할 수 있는 좋은 도구 또는 무대장치다. 글을 통해서 나 자신을 돌아보고 내 삶을 좀 더 발전시켜 미래에 아름다운 나 자신을 만들 수 있다. 나 자신은 물론 대중에게 널리 알릴 수 있다. 나를 성찰하며 더욱 깊은 내면으로 들어가게 한다. 나에 대한 도전이며 세상에 내 존재를 알리는 것이다. 나를 돌아보는 작업이며 나를 만들어가는 조각가의 행동 하나하나와 같다.

글을 쓰는 시간은 그냥 내 모습을 보고 나 자신을 벗겨가는 과정이며 내면, 영혼, 자아, 에고를 만나러 가는 시간이다. 철학자 김형석 교수는 96세라는 고령에도 글쓰기와 강연을 왕성하게 하는데 그는 한 일간지와 인터뷰하면서 글 쓰는 것처럼 기쁨과 행복을 주는 일은 없다고 말했다.

글쓰기가 리더에게 주는 특별한 유익

Leader는 Reader이기도 하지만 Writer여야 한다. 글쓰기는 리더에게 선택이 아니라 필수다. 꾸준한 글쓰기는 솔직히 쉽지 않다. 하지만 힘든 만큼, 아니 그 이상으로 더 많은 것을 얻을 수 있다. 가능하다면 매일, 그렇지 못하다면 최소 2, 3일에 한 번, 그것도 어렵다면 일주일에 한 번이라도 글을 쓰기 바란다. 확실히 삶이 풍성해지고, 삶에 새로운 변화가 올 것이다. 글쓰기 훈련은 리더십 훈련에도 효과 만점이다.

첫째, 글쓰기 활동은 논리적 사고와 창의력을 키워 업무에 큰 영향을 준다. 리더의 글쓰기는 연설 내용을 향상하는 데 큰 도움을 준다.

둘째, 리더의 글쓰기는 조직 내부와 외부에 영향을 준다. 글쓰기는 거의 모든 사람이 관심을 갖는 일이다. 회사원, 공무원에서 대통령까지 글쓰기와 완전히 무관한 사람은 별로 없다. 직급이 높아질수록 글쓰기는 더욱 중요해진다. 어떤 사람의 영향력이 커질수록 그 사람의 생각을 담은 글 역시 큰 영향력을 갖기 때문이다. 비서가 아무리 글을 잘 쓴다 해도 '글쓰기'를 그에게만 떠넘길 수 있는 것은 아니다. 리더의 글은 조직 내부와 외부 모두에 영향을 주기 때문에 직접 글을 쓸 수 있는 필력을 갖추어야 한다.

셋째, 글을 잘 쓰면 강한 신뢰감을 주기 때문에 리더가 어느 분야에서든 성공할 확률이 높다. 리더가 글을 잘 쓸 때 이미지가 좋아지고 신뢰도도 높아진다. 반면 글이 빈약한 리더는 신뢰를 잃는다. 개인적으로 낮은 평가를 받을 뿐 아니라 회사 브랜드도 타격을 받는다.

넷째, 리더가 글을 잘 쓰면 많은 사람이 리더의 말을 들을 것이고 비전을 공유할 것이다. 비전이 공유되지 않고는 회사가 의도치 않은 방향으로 갈 수 있다. 리더가 글을 잘 쓰면 생명력이 넘치는 조직문화를 만들 수 있다. 모든 구성원이 이해하고 받아들이고 경험하는 문화를 만들 수 있다.

다섯째, 대외적으로는 회사 이미지를 향상해 소비자들의 욕구가 충족되고 그들과 파트너십이 잘 유지될 수 있다. 리더가 통찰력이 넘치는 글을 쓴다면 대화 없이도 바이어나 고객을 자극할 수 있다.

여섯째, 리더가 글을 잘 쓰면 영향력 있는 외부 인사들의 지원을 계속 받을 수 있다. 리더가 글을 잘 쓴다면 외부 인사들은 그의 글을 적극 홍보하고 브랜드도 높여줄 것이다.

좋은 글을 쓰기 위한 조건

좋은 글을 쓰려면 어떻게 해야 할까?

첫째, 독자 처지에서 써야 한다. 글을 쓰는 기본 전제는 읽는 사람이 있다는 사실이다. 그렇기 때문에 철저하게 독자 처지에서 써야 한다. 그래야 글이 읽기 쉽고 재미있다. 독자를 배려하는 글을 쓰기 때문이다.

둘째, 글에 보편적인 것과 특수한 것을 함께 쓴다. 누구나 아는 것과 나만 아는 것을 함께 쓴다. 특히 누구나 아는 내용이 없고 나만 아는 내용만 있으면 소통이 되지 않는다. 내 생각만 쓰면 소통이 되지 않고, 누구나 다 아는 글을 쓰면 상식적인 글이 된다. 누구나 공감할 수 있는 내용과 나만의 독창성 두 가지가 적절하게 섞였을 때 좋은 글이 된다. 이런 원칙은 짧은 글일 때 훨씬 더 긴요하다.

셋째, 논지를 확실하게 정하고 아는 것만 쓴다. 좋은 문장은 논지가 확실하다. 확실하게 아는 것만 쓴다. 자신이 모르는 이야기는 아예 쓰지 않는 것이 글쓰기의 기본 원칙이다. 논지가 불분명할 때 중언부언하고 일관성이 없어지며 중복현상도 일어난다. 또 핵심이 없어서 독자들이 글을 잘 이해하지 못한다.

넷째, 독서는 글을 잘 쓰게 하고 글의 내용을 풍부하게 해준다. 책을 다양하게 읽어야 글도 풍성해질 수 있다. 음식을 요리할 때 자료가 70퍼센트, 솜씨가 30퍼센트를 좌우한다고 한다. 신문사에서 더 좋은 기사를 수집하기 위해 얼마나 엄청나게 노력하는지 생각해보라. 글을 쓰는 자료가 신선하면 글도 신선하다.

다섯째, 아무리 잘 썼다 할지라도 다른 사람에게 피드백을 받아라. 피드백을 통해 진보할 수 있고 혁신할 수 있다. 글쓰기 멘토를 정해놓고 평가를 받아라.

여섯째, 글을 발표할 기회를 자주 가져라. 사보에도 기고하고 잡지에도 투고하라. 그러면 글 쓰는 자신감도 높아진다.

일곱째, 자신의 저서를 가져라. 자기 브랜드가 높아지고 강연 요청도 따른다. 잘하면 수입도 생긴다. 미국 정치가 중에는 책을 잘 써서 베스트셀러 작가가 된 이들이 많다. 그러나 우리나라는 그런 예가 거의 없다.

글쓰기에 도전하라

어떤 사람이 일간지에 이런 글을 썼다. 즉, 국민이 국회의원을 뽑을 때 먼저 후보자가 얼마나 글을 잘 쓰는지 평가해보고 하나의 자격기준으로 삼자고 말이다. 일리 있는 말이다. 국회의원은 국민의 선량이고 국가의 최고 리더 중 하나다. 그러니 반드시 글을 잘 써야 한다. 글을 써 보지 않은 사람에게는 글 쓰는 일이 두렵다. 누구나 느끼는 감정이다. 두려움을 느끼는 것을 당연히 여기고 극복해야 한다. 훌륭한 작가도 뭔가 써야 할 때면 긴장하게 마련이다.

글쓰기 초보라도 차츰 글 쓰는 실력이 늘면 두려움이 점점 사라진다. 그러니까 그냥 일단 쓰는 것이 상책이다. 펜을 쥐고 글을 써나가다 보면 쓰는 행위 자체가 쓰는 이의 두뇌와 감성을 자극해 새로운 세계를 열어준다.

한국의 교육제도가 글 쓰는 훈련을 그리 중요하게 여기지 않았다. 그래서 우리는 성인이 되어도 글솜씨가 매우 서투르다. 한국은 대학교에 들어가서야 리포트라는 것을 본격적으로 쓰기 시작하지만, 미국은 중·고등학교 때부터 열심히 글을 쓰게 한다. 그들의 대학입시에서도 글쓰기는 큰 비중을 차지한다. 하버드대학교,

예일대학교 같은 명문 대학의 경우 에세이를 어떻게 쓰느냐에 따라 당락이 결정되기까지 한다. 더 나아가 노벨상을 수상하려면 반드시 훌륭한 에세이를 써야 한다. 그렇지 못하면 다른 수상 조건이 훌륭해도 안 된다.

생각이 떠오르는 대로 10분 동안 무작정 써보라. 쓰면서도 당혹스러울 때가 있다. 막힐 때가 그렇다. 막히면 다음으로 넘어가야 하는데 순간적으로 막막하면서 어떤 판단이나 결정을 전혀 할 수 없다. 그럴 때는 손이 가는 대로 내버려둔다. 손이 가기 시작하면 그것에 따라 뇌가 따라가고 마음이 옮겨간다. 하지만 어떠한 상황에서든 계속 쓰다보면 나만의 글쓰기 방법으로 자리 잡게 될 것이다. 좋은 글을 쓰게 되기까지 시간과 에너지가 필요하다. 글을 배울 때 두려움과 부끄러움을 감수해야 한다. 하지만 일단 어느 수준에 오르면 글쓰기를 배우는 과정의 노력을 상쇄하고도 남을 보상이 있다.

 ## 리더의 인맥관리 기술

인맥관리의 중요성

인생을 살아가는 방법 중 가장 중요한 것은 인맥관리다. 독불장군獨不將軍이란 말이 있다. 이 세상에 스스로 혼자 할 수 있는 일은 거의 없다. 리더는 사람들과 좋은 관계를 맺으며 그들을 잘 다루어야 하므로 인맥관리가 필수조건이다. 인맥관리는 평소에 잘해야 한다. 그래야 위기 때 빛을 발한다. 인간관계란 한순간에 되는 것이 아니다. 한 사람씩 알아가면서 관계를 돈독하게 해나가는 것이다.

우리 삶이 보편적으로 풍성해지려면 인맥관리를 잘해야 한다. 사람과 사람이 서로 어울리고 유기적으로 활동하면서 경제가 돌아가기에, 사람들과 멋진 인연이 중요하다. 모든 사업은 인맥으로 시작해 인맥으로 끝난다고 해도 지나친 말이 아닐 만큼 인맥은 사업의 핵심이다.

당신의 인맥관리 상태는 어떤가? 인맥관리를 흐지부지하게 하지는 않는가? "돈보다는 사람을 벌어라"는 말이 있다. 독일 격언에 "인생은 만남이며 그 초대는 두 번 다시 반복되지 않는다"는 말이 있다. 이는 사람과의 '만남'이 얼마나 중요한지 알려준다. 업무상 한 번 만난 사람을 '인적자산'으로 바꿀 수 있다면 반은 성공한 것이나 다름없다.

많은 성공한 리더에게 "당신의 성공요인은 무엇인가?"라고 물었다. 그들의 십중팔구는 "주변에 좋은 사람이 많았기 때문이다"라고 대답한다. 주변에 좋은 사람을 많이 둔다는 것은 쉬운 일이 아니다. 주변에 좋은 사람이 있도록 하고 그렇게 만들어가는 과정을 인맥을 관리한다고 한다. 모든 리더는 인맥은 금맥보다 더 소중한 성공 요소라고 생각해야 한다.

인맥은 꾸준히 관리해야 한다. 그 이유는 첫째, 인간관계는 시간이 지나면서 처음과 달리 사이가 멀어지게 마련이기 때문이다. 인맥관리를 방치하면 친했던 사람도 영영 잊게 된다. 둘째, 힘든 일이 있을 때 도움을 받기 쉽기 때문이다. 오랫동안 연락이 없다가 갑자기 연락한다면 상대방이 불편해하거나 불쾌해 할 것이다. 쉬울 것 같으면서도 결코 쉽지 않은 것이 인간관계임을 명심해야 한다. 인맥관리는 자기를 관리하는 것에서 시작되며, 기본적으로 의사소통의 원리와 기술을 알아야 하고, 리더십을 세우는 능력이 결합되어야 한다.

정체성을 분명히 해야 한다

인맥을 관리하고자 하면 먼저 자기의 독특성을 상대방에게 각인하는 것이 중요하다. 그래야 상대방이 당신을 인정한다. 자아 정체성이 뚜렷해야 한다. 상대방이 나를 별 볼 일 없는 사람으로 생각하면 인간관계를 지속하기 어렵다. 상대방과 인격 대 인격으로 만난다는 사실을 기억하라. 상대방 머릿속에 차별화된 인상을 품게 하는 것이 상대방 기억에 강렬하게 남을 수 있는 브랜딩이다. 잡학다식해져라. 여러 계층에서 다양한 인맥을 만들어가려면 기본적으로 그만큼 관련 지식이 뒷받침되어야 한다. 그러면 어떤 상대방을 만나든 소통하기에 한층 수월해진다.

기본 마음자세를 갖추고 있어야 한다. 즉, 진실한 마음이 있어야 한다. 상대방을 속이고 잠시 이용하려고 한다면 상대방이 알아차린다. 우둔한 사람이라도 상대방이 나를 이용하려는 것은 잘 간파한다. 그래서 인간을 대할 때 늘 진실해야 한다. 또 겸손해야 한다. "이 세상의 모든 사람은 나보다 훨씬 나은 점을 반드시 가지고 있다"라는 생각을 하고 상대방에게 낮추는 자세와 배려의 마음자세를 갖춰야 한다. 그것이 인맥관리에서 성공할 수 있는 기초를 닦는 것이다.

자기가 유능한 사람이 되도록 더 노력해야 주변에 많은 사람이 모이기도 하고 같이 인연이 맺어진다. 자기가 능력이 없으면서 좋은 사람을 만나고자 한다면 상대방은 가까이 오지 않는다. 먼저 주고받거나 주고 잊어버리려고 해도 자기가 가지고 있는 것이 있어야 한다. 인격과 역량을 갈고닦으려는 노력을 해야 상대방하고 더 많이 교류할 수 있다. 다른 사람이 나 때문에 행복을 느끼고, 나를 만나면 즐거워지도록 내면의 실력을 쌓아야 한다.

진정 사람에게 관심을 가지고 베푸는 자세가 되어 있어야 사람들이 내 주변으로 모이게 된다. 할 수 있는 한 최대한 도와주라. 상업적 관계를 맺지 마라. "Give & Give & Forget!"을 표어로 삼아라. 먼저 주고, 조건 없이 주고, 더 많이 주고 그리고 모두 잊어버려라.

인맥관리의 우선순위

인맥관리에서는 배우자와 관계가 최우선이다. 그러니 먼저 배우자와 좋은 관계를 유지해야 한다. 배우자의 가치는 돈으로 환산할 수 없을 만큼 엄청나게 크다. 배우자와 늘 화목해야 한다. 아내(남편)를 사랑하라. 당신을 참고 견디니 얼마나 좋은 사람인가? 당신이 부족해도 함께 살아주니 얼마나 고마운 존재인가?

성공한 남자 위에는 위대한 여자가 있다. 헨리 포드를 자동차산업의 아버지라고 한다면, 포드 부인은 자동차산업의 어머니라고 할 수 있다. 주위 사람들에게서 미친놈이라는 놀림을 받으며 낡은 헛간에서 최초로 달리는 수레(자동차)를 발명하는 과정을 지켜보면서 용기와 격려를 준 사람은 아내뿐이었다. 자동차를 발명한 지 50년이 지난 뒤 포드는 다시 태어나면 무엇이 되고 싶으냐는 질문을 받았다. 그는 "내 아내와 같이 있을 수만 있다면 무엇으로 태어나든 조금도 개의치 않겠소"라고 대답했다.

가족을 잘 살펴라. 가족은 하루 24시간 전천후 관심의 대상이다. 가족력은 대단한 것이다. 리더의 위기에서 가장 큰 힘이 되어주는 것이 가족의 힘이다. 될 수 있는 한 가족과 함께하는 시간을 많이 가져라. 가족의 기념일을 꼭 챙겨라. 배우자 생일, 결혼기념일, 자녀들 생일, 양가 부모님 생신을 잘 챙겨라.

옛 친구들을 챙겨라. 새로운 네트워크를 만드느라 지금 가지고 있는 최고 재산을 소홀히 하지 마라. 정말 힘들 때 누구에게 가서 하소연할 수 있겠는가? 친구는 보배 같은 존재다. 그리고 사업에 꼭 필요한 핵심인물을 챙겨라. 예수도 12제자 중 핵심인물 3명을 택해서 그들과 깊은 관계를 지속했다. 훌륭한 후원자들과 계속 좋은 관계를 유지하라. 이순신은 배후에 류성룡이 있어서 든든했다. 리더에게 이런 훌륭한 후원자가 있다면 얼마나 행복하고 든든할까?

인맥을 어떻게 관리할 것인가

인맥관리의 기술은 매우 다양하다. 아래 제시한 목록 외에도 자신이 창안한 특별한 방법도 잘 활용하기 바란다.

첫째, 인맥지도를 잘 만들고 정기적으로 수정·보완하라. 인맥지도를 잘 정리하지 못해서 구멍이 나 있을 수 있다. 모든 인맥을 잘 분류하고 명단을 만들어라. 이것이 인맥관리의 기본이다. 한 번 만난 사람의 정보를 정리해두라. 현재 그리고 미래에 서로에게 도움이 될 수 있고, 지속적으로 만날 수 있는 사람이어야 한다.

둘째, 기본원리를 잘 지켜라. 기본원리는 '남에게 조건 없이 베푸는 것이다.' 성서에서도 "남에게 대접을 받고자 원하면 남을 대접하라"고 했다. 남을 도와줄 때는 화끈하게 도와줘라. 처음에 도와주다가 나중에 흐지부지하거나 조건을 달지 마라.

셋째, 정기적으로 만나거나 전화, 편지, 이메일, 문자메시지, 카톡 등 도구를 활용해 의사소통을 지속하라. 만나고 접촉하는 것

이순신처럼 생각하고 리드하라

자체가 인간관계를 유지하는 데 큰 도움이 된다. 정기적으로 만나라. 모두 바쁜 세상이다. 1년에 한 번이라도 만나 얼굴을 보며 대화를 나누어도 어느 정도 관계가 유지된다.

넷째, 폭넓게 교제하라. 회사 밖의 사람들도 많이 사귀어라. 자기 회사 사람들하고만 놀면 우물 안 개구리가 된다. 그리고 회사가 당신을 버리면 당신은 고아 신세가 된다.

다섯째, 상대방의 사소한 일상에 관심을 갖고 될 수 있는 한 긍정적 표현을 자주 하라. 감사, 축하의 표시를 하라. 최근 지인 3명에 관한 기사가 신문에 났다. 그 기사를 읽자마자 각각 축하한다는 문자를 보냈다. 그랬더니 그들이 "나는 아직 보지도 못했습니다. 감사합니다"라고 회신했다. 진정한 관계는 작은 관심에서 시작되는 법이다. 가끔 전화해서 사소한 일상을 물어보는 것도 좋다. 전화, 문자, 이메일, SNS를 활용하는 것이 편리한 방법이다.

사소한 호의를 받아도 감사 표시를 하라. 남을 험담하지 마라. 불필요한 논쟁도 할 필요가 없다. 늘 상대방을 칭찬하라. 그로 하여금 긍정적인 마음을 갖게 하면 그가 나에게 호감을 갖게 되며 좋은 인맥으로 발전할 수 있다. 사람을 진실하게 대하라. 진심으로 다가가 위해주고 소중히 여겨라.

여섯째, 상대방의 행사에 적극 참여하라. 경조사는 물론 상대방의 의미 있는 행사에 가급적 참석하라. 함께 즐기고 슬퍼하는 시간을 가져라.

일곱째, 의미 있는 대화를 자주 나눠라. 대화에서는 말하기보다 듣기가 중요하다. 상대방에겐 그저 얘기를 들어주고 공감하는 사람이 되는 것이 관계형성에 긍정적 영향을 준다. 항상 경청하는 자세를 갖추는 것이 중요하다.

여덟째, 가능한 한 옷을 잘 입어라. 외모는 생각보다 훨씬 중요하다. 할인점 가서 열 벌 살 돈으로 좋은 옷 한 벌을 사 입어라.

아홉째, 같은 직종에 종사하는 멘토나 멘티는 앞으로 인맥을 풍요롭게 해줄 황금줄이다. 이들을 반드시 구하라. 그들은 귀한 교훈, 정보를 주며, 당신이 잘못된 방향으로 가는 것을 방지해준다.

열째, 아무리 친한 관계여도 무리한 요구는 자제하라. 사람의 만남은 편한 것이 기본이 되어야 한다. 편해야 서로 마음의 문을 열고 대화를 시작할 수 있다. 상대방을 충분히 배려해야 한다. 친한 사이일수록 예의를 잘 지키며, 상대방에게 부담을 주어서는 안 된다. 특히 경제적으로 과도한 부담을 주지 않도록 조심하라.

 ## 리더의 효과적 시간관리

시간관리는 현대인의 필수과목

미래학자들은 앞으로 물 부족, 식량 부족, 자원 부족 못지않게 시간 부족으로 사람들이 고통을 받을 것이라고 말한다. 즉, 시간

기근시대가 온다는 것이다. 그렇게 말하는 이유는 무엇일까? 사람들의 욕망이 팽창되고, 더 조급해지며, 질적으로 탁월한 것을 추구하고, 경쟁이 치열한 사회가 되기 때문이다. 그렇다면 우리는 어떻게 대비해야 할까? 시간관리 방식을 혁신해야 한다.

이 사회의 리더라고 자처하는 사람들도 시간관리 수준이 낮은 것을 많이 본다. 많은 리더는 늘 시간이 없어서 허덕이고 그 원인을 주위 환경이나 다른 사람에게 돌린다. 그러나 시간관리 문제는 대부분 자기 자신에게 있다는 것을 깨달아야 한다. 똑같은 능력을 가졌어도 시간관리가 탁월하면 그만큼 경쟁력이 높아진다. 시간관리는 개인과 단체를 성공적으로 만들어가기 위한 필수요소다. 또한 현대인의 생존과 직결되어 있는 중요한 과제다. 과감히 자신의 시간관리 습관을 개혁하려는 의지가 있어야 한다.

시간관리의 올바른 원리와 기술

이 세상에는 평생 시간관리를 잘하지 못해 시간압박에 시달리며 우유부단함과 정돈되지 않은 삶으로 당혹감을 느끼며 사는 사람이 많다. 이들이 일찍 올바른 시간관리에 관심을 가졌더라면 삶이 크게 달라졌을 것이다. 올바른 시간관리 방식을 배우자. 시간관리의 올바른 원리를 터득하고 기술을 계속 연마하면 자기도 모르게 시간관리 능력이 크게 향상된다. 많은 사람은 체계화된 시간관리 방법을 모르며 매사에 열심히 하면 효과도 증진되는 것으로만 알고 있다. 하지만 이는 잘못된 생각이다. 먼저 시간관리의 보편적 원리를 이해해야 한다. 시간관리의 보편적 원리 열 가지는 다음과 같다.

1. 예민한 시간감각을 갖는다.
2. 명확한 목표를 세운다.
3. 우선순위를 올바로 결정한다.
4. 계획을 현실적으로 짠다.
5. 시간낭비를 최소화한다.
6. 효과적으로 의사소통을 한다.
7. 시간을 절약하는 모든 도구를 적절하게 사용한다.
8. 하루를 잘 관리한다.
9. 기분과 스트레스와 분노를 잘 다스린다.
10. 자신의 가치관을 늘 새롭게 한다.

자신을 살펴라

리더들은 늘 다른 사람을 관찰하고 평가하기 바쁘다. 그러나 자신을 들여다보고 평가하는 시간은 제대로 갖지 못한다. 때때로 멈추어 자신에 대해 총체적으로 생각해보는 습관이 필요하다. 회사 비전을 끊임없이 상기하고, 지금 하는 일들이 그 비전을 향해 제대로 가는지 점검할 필요가 있다. 그리고 자신이 시간을 잘 관리하는지도 확인해보아야 한다.

나에게 다음과 같은 경향이 있다면 시간을 잘 관리하지 못하는 증거다.

늘 바쁘다. 목표와 우선순위가 뚜렷하지 않다. 부하에게 일을 잘 할 당하지 못한다. 기분과 충동에 이끌리는 경우가 많다. 불규칙적으로 행동한다. 시간배분을 정확하게 하지 못한다. 오늘 해야 할 과제를 오늘 완성하지 못한다. 사소한 일에 얽매이는 경향이 많다. 문제가 생기면 허둥댄다. 시스템이 없거나 나쁜 시스템을 사용한다. 좀처럼 휴식시간을 갖지 못한다. 늘 스트레스를 받는다. 피곤을 풀지 못한다. 성취감이 없다.

자신의 시간관리 습관을 점검하기 위해 좋은 방법은 시간일지를 쓰는 것이다. 그래서 계획한 시간과 실제로 일한 시간을 비교해서 검토해본다. 그러면 이런 현상을 발견할 것이다. 덜 중요한 일에 시간을 너무 많이 소비했거나 중요한 일에 시간을 덜 썼거나 하는 것이다. 그리고 일에 방해되는 요소도 많이 발견한다. 시간계획이 서툴렀던 것을 발견하고 해야 할 일의 세부사항을 잘 정하지 못했던 것도 알게 된다. 목표와 전혀 관계없는 일을 한 것도 발견한다.

소크라테스가 애용한 '너 자신을 알라!'는 말은 시간관리에서도 명언이다. 사람들은 대부분 시간관리에서 시행착오를 거듭해도 그 원인을 알지 못한다. 그러니까 변화도 발전도 없다. 자기성찰을 통해 시간관리의 진정한 문제점이 무엇인지 정확히 진단해야 한다.

하루를 부드럽고 유연하게 운영하라

하루는 자연이 정해준 시간단위다. 하루는 일생의 축소판이다. 하루 계획을 잘 세워서 최대로 활용하자. 이런 습관이 성공하는 인생으로 인도한다. 하루를 잘 조직하면 하루 동안 엄청나게 많은 일을 완성할 수 있다. 우선 일과표를 치밀하게 짜야 한다. 그리고 계획표대로 일을 추진하려고 해야 한다.

오늘 해야 할 일은 오늘 마쳐야 한다. 전화해야 할 일이 있다면 오늘 하라. 오늘 만나야 할 사람이 있다면 오늘 만나라. 오늘 배워야 할 일이 있다면 오늘 배워라. 오늘은 오늘 완수해야 할 의무를 가지고 있다. 연기하면 할수록 그 일이 더욱 힘들어지고 기회도 사라지게 된다. 일과표는 전날 저녁 일차적으로 작성하고 다음 날 일과가 시작되기 전에 수정하는 것이 현실적이다.

일찍 일어나서 활동하는 것이 유리하다. 세계적 리더는 대부분 남들보다 적어도 세 시간 전에 일어나서 활동한다고 한다. 현대사회는 아침형 인생으로 살아가는 것이 유리하다. 아침 일찍 일어나서 그날 할 일의 모든 준비를 마무리 짓는다. 명상하고, 운동하고, 독서한다. 이른 아침을 활용하는 습관만 들이면 생산적인 시간을 얻게 되고 하루를 여유 있게 보낼 수 있다. 시간경쟁에서도 승리할 수 있다. 물론 이렇게 하려면 밤에 일찍 잠자리에 들어야 한다.

일과를 시작할 때 꾸물거리지 말고 곧 일에 착수한다. 매일 오전 10시부터 12시까지 가장 생산적인 일을 집중적으로 하는 습관을 기른다. 머리를 써야 할 일, 어려운 과제는 이 시간대에 처리한다. 점심시간을 잘 계획한다. 다른 사람과 만나 업무도 하고 식사도 할 수 있게 준비한다. 오후 시간은 반복적인 일, 몸을 움직이는 일, 머리를 쓰지 않아도 될 일을 한다. 오늘 해야 할 일을 오늘 마치면 홀가분하게 퇴근할 수 있다.

퇴근한 뒤에는 사교하는 시간, 배우는 시간, 휴식 시간, 가족과 함께하는 시간으로 활용하되 분수에 맞게 보내는 것이 좋다. 저녁식사 후 곧 일기를 쓴다. "더도 덜도 말고 오늘만 같아라!"라고 느낄 수 있다면 그날은 하루를 성공적으로 보낸 것이다.

휴식을 효과적으로 취하라

휴식의 가치를 올바로 아는 사람이 드물다. 어려운 업무를 맡았을 때 더욱 절실히 필요한 것이 휴식이다. 쉬는 법을 배워야 한다. 휴식하면서 생각하는 시간을 갖는 것이 절대 필요하다. 리더들은 대부분 과로한다. 그래서 늘 지쳐 있고 만성피로에 시달린다. 그런 상태에서는 오랜 시간 일해도 성과를 올릴 수 없다.

이스라엘에서는 휴식문화가 철저히 지켜진다. 온 국민이 매주 금요일 해질 무렵부터 토요일 해질 무렵까지 '사바스Sabbath'라고 불리는 안식일을 철저히 지킨다. 이날만큼 학생들은 공부하지 않고 주부들은 요리하지 않으며 직장인은 모든 업무에서 손을 뗀다. 아무도 휴대전화와 컴퓨터의 자판을 건드리지 않는다. 바보처럼 쉬는 것 같지만 사실은 현명한 것이다. 그들은 휴식의 가치를 알고 있다. 휴식을 통해 심신이 재충전될 뿐 아니라 새로운 아이디어를 얻는다. 휴식에는 적극적 휴식과 소극적 휴식이 있다. 적극적 휴식은 일상과는 다른 일들을 하는 것이다. 소극적 휴식은 아무것도 하지 않고 무위도식하는 것이다. 이 두 가지를 병행할 필요가 있다.

경제협력개발기구가 조사한 보고서에 따르면 한국은 근로시간과 여가활동을 토대로 집계하는 '일과 삶의 균형' 분야에서는 최하위인 33위였다. 한국 근로자들은 다른 선진국 근로자들과 똑같은 시간 일해도 생산성은 그 반밖에 되지 않는다고 한다. 이스라엘인처럼 일주일에 하루는 완전히 쉬려고 노력하자. 그리고 틈틈이 휴식을 취하자. 피곤해지면 쉬는 것이 아니라 피곤해지기 전에 규칙적으로 쉬는 것이 바람직하다.

이순신처럼 생각하고 리드하라

시간표를 다양하게 짜라

매일 같은 방식으로 살면 재미가 없고 권태가 몰려온다. 다양한 경험을 하도록 시간표를 짜라. 생산적인 취미활동을 하라. 때로 국내외 여행을 하라. 공연과 전시회에 가라. 다양한 모임에 참석하여 인간관계의 폭을 넓혀라. 그러면 근무시간에 얻지 못한 중요한 정보를 얻고 계약을 성사시키며 자기 발전을 꾀할 수 있다. 색다른 즐거움에 몰입하면 고민거리가 해결될 수도 있다. 늘 같은 행동방식을 고집하지 말고 변화를 추구해야 삶이 신선해지고 발전할 수 있다. 그리고 무엇보다 의도적으로 배우는 기회를 넓혀라. 독서는 기본이고 전문성을 향상하기 위한 공부를 해서 자신의 가치를 높여라. 자기 발전을 위해 시간과 돈을 투자하는 것이 가장 확실하고 지속적인 투자임을 알아야 한다.

공동체의 시간문화를 향상하라

공동체 속에서는 각 구성원의 시간관리 능력이 상호작용을 한다는 것을 알아야 한다. 예를 들면 상사의 시간관리 수준이 낮으면 부하의 시간관리도 악영향을 받는다. 상사의 시간관리 수준이 높아도 부하의 시간관리 수준이 낮으면 효율적이지 못하다. 그러므로 훌륭한 시간문화를 사내에 정착하려고 직원 모두 협력해야 한다.

일과가 시작될 즈음 직원끼리 오래 잡담하거나 일하기 전에 신문부터 읽거나 휴식시간마다 커피자판기에 몰려들거나 점심시간도 되기 전에 오늘 식당에 갈 이야기를 하거나 업무시간에 업무와 관계없는 일을 한다거나 업무 종료 30분 전부터 피곤하다고 잡담하는 것은 올바른 시간문화가 정착되지 않았다는 증거다. 그러니 우선 보편타당한 시간관리 규칙을 만들라. 무엇보다도 경영인 자신이 시간관리의 모범이 되어야 한다. '바쁘다, 바빠'라는 말을 삼가고 제때 알맞은 일을 하며 시간을 엄수하라. 그래야 직원들이 그 행동을 본받는다.

1년에 한두 번 정도는 전체 직원을 위해 체계적인 시간관리 교육을 마련하는 것이 중요하다. 직원들의 시간관리 능력이 향상되면 그들이 경영인이 하는 일에 도움을 준다. 그리고 회사 전체의 생산성이 향상된다. 온 직원이 시간관리에 관한 전문서적을 잘 선택해서 꾸준히 읽고 연습하는 것이 유용하다. 여러 권보다는 한 권을 잘 선택하는 것이 중요하다. 이 한 권을 잘 학습하면 시간관리에 대해 공통으로 이해할 수 있고 행동도 통일할 수 있다.

◆ 가장 훌륭한 기술, 가장 배우기 어려운 기술은 세상을 살아가는 기술이다.
  -메이시 설리번

◆ 너 자신을 다스려라. 그러면 당신은 세계를 다스릴 것이다. -중국 속담

◆ 위를 쳐다보지 않는 사람은 아래를 내려다볼 것이다. 하늘 높이 날려 하지 않
  는 영혼은 아마도 엎드리게 될 것이다. -비콘스필드

◆ 꿈은 불만족에서 나온다. 만족한 인간은 꿈을 꾸지 않는다. -앙리 드 몽테를랑

◆ 목표가 미래의 너를 결정해준다. -줄리어스 어빙

◆ 인생에서 찾아볼 수 있는 성공의 비결 몇 가지는 이런 것이다. 날마다 자기
  일에 관심을 가지는 것, 남다르게 열심히 하는 것, 매일을 중요하게 간주하는
  것이다. -윌리엄 펠프스

◆ 유능한 사람은 언제나 배우는 사람이다. -요한 볼프강 폰 괴테

◆ 지식에 투자하는 것이 가장 이윤이 높다. -벤저민 프랭클린

◆ 책은 남달리 키 큰 사람이요, 다가오는 세대가 들을 수 있도록 소리 높이 외
  치는 유일한 사람이다. -로버트 브라우닝

◆ 인류의 역사는 아이디어의 역사이다. -루트비히 폰 미제스

◆ 세상이 당신에게 준 것보다 더 많이 세상에 주라. -헨리 포드

◆ 한가한 인간은 고인 물처럼 끝내 썩어버린다. -프랑스 명언

◆ 일은 인류를 사로잡는 모든 질환과 비참을 치료해주는 주요한 치료제다.
  -토머스 칼라일

◆ 영웅이란 자신이 할 수 있는 일을 해낸 사람이다. 범인은 할 수 있는 일을 하
  지 않고 할 수 없는 일만 바라고 있다. -로맹 롤랑

◆ 기다리는 동안에도 열심히 움직이는 사람에게 좋은 결과가 온다. -토머스 에디슨

- 최악의 파산은 열의를 잃어버리는 것이다. -아널드

- 실패와 성공의 차이점은 뭐든지 똑바로 처리하는 것이다. -에드워드 시몬즈

- 말 한마디가 세계를 지배한다. -쿠크

- 건강이 있는 곳에 자유가 있다. 건강은 모든 자유 가운데 으뜸이다. -H. F. 아미엘

- 문제를 바르게 파악하면 절반은 해결한 것이나 마찬가지다. -케터링

- 역경은 사람을 부유하게 하지는 않으나 지혜롭게 한다. -토머스 풀러

- 소심하고 용기가 없는 인간에게는 일체 일이 불가능한 것이다. 왜냐하면 일체가 불가능하게 보이기 때문이다. -스코트

- 풍랑은 항상 능력 있는 항해자 편이다. -에드워드 기번

- 악의 근원을 이루는 것은 바로 돈이 아니라 돈에 대한 애착이다. -새뮤얼 스마일즈

- 지갑이 가벼우면 마음이 무겁다. -벤저민 프랭클린

- 사람을 알려면 그의 지갑, 쾌락 그리고 불평을 보라. -탈무드

- 돈이 있어도 이상이 없는 사람은 몰락의 길을 밟는다. -표도르 도스토옙스키

- 부당한 이득을 얻지 말라. 그것은 손해와 같은 것이다. -헤시오도스

- 정직은 가장 확실한 자본이다. -랠프 월도 에머슨

- 사람들은 자기 일이나 자기네 정치는 하찮게 여기지만 노름판은 결코 하찮게 여기지 않는다. -버나드 쇼

- 두 사람의 머리는 한 사람의 머리보다 낫다. -헤이우드

- 노년은 청춘에 못지않은 좋은 기회다. -헨리 롱펠로

- 지혜의 가장 명백한 징조는 쉴 새 없이 명랑한 것이다. -미셸 몽테뉴

- 김태훈 지음,《그러나 이순신이 있었다》, 일상이상, 2014.
- 김훈 지음,《칼의 노래》, 문학동네, 2012.
- 데이비드 프리맨들 지음, 윤지운 옮김,《절대로 후회하지 않을 선택의 기술》, 거름, 2003.
- 박종평 지음,《그는 어떻게 이순신이 되었나》, 스타북스, 2011.
- 박종평 지음,《진심진력》, 더퀘스트, 2014.
- 백기복 지음,《미래형 리더의 조건》, 21세기북스, 2011.
- 봉은희 지음,《세상은 당신의 이야기를 기다린다》, 해피데이, 2015.
- 상루 지음, 황보경 옮김,《병법에서 경영의 지혜를 배우다》, 평단문화사, 2013.
- 스티븐 H. 바움 지음, 신현승 옮김,《리더수업》, 다른 세상, 2009.
- 앙토넹 질베르 세르티양주 지음, 이재만 옮김,《공부하는 삶》, 유유, 2014.
- SBS 제작팀 지음,《리더의 조건》, 북하우스, 2014.
- 오명 지음,《30년 후의 코리아를 꿈꿔라》, 웅진지식하우스, 2009.
- 왕중추 지음, 허유영 옮김,《디테일의 힘》, 올림, 2007.
- 유성룡 지음, 김흥식 옮김,《징비록》, 서해문집, 2014.
- 유성은 지음,《돈이 모이는 시간사용법》, 대림북스, 2015.
- 유성은 지음,《목회자의 리더십과 시간관리》, 평단문화사, 2006.
- 유성은 지음,《사장의 시간학》, 팬덤북스, 2014.
- 유성은 지음,《성공하는 사람들의 시간관리 습관》, 중앙경제평론사, 2013.
- 유성은 지음,《이순신장군의 리더십》, 평단문화사, 2001.
- 유성은 지음,《히딩크 파워 학습법》, 서교출판사, 2002.
- 이순신 지음, 노승석 옮김,《증보교감완역 난중일기》, 여해, 2014.
- 이승한 지음,《경영의 비법, EoM》, 한국능률협회미디어, 2015.
- 임원빈 지음,《이순신 승리의 리더십》, 한국경제신문, 2014.
- 정진홍 지음,《완벽에의 충동》, 21세기북스, 2013.
- 조 오웬 지음, 신상권 옮김,《리더십스킬》, 2008.
- 최익용 지음,《대한민국 5천 년 역사 리더십을 말한다》, 옥당, 2014.
- 한정원 지음,《명사들의 문장강화》, 나무의철학, 2014.
- 홍석연 지음,《오늘 걷지 않으면 내일은 뛰어야 한다》, 문지사, 2014.
- 홍성태 지음,《모든 비즈니스는 브랜딩이다》, 샘앤파커스, 2012.

이순신처럼 생각하고 리드하라

유성은 지음

발 행 일   초판 1쇄 2001년 6월 11일
          개정 2쇄 2016년 1월 21일
발 행 처   도서출판 평단
발 행 인   최석두

등록번호   제2015-000132호 / 등록일 1988년 7월 6일
주   소   경기도 고양시 덕양구 통일로 140 삼송테크노밸리 A동 351호
전화번호   (02)325-8144(代)   FAX (02)325-8143
이 메 일   pyongdan@hanmail.net
I S B N   978-89-7343-425-1 (03320)

이 도서의 국립중앙도서관 출판시도서목록(CIP)은 서지정보유통지원시스템
홈페이지(http://seoji.nl.go.kr)와 국가자료공동목록시스템(http://www.nl.go.kr/kolisnet)에서
이용하실 수 있습니다.
(CIP제어번호: CIP2015030203)